Englishizing Asia
The Transnationalization of Malaysia's
Higher Education and its Impact

英語化するアジア

トランスナショナルな高等教育モデルとその波及

Kosaku Yoshino
吉野耕作【著】

名古屋大学出版会

英語化するアジア

目　　次

序　章　英語化するアジア ……………………………………………… 1
　　　　　──英語化論・トランスナショナルな高等教育・ポスト複合社会

1　英語化という視座　1
2　応用言語学における議論　2
3　英語化するアジアに対する社会学的接近──本書のアプローチと概要　9
4　研究調査方法について　14

マレーシアの基礎知識　16

第1章　エスニシズムとマルチエスニシティ …………………………… 19
　　　　　──多民族社会マレーシアにおける2つの方向性

1　はじめに　19
2　エスニーとしてのマレー人の創造──西洋的概念の導入と現地化の過程　22
3　植民地主義とマルチエスニシティの制度化──「複合社会」の誕生　29
4　マレー・エスニシズムとナショナリズムの展開　35
5　マルチエスニシティと多文化──経済発展とニュー・ミドルクラスの登場　38
6　2つの方向性の行方　41
7　結びに代えて──ポスト複合社会への視座　46

第2章　マレーシアから生まれた高等教育モデル ……………………… 47
　　　　　──トランスナショナルな制度の成立と仕組み

1　はじめに　47
2　新たな高等教育誕生の背景　48
3　トランスナショナルな高等教育の誕生──そのアクター　51
4　トランスナショナルな高等教育のマレーシア・モデル──その仕組みの概要　59
5　トランスナショナルな高等教育の事例　62
6　結びに代えて　68

第3章　新たな高等教育モデルの創造 …………………………………… 69
　　　　　──民間の起業者と制度的イノベーション

1　はじめに　69

2　民間におけるトランスナショナルな高等教育の模索——起業者の創造性　70
　3　公的セクターにおけるマレー人学生のためのアメリカ派遣プログラム　87
　4　トランスナショナルな高等教育のマレーシア・モデルの起源をめぐるエスニシティ間の交渉　96
　5　結びに代えて　97

第4章　高等教育の民間化・英語化とエスニック関係 …………… 99
　　　　　——国家と民間，ブミとノン・ブミ

　1　はじめに　99
　2　高等教育の英語化とエスニック・ディバイド　100
　3　マレー人の中の変化　106
　4　民間の高等教育に対する国家の反応——エスニック間の駆け引き　112
　5　ポスト複合社会を考える視点　118

第5章　留学生の国際移動とマルチエスニックな文化仲介者 …… 121
　　　　　——中継地としての「英語国」マレーシア

　1　はじめに　121
　2　民間の高等教育機関の留学生——中継地としてのマレーシア　124
　3　留学生の移動経路と「半周辺」としてのマレーシア　135
　4　英語による高等教育市場における文化仲介者　138
　5　マルチエスニックなマレーシアの文化仲介者　143
　6　トランスナショナルな「多文化主義」　145

第6章　トランスナショナルな高等教育モデルの国際伝播 ……… 147
　　　　　——アジア途上国から先進英語国まで

　1　はじめに　147
　2　中　国　148
　3　ベトナム　154
　4　インドネシア　161
　5　先進英語国における応用　165
　6　結　び　171

第7章　英語化とポスト複合社会の行方 ……………………… 173

1　はじめに　173
2　英語化とグローバル資本主義──「半周辺」としてのマレーシア　173
3　ポスト複合社会とマルチエスニシティの展開　180
4　ポストコロニアル社会における国家と市場　184

補　論　グローバル・メディアとローカルな言語状況 …………… 189
　　　　──CNNインターナショナルの英語をめぐって

1　はじめに　189
2　CNNインターナショナルとその視聴者　192
3　マレーシアのテレビの中のCNNインターナショナル　194
4　CNNインターナショナルにおけるアメリカらしさの「脱響」　198
5　英語をめぐる対応関係の乖離──CNNIの浸透を促進する言語的展開　203
6　CNNインターナショナルと脱正統化される英語──アジア英語をめぐる議論の中で　207
7　結びに代えて　210

あとがき　213
文献一覧　218
図表一覧　229
索　引　230

序　章

英語化するアジア
——英語化論・トランスナショナルな高等教育・ポスト複合社会——

1　英語化という視座

　現代のグローバル化に伴い，政治，経済，金融，文化，メディア，その他様々な分野においてコミュニケーションの手段として英語が使われる場が拡大している。グローバル化と並行して進行する近代的な社会政治体制の崩壊や綻びは，英語が入り込む余地を拡大させたり，英語を使うことに対する新たな意味づけを促したりしている。たとえば，国民国家体制を超えて創られた欧州連合（EU）では，加盟15カ国11個の公式言語の権利的平等を唱える政策や文化的多様性を強調するレトリックとは裏腹に，実務的な諸事情から，また対外的なコミュニケーションの手段として，英語の使用が促進されている。共通語（lingua franca）としてのユーロ英語の議論は盛んであるし，対外的なコミュニケーション手段としての英語の重要性は言うまでもない。また，東南アジアをはじめとする旧英植民地では，英語を使うことの意味が再評価され，ポストコロニアルな英語に新たな意味が与えられようとしている。さらには，グローバル化への対応として日本，韓国，中国などにおいてもグローバル言語としての英語の重要性が強調され，英語習得に熱が入っている。本書では，英語が使われる領域が拡大する過程を「英語化」と呼ぶことにする。英語化は，今日に始まったわけではないが，現代世界の顕著な特徴の1つである[1]。

2 応用言語学における議論

英語化に対しては,既に学問的な関心が注がれてきた。中でも,英語が支配的な言語である現実をめぐる議論が応用言語学を中心に活発に展開されてきた。A. ペニークックは,この問題に対するいくつかの立場を以下のように分類している。まず,英語の拡大を正当化する立場として,第1に,英語に備わっているとされる内在的(言語の本質に関わる)および外在的(言語の機能に関わる)利点を強調して,英語の拡大は世界にとって有益であるとする立場(「植民地主義的賛美」),第2に,(他の諸言語との共存を前提とした上で)英語の拡がりを自然で中立で有益とする「放任主義的リベラリズム」をあげる。次に,英語の拡大に批判的な(相互に関連する)3つの立場を紹介する。第1に「言語的エコロジー」と呼ばれるものがある。言語的多様性を守る立場から,強力な言語としての英語は言語的エコロジーを乱すとされる。第2に,英語の拡がりとグローバルな資本主義とを結びつける「言語帝国主義」(linguistic imperialism)の立場がある。上にあげた2つの立場をさらに進めたものとして,第3に「言語的権利」保護の立場があり,英語の脅威にさらされた母語を守るために人権の

---

1) ルネッサンス期から中世にかけて英語が形成された背景については,Baugh and Cable (1993) の『英語の歴史』に詳しく論じられているので,参照されたい。英語の世界規模の拡大は主に3つの段階を経て進展してきたと言えよう。第1に,イングランド,スコットランド,アイルランドから北アメリカ,オーストラリア,ニュージーランド,南アフリカおよびカリブ海,インド洋,太平洋の諸島などへの移民・植民である。これは,出身地と移住先の社会言語的状況の組み合わせをもたらし,その過程の中で多様な英語が生まれた。この英語圏は,B. カチルが定式化した3重の同心円モデルの内円 (inner circle) にほぼ対応する。第2の拡大は,アジア,アフリカの英植民地化に伴って起こった。インド,パキスタン,バングラデシュ,マレーシア,ナイジェリア,タンザニア,ケニア,アフリカ南部などの地域において,英語はネイティブ言語ではないが,教育,政治,経済の共通語として定着した。アメリカによる植民地化の結果,フィリピンにおいても同様の展開があった。この英語圏は同心円モデルの外円 (outer circle) に対応する。第3に,英語が歴史的に公用言語でない諸国・諸地域においても国際コミュニケーションの媒体として広く学ばれるようになってきている。カチルが拡大円 (expanding circle) と呼ぶ地域で,日本,韓国,中国,ロシア,インドネシアやヨーロッパがそこに含まれる (Kachru 1992 : 356)。

概念が適用される。以上に加えて，ペニークックは「ポストコロニアル・パフォーマティヴィティ」という自分自身の最近の立場を紹介している（Pennycook 2000：107-119）。

　これらの議論の中で，言語帝国主義論（英語帝国主義論）は，英語化を「中心的な英語使用諸国が『周辺』諸国（その大部分が開発途上国）に対する支配を維持しようとするポストコロニアルな企み」として問題視するものである（Chew 1999：39）。この立場は議論のわかりやすさのため，英語支配論の中でも代表格となっている。こうした支配的な言語の政治性をめぐる諸議論に加えて，今までは単に「標準英語」の逸脱的存在と位置づけられていた様々な種類の「世界英語」（world Englishes）の個性を積極的に評価しようとする動きがある。たとえば，シンガポール英語やフィリピン英語の特徴を対象にした言語学の研究が盛んになってきている。

　以下この節では，応用言語学において影響力を持ったこれら2つの流れについて整理しておきたい。まず，英語の拡大をめぐる議論の中でも影響力のあった言語帝国主義論とそれに対する反論を取り上げて，議論のされ方と問題設定の限界について指摘する。次に，昨今隆盛している英語のローカル化に関する研究とその問題点を指摘する。その上で次節で，応用言語学的議論の限界を超える社会学的な接近法を提示したい。

1）英語帝国主義論

　言語帝国主義論は，当初，旧植民地であった社会において元植民地言語が公用語として使用され続けることに対する批判的議論として始まった。たとえば，F. ファノンは，植民地言語の使用を，独立後も旧植民地本国が経済的・政治的・文化的支配を維持するための装置ととらえた（Fanon 1963）。その後，元植民地言語としての位置づけを超えた「国際言語」としての英語をいかにとらえるかという議論が本格化するようになる。そうした中で，1980年代までには，英語のグローバルな普及を「自然」で「中立的」なものだとする前提が主に英語教育関係者の間で疑問視され，理論的，方法論的，倫理的な角度から，英語支配があらためて問題とされるようになった（Chew 1999：38）。

英語支配の議論が批判的ジャンルの1つになる上で大きな影響力を持ったのがR. フィリプソンの『言語帝国主義』である (Phillipson 1992)。彼は，植民地主義以降の言語支配の問題を教育の世界的展開に焦点をあてて論じた。ここで問題にされるのは，言語帝国主義，日本語でしばしば英語帝国主義と呼ばれるものである。フィリプソンの議論は，I. イリッチが引用する「言語は常に帝国のつれあいであった，そしてこれからもずっとその同志であり続けるであろう」という文章に凝縮されている (Illich 1981：35, quoted in Phillipson 1992：31)。言語はあらゆる種類の帝国主義を仲介し表現するから，帝国主義のとりうる諸形態の中でも言語帝国主義は最も浸透的であると論じる (ibid.: 65)。そして，言語帝国主義を支えるイデオロギー的支柱として言語主義という概念を導入した。言語主義は，人種主義などの差別装置と同様に，「言語によって定義される集団間の権力と（物質的および非物質的な）資源の不平等な分配を正当化，実現，再生産するために用いられるイデオロギー，構造，行為」から構成される (ibid.: 47)。その上で，言語帝国主義を，「英語と他言語との間の構造的・文化的不平等の確立と連続的再構成による英語支配の主張・維持」と定義する (ibid.: 47)。

　英語帝国主義が成立する構図は次のようなものである。第1に，学習者は英語が重要かつ必要であると感じさせる状況に置かれることによって，自発的合意を通して英語の習得を欲するようになる。フィリプソンは，A. グラムシのヘゲモニーの概念を通して，人々が英語支配に抵抗せずに熱心に英語を習得しようとする状況を説明している (ibid.: 72)。第2に，「中心」に位置する英語国，特に英米が，「周辺」諸国の英語学習者が忠実に守るべき「標準」英語の規則を押しつける。スタンダード・イングリッシュの政治性の問題である。第3に，「中心」と「周辺」の従属関係および「周辺」の内の「中心」の設定によって，英語帝国主義は維持・促進される。「中心」国に留学して英語で教育を受けた土着のエリートは「周辺」国において「中心」国の代理人として英語支配を推進する担い手（「中心」）となる。彼らの存在と伝達技術の発達のおかげで，元植民地主義者は「周辺」国に常駐する必要はない。ポストコロニアルな時代の言語帝国主義である。

2) 反・英語帝国主義論

英語帝国主義論に対しては，既にいくつかの視点からの反論がある。主なものを2つあげておこう。第1に，英語の拡大に伴って生じるとされる受益者と犠牲者の特定の難しさが指摘されている。たとえば，言語社会学者のJ. フィッシュマンは，英語の拡大によってもたらされる利益は，「帝国主義者と彼らによって選ばれたローカルな仲間だけが受けるものなのか，あるいはもっと広範なのか。また，利益の対価として支払われる不利益とは一体何なのか，誰がどのような形で不利益を被るのか」と述べた上で，英語は「帝国主義者の道具というよりもマルチナショナルな道具として考え直さなければいけないのだろう。マルチナショナルなものは，帝国主義の中心やナショナルな中心の味方ではなく，マルチナショナルな人々の味方である」と論じる（Fishman 1996 : 6-8）。

第2に，英語学習者の能動性を強調する視点からの反論がある。「周辺」諸国における「英語に対する切望と需要は『虚偽意識』への無思想的な服従」ではなく「自分にとって最良の利益を考慮した上での自律的な決定」であると，ナイジェリアの経験に即してJ. ビソンは言う（Bisong 1995 : 122-132）。これを援用しながら，M. N. N. リーは現代香港において英語が社会内階層上昇移動と海外移動の可能性を実現させてくれる原動力である点を強調する。英語学習者は「プラグマティズムの能動的な担い手であって，帝国主義の受動的な犠牲者ではない」（Li 2000）。また，A. W. コンラッドは，「言語それ自体はイデオロギーではない。イデオロギーだと考える人たちは，言語が持つ意義そして学習者の意向と個人史における言語問題の予測不能性について，著しく過小評価をしている」と指摘し，「ハーバードでMBA（経営学修士）を取る意向を持ってアメリカに来て，英語に習熟したところ，ひょんなことからバークレーで国際法を学ぶことになり，その結果，途上国資本主義経済における人権無視の問題に興味を抱く学生」もいると述べる（Conrad 1996 : 21）。能動的個人の合理的選択を強調するこの立場は，英語帝国主義論に対する反論として，また英語学習者の立場を代弁するものとして広く受け入れられている。

3）英語帝国主義論とその反論を超えて

　英語帝国主義論が言うように，英語が支配的な言語であるのは事実である。その結果，英語を母語とする諸国出身の個人や団体・制度が経済的その他の利益をあげているのも事実である。そして，たとえ英語を学習するという行為が能動的個人の自発的選択の結果であっても，それが英米豪などをベースにする諸制度を不均衡な形で潤しているのも事実である。「自発的合意があれば，そこには不平等や支配関係は存在しないという考えは，あまりに素朴」であるという糟谷啓介の指摘は正しい（糟谷 2000 : 276）。

　しかし，英語の拡大に関する従来の議論のされ方や問題設定には限界がある。第1に，議論が「中心―周辺」の枠組みを超えていない。まず，英語帝国主義論者は，中心としての「英語国」，周辺としての「非英語国」（あるいは「準英語国」）というような英語の「標準性」をベースにした区別に拘束されているため，その図式ではとらえきれない興味深い現象を見逃してしまう。

　他方，英語帝国主義論を批判するフィッシュマンに代表される言語社会学者は，マルチナショナルな人々の行動が「中心―周辺」の図式ではとらえきれない点を指摘しているが，実際にマルチナショナルな人々が動き回る枠組みや仕組みを考えることを放棄している。また，能動的個人主義の立場から英語帝国主義を批判する論者は，英語学習者個人の自立性を強調するあまり，彼らを取り巻く社会的状況や政治・経済的環境に無関心である。

　第2に，従来の議論においては，英語の拡大に伴う英語支配という状況が批判されるべき対象である（あるいは，批判される必要はない）という問題設定がなされていた。そのため，英語の拡大によって生じる他の現象は関心の外に置かれていた。問題視される唯一の社会的関係は英語の促進者（英米豪などの「英語国」）とその「犠牲者」との関係であった。英語化は様々な種類の関係者の社会的位置，およびそうした関係者間の社会的相互作用や社会的ネットワークに対して影響を与えているはずであるが，こうした現象は考察の対象から除外されてきた。また，英語の拡大で生じるアイデンティティの問題は，犠牲者としての「ノン・ネイティブ・スピーカー」が経験するとされるアイデンティティの危機といった発想を超えていない。本書では，これらの議論の限界を超

え，ポストコロニアルな状況において英語化が引き起こす複雑で重層的なアイデンティティの展開を扱う可能性を示したい。その前に，英語研究および英語をめぐる文化政治学のもう1つの潮流についても触れておこう。

4）ローカルな英語・ローカルなアイデンティティ

そのもう1つの流れとは，「国際英語」の多様性と個性を賛美する英語の「ローカル化」の流れである。今までは英米の「標準英語」からの逸脱として片隅に追いやられていた種類の英語をめぐる議論が，近年盛んになっている。「ローカル化」という議論は，英語帝国主義論・英語支配論に刺激されて活性化した側面があり，英語帝国主義論の延長としても，またその反論としても展開してきたものである。

たとえば，ペニークックは，英語教育と植民地主義の密接な関係の中で，自己と他者，英語と他言語，英語文化と他文化との対抗イメージに関する言説が創り出された点を問題にしている（Pennycook 1994, 1998）。彼は，英語教材，英語教師の資格，英語教授法がネイティブとノン・ネイティブの区別に基づく基準によって決められる点を指摘し，それが英米などの「中心」国における応用言語学研究の権威のもとに普及する点を批判する。ペニークックは，これらの実践と価値を「植民地主義の文化的構築物」と呼んで批判しているのだが（Pennycook 1998 : 19），この批判は，植民地主義者の文化と言説的実践が蔓延することによって，現地の人々が他者として周辺化され沈黙させられるというファノンの議論を思い起こさせよう（Fanon 1963）。そして，こうした植民地的言説をくつがえす立場は，「英語の所有者，英語の標準性の保護者，教育上の規格の管理者」としてのネイティブ・スピーカーの概念に対する異議申し立てであるとされる（Jenkins 2000 : 5）。いわゆるノン・ネイティブ英語の正当性を積極的に認める議論が活性化したのである。

また，英語帝国主義論に対する反論としてもローカル英語論は展開された。P. G.-L. チュウは，フィリプソンのイデオロギー的な議論は，英語がアフリカの言語やアジアの言語として成り立つかどうかを考える可能性さえ奪ってしまうと論じ，インド，ケニア，シンガポール，プエルトリコの例を引いて，ロー

カル化した英語の自立性を指摘する。前項で述べた個人の能動性を重視したプラグマティストの立場である。また，シンガポールの例に言及して，英語の使用は必ずしも西洋文化の採用を意味しないと論じる。言語は思考様式や表現法と密接に結びついているので，英語使用は母語文化が持つ独自の思考様式や表現法を乱す危険性があるとする文化ナショナリズムの立場からの議論に，チュウは与しない。チュウは，英語化と西洋化の因果関係を否定して，英語のローカル化を支持するのである（Chew 1999：41-42）。

　こうした社会言語学的議論の背景には，ローカル化した英語が時としてナショナル・アイデンティティや地域アイデンティティの源泉として働いているという現実があることを忘れてはならない。特に，旧植民地のいくつかの国において英語は単に国内コミュニケーションの手段だけではなく，アイデンティティと不可分に結びついた重要な媒体の1つとなっている。とりわけインド，シンガポール，マレーシアでは，こうした傾向が強く見られる。シンガポールの上級大臣トミー・コーの「私が英語を話す時，私がシンガポーリアンであることを世界中に知ってもらいたい」という発言は，この点を物語っている（quoted in Kirkpatrick 2000）。また，ローカル化した英語はコミュニティ言語として社会的連帯の維持・促進にとってプラスの働きをするので，たとえば，マレーシアにおいてはマレーシア英語を話すことが奨励され，英米流の「標準英語」を話す者に対しては，社会的規範を逸脱している者としてサンクションが働く場合がある。

　上に述べたような学問的な潮流とローカルな現実を背景として，言語学者による英語の諸変形に関する記述的研究も着実に蓄積されつつある。インド英語，シンガポール英語，フィリピン英語などの発音，文法，語彙，用法に対する関心が高まっており，既に「英語はアジアの言語」（English is an Asian Language），「東南アジアにおける英語」といった会議が開催されたり，雑誌『アジア英語』（*Asian Englishes*）などが刊行されている。今や英語研究界で主要な雑誌となった『世界英語』（*World Englishes*）も英語の多様性の研究を常に刺激してきた。そしてこうした研究に基づいて，学習者のローカルな文化やアイデンティティを反映する英語教材や教授法を開発することの重要性が指摘されている[2]。

このように，ローカルな英語に独自性を認める議論は，英語支配論の議論の枠を超えて，現代の英語研究の中で主要な流れの１つになってきている。とはいえ，英米英語偏重主義に挑戦した功績は認めるべきであるものの，このような言語学的理論は，ローカル化した英語の特徴の記述と差異の祝福に終始しており，たとえばアジアの具体的な社会の動きにどのような影響を与えているかという問題に関して無関心である。現実を見ているようでいて，実際には現実の分析に到達していない。ローカルな英語をめぐる理論が，どのような社会集団によって担われどのような文脈で実践的な活動に結びつけられているか，そしてその結果，具体的な社会編成の場面でどのような作用を及ぼしているのかという，社会的リアリティの分析の視点が欠けている。具体的な動き，社会とアイデンティティの編成の動態を分析して初めてローカルな英語という視点は意味を持つのである。

3　英語化するアジアに対する社会学的接近
—— 本書のアプローチと概要 ——

　本書は「英語化するアジア」に対して社会学的に接近する。社会学的に英語化を取り上げる理由は，英語化の過程が「国民社会」や「国際社会」を構成する人々の編成のされ方に対して深い影響を与えているか，与える可能性を有しているからである。英語化は新たな世界秩序の形成を考える上で最も重要な変数の１つである。ポストコロニアルなアジアにおいて，英語化が社会の編成やアイデンティティの構成に及ぼしている影響について考察していきたい。

1）トランスナショナルな高等教育のマレーシア・モデルの誕生と展開
　そのために本書では，英語を媒介としたトランスナショナルな高等教育モデ

2）国際英語の多様性の祝福がイギリス人やオーストラリア人によってもなされていることは，彼らのオリエンタリズムを表していると言えないだろうか。英豪の「標準的な」英語は崩れないという前提の下での多様性の享受は，シンボリックな権力関係を内包していると言えるかもしれない。

ルの誕生と展開，その波及に焦点を合わせ，具体的状況の中で「英語化するアジア」をとらえていく。ここで，トランスナショナルな高等教育モデルというのは，アジアの民間のカレッジ（その原型は塾・予備校や専門学校であり学位授与能力はない）がアメリカ，イギリス，オーストラリアなどの諸大学とのリンケージを通して，アジアの自国にいながらにして「西洋英語国」の大学の学位を取得することを可能にした仕組みのことである。トランスナショナルな「単位移行」（credit transfer）や「トゥイニング」（twinning）と呼ばれるこの制度は，カレッジ在籍2年目または3年目から提携関係にある海外の大学に進級する方式（1＋2または2＋1），あるいはすべての学年をアジアの自国で過ごす3＋0方式などを通して，最終的に「西洋英語国」の大学の学位取得を可能にしたのである。

　そのトランスナショナルな高等教育モデルが最初に誕生・展開したのはマレーシアである。それゆえ本書ではマレーシアを考察の主要な舞台とする。マレーシアはかつてイギリスの植民地支配下にあった地域であり，「英語化するアジア」という主題がコロニアル／ポストコロニアルという状況に深く関わる問題であるために，その意味でも恰好の検討対象だと言える。実際，本書が取り上げる英語媒体のトランスナショナルな高等教育モデルは，ポストコロニアル社会の産物として誕生・展開した。マレーシアにおける伝統的な高等教育には，国家の「公」の高等教育制度として国立大学がある。その国立大学における教育言語はマレー語である。また，いわゆる私立大学が1990年代後半以降設立されたが，マレーシアにおける私立大学は企業（政治家と関係の深い場合が多い）や政党によって設立されたもの，あるいは外国の大学の支部キャンパスである。本書が対象とするのは，マレーシアの「民間」で生まれた高等教育であり，そのような私立大学とは区別して扱いたい。ここで言う「民間」とは，国家と対置して，機会の開放を試行錯誤する領域としてとらえる。国家が管理・運営する「公」の高等教育に対して，民間のアクターは代替制度を模索・創造した。高等教育のマレーシア・モデルの展開を記述・説明する上で，この民間という概念は重要である。そして，マレーシアの民間の高等教育は，マレーシアというポストコロニアルな多民族社会特有の事情の中で誕生し展開した。

議論はマレーシアで完結するものではなく，そもそもそこで生み出された高等教育モデルがトランスナショナルなネットワークによるものであるという点でも，またそのモデルが国際的に展開し普及していくという点でも，ナショナルな枠組みを超えている。英語を媒体とするこの制度の展開は，マレーシア国内のエスニック関係や社会階層，ナショナリズムに作用しているのみならず，アジアと西洋を結ぶ国際移動・移住，さらにはマレーシア国内のエスニシティとより広い諸「文明」とのトランスナショナルなつながりに無視できない影響を与えている。

　マレーシアは，イギリスによる植民地状況の中で，多民族から成る「複合社会」として形成され，独立以降現在に至るまで「ポスト複合社会」とも呼ぶべき状況が続いている。この現実が，「トランスナショナルな高等教育モデル」の誕生に関わり，またその展開の中で大きく相互作用する点でもある。従って，本書ではまず，このようなマレーシア社会の成り立ちから説明していく。それは，上述したように，抽象的・一般的に語られがちであった「英語化するアジア」を，具体的な地域と社会的文脈の中でとらえることが必要だからであるが，マレーシア発の「トランスナショナルな高等教育」と「ポスト複合社会」との相互作用の中から，いくつもの興味深い理論的洞察を得ることができるからでもある。

2）ポスト複合社会マレーシア──エスニック・グループ間の駆け引き

　近代社会学は同質的なエスニーを基層とする国民社会をモデルとして成立した。そのような前提に対しては1980年代以降次第に異議が唱えられ，エスニックな複数性を常態として社会を理解する試みが増えてきた。こうした試みの多くは多文化主義という問題設定を共有している。その背景には，カナダやオーストラリア，さらにはイギリスやアメリカ合衆国などのアングロ・アメリカ社会において多文化主義が積極的に議論されたこと，そしてこれらの国々が社会理論や文化研究の発信地でもあることと関係している（e. g. Kymlicka 1995 ; Taylor et al. 1994 ; Stratton and Ang 1994）。これらの社会の特徴は，1つの支配的なエスニシティ（カナダの場合は2つ）とその他の多くのエスニシティとの共生

をめぐる理念として多文化主義が展開した点にある。1つのゆるぎないエスニシティとその文化に従うという前提の下に，他の多文化が承認，祝福される。

これに対して，多民族社会でありその成員も多民族共生の必然性あるいは必要性を強調するが，多文化主義の概念では表現しえない現実を展開させている社会が存在する。複数のそれぞれに支配的なエスニシティから構成される複合社会（plural society）を原型とする社会がこれにあたる。複合社会とは最初 J. S. ファーニバルが植民地時代の東南アジア社会を指して使った概念で[3]，同一の政治的単位内に2つ以上の共同体が隣接して存在していながら互いに交流することがないような社会のことである。そこでは経済的分業は文化的分業と重複するとされる（Furnival 1939; 1948）。また M. G. スミスは，植民地時代以降のカリブ海の社会について，ファーニバルの理解に制度的構造の側面を加えて，複合社会の考察を行った（Smith 1965）。そのような社会経済構造を独立後の国民国家が受け継ぎ，それに拘束され，また超越する社会をポスト複合社会と呼ぶとすれば，そこにおいて設定されるべき問題は，「多様性をどこまで認めるか」（関根 2000：50）ではなく，むしろ D. ホロウィッツが言うような「エスニック間の調整」（ethnic accommodation）である（Horowitz 2007）。

ポスト複合社会としてのマレーシアは，150年以上続いた英植民地主義の遺産とそれに対する反応の産物である（Andaya and Andaya 2001）。エスニック間の対立・競合・調整は，ポスト複合社会マレーシアにおける最も中心的な課題である。そして英語化は，この課題に接近する上できわめて重要な視点なのである。

さて，マレーシア（その前身は英領マラヤ）では大きな英語化を2度経験した。第1の英語化は，英植民地化に伴い，英語がマラヤの支配言語およびエスニック集団間の共通言語となった時期である。このときマラヤの多くの住民にとって英語は母語あるいは母語同然となった。しかしその後，独立を経て，1970年代以降の国民文化のマレー化に伴い，マレー語が教育言語となり，脱英語化が進んだ。第2の英語化は，こうした状況への反動として1990年代以

---

3) 実際に，ファーニバルが対象にしたのはオランダ領インド（Dutch Indies）である。

降展開した再英語化の過程を指す。本書が扱うのは，この第 2 の時期の英語化の過程およびその帰結である。そしてこの歴史的文脈で英語化が最も先鋭的に進行した制度領域の 1 つが高等教育である。

　従って本書の主題の 1 つは，英語によるトランスナショナルな高等教育がポスト複合社会のエスニック間の駆け引きの中で誕生した背景，および高等教育の英語化がポスト複合社会のエスニック関係に及ぼした影響を考察することにある。

3） 本書の構成

　本書の概要を示しておきたい。まず，英語化とトランスナショナルな高等教育モデルの議論を始める前に，その舞台である多民族社会マレーシアの構成と展開について考察する（第 1 章）。ここではマレーシアという多民族社会の比較的詳しい考察を行うので，英語化する高等教育を主な関心とする読者は，ひとまず第 2 章から始めて，必要な時に第 1 章に戻るという読み方も可能である。

　本書の中心を成すのは，マレーシアの民間において 1980 年代以降トランスナショナルなネットワークを基盤に成立した，英語を教育媒体とする高等教育の展開とその波及効果の研究である。最初に，マレーシアにおける民間のカレッジが，アメリカ，イギリス，オーストラリアなどの大学と提携することで新しいトランスナショナルな高等教育のモデルを創造したプロセスを描き出す（第 2・3 章）[4]。この高等教育は，実際に英米豪などに留学する経済的な余裕のないマレーシア国内の社会層，あるいは英米豪への中間的ステップを必要とす

---

[4] 高等教育のマレーシア・モデルが創造された頃は「国際教育」と呼ばれていた。その後，より広い意味で教育学者・教育関係者の間でトランスナショナルな教育という言葉が使われるようになった。トランスナショナルな教育とは「学習者が学位授与機関が位置する国とは異なる国に位置する」教育を指す（UNESCO/Council of Europe 2000, quoted in Naidoo 2008：5）。V. ナイドゥによれば，1990 年代初頭オーストラリアの大学に留学していた国際学生と国外においてオーストラリアの学位コースに在籍していた学生を区別するために使われ始めたという（ibid.）。後者のトランスナショナルな教育は，マレーシアにおける民間のカレッジにおけるトゥイニング・プログラムやオーストラリアの大学のマレーシア・キャンパスのことを指していると推測される（Global Alliance for Transnational Education 1997；Adam 2001；McBurnie and Pollock 1998 も参照）。

るアジアの他の諸国や他地域の社会層を受け入れることで，自らを徐々に単なる補完的な存在から，もう1つの高等教育として制度化された教育機関に変貌させていった。ここではそのプロセスを提示し，それがアジアでは例外的な制度的イノベーションの例をなしている点を論じる（第2・3・6章）。

　英語を媒体とするこの高等教育モデルの展開は，様々な社会的波及効果を持った。すなわち，マレーシア国内のエスニック関係や社会階層，ナショナリズムに作用するのみならず，アジアと西洋英語国を結ぶ留学生の国際移動・移住，さらにはマレーシア国内のエスニシティと諸「文明」とのトランスナショナルなつながりに対して無視できない影響を与えている（第4・5章）。また，同モデルは海外諸国において技術移転されたり模倣の対象にもなっている（第6章）。これらをめぐって活動するマレーシアの民間の高等教育機関の文化仲介者，あるいは国家官僚などのアクターの論理やそれを利用する社会層の特質と変化について考察していく。

　民間から生まれたこの英語を媒体とするトランスナショナルな高等教育モデルは，その存在感が増すことによって，皮肉にもマレーシア国家と政治的支配層による公式化への圧力を増大させた。その結果，提携校のカリキュラムやシラバスへの標準化を強要されて制度的柔軟性と経済的な強みを失ったり，正規の大学となることでそのトランスナショナルな特徴を失うという現実をも描きだしたい。すなわち，グローバル化とローカル化，そしてそこでの国家の介入の絡み合いを描くことになる。民間と国家の関係はエスニック集団間の駆け引きとも重なっている（第4章）。こうしてマレーシアのマルチエスニシティの核心に迫りながら，英語化するアジアの具体的な姿をとらえていきたい。さらには，このような英語圏の世界システムにおける半周辺的な社会で構築された制度の持つ意味とともにポスト複合社会の行方を考えることにする（第7章）。

4　研究調査方法について

　本書の具体的な調査方法については第3章から第6章の冒頭でそれぞれ述べ

る。ここでは，調査の制限と限界について触れておきたい。マレーシアの社会調査においては，統計資料や公のデータの入手はきわめて困難である。特に，エスニック関係に関するものは，政府も民間も研究者に提供を差し控える傾向が強い。1969年の民族暴動以来，エスニック関係は敏感事項として，人々は公に議論するのを避けてきたという背景がある。本書で取り上げる民間の高等教育は，まさにエスニック関係の駆け引きが最も先鋭的に表れた領域であるため，公のデータへのアクセスがかなり制限されていた。マレーシアについて書かれた社会科学の論文には新聞報道に使われた統計の引用が目立つ。それは，一般的なアクセスが難しい上に，公表されたものは政治的に承認された情報と考えられ使用しやすいからである。しかし，それでは厳密な社会科学の研究とは言えないであろう。本書ではそのような制限を乗り越えるため，聞き取り調査を繰り返し行った。期間は2002年3月から13年8月であり，合計1,400時間を超える。もちろん聞き取りで得られた情報は，その主観性を十分に考慮しなければならない。聞き取りで得た情報の信頼度をできる限り確かなものにするために，複数のインフォーマントの語りを比較し，また数少ない文献などと照らし合わせて，現実の姿をつかむ試みを行った。

> マレーシアの基礎知識

1) マレーシアの人口構成と名称について

　マレーシアの多民族的構成に関しては，第1章で詳しく論じるが，議論の混乱を避けるため，ここでマレーシアの人口構成とエスニック集団の名称について，簡単にまとめておきたい。

　日常生活から政治や人口調査に至るまで広く一般的に用いられるエスニック分類（現地英語では race）は次の通りである。2言語（英語／マレー語）で表記すると，Malays/Orang Melayu, Chinese/Orang Cina, Indians/Orang India である。日本語訳としては，マレー人，華人，インド系を用いることにする。インド人としないのは，インド亜大陸の人々と区別するためである。2013年時点で，ブミプトラ67.8％（内，マレー人54.9％，他のブミプトラ12.9％），華人24.0％，インド系7.2％，その他0.9％である（Malaysia 2013：5）。

　ブミプトラ（その略のブミ）とノン・ブミプトラ（ノン・ブミ）の分類も広く一般的に用いられる。サンスクリット語源のブミプトラ（bumiputera）は，「土地の子」を意味し，移住民である華人やインド系すなわちノン・ブミプトラと対比して用いられる。主にマレー人を指すが，ブミの中にはマレー人ではない先住民（たとえば，サラワク州のダヤック，イバン，ビダユ，オラン・ウルやサバ州のカダザン，バジャウ，ムルットなど）も含まれるため，マレー人と非マレー人はブミとノン・ブミに完全には対応しない。

　言うまでもないが，マレー人（Malays）とはマレーシアのエスニック集団の1つであるのに対して，マレーシア人（Malaysians）とはマレー人，華人，インド系，その他すべてを包含するマレーシア国民の総称である。

2) マレーシアの教育制度

　次に，マレーシアの初等教育から高等教育に至る道筋について，ごく簡単に概説しておきたい。

　①初等教育

　初等教育（小学校）の修業年限は6年間（6～12歳）である。初等教育の学年はスタンダードと呼ばれる。従って，スタンダード1から6までがある。マレー語を教育言語とする国民学校（sekolah kebangsaan = national school），

および華語あるいはタミル語を教育言語とする国民型学校（sekolah jenis kebangsaan ［Cina］＝ national-type school ［Chinese］, sekolah jenis kebangsaan ［Tamil］＝ national-type school ［Tamil］）の2種類の学校が設置されている。マレー語は国民型学校においても必修科目であり，英語はすべての学校で必修科目である。スタンダード6修了時には，成績評価テストであるUPSR（Ujian Penilaian Sekolah Rendah ＝ Primary School Achievement Test）が実施される。初等教育修了生は全員前期中等教育に入学できるが，国民型学校で学んだ生徒のうちマレー語の成績優秀者以外は，マレー語の習得のために，中等教育進学前に1年間「移行学級」での学習が義務づけられている。

②中等教育

中等教育は前期中等教育と後期中等教育から成る。中等教育の学年はフォームと呼ばれる。前期中等教育の修業年限は3年間（12～15歳，フォーム1～3）である。教育言語はマレー語のみである。後期中等教育は修業年限が2年間（15～17歳，フォーム4～5）である。普通学校，技術学校，職業学校がある。前期・後期中等教育一貫の5年制をとっている場合が多い。初等教育修了時に受けるUPSRテストで優秀な成績を収めたブミプトラの生徒は5年制のエリート養成のための全寮制中学校への入学が許可される。

以上に加えて，私立の中等教育として華文独立中学（Chinese independent high school）がある。政府からの補助金はなく，資金源は華人コミュニティである。

中等教育の第5学年（フォーム5）修了時にイギリスのOレベルにあたるSPM（Sijil Pelajaran Malaysia ＝ Malaysian Certificate of Education）を受験する。中等教育の後は，大学に入学するための準備コースあるいは専門的職業教育がある。

③高等教育への準備

日本やアメリカのように，高校卒業後ただちに大学に入学するのではなく，イギリスがそうであるように大学入学準備コースを経由する。これには，いくつかの方法がある。第1に，中等教育修了後フォーム6と呼ばれる1年半の課程に進学して，国家試験であるSTPM（Sijil Tinggi Persekolahan Malaysia ＝ Malaysian Higher School Certificate Examination）を受験する方法がある。イギリスのAレベルにあたる。第2に，1, 2年間の大学予科（matriculation）の課程

に進学する道もある。この課程は大学や全寮制中等教育機関に付設されており，修了試験に合格すれば大学に入学できる。このコースを選択できるのは基本的にブミプトラのみである。第3に，主に民間のカレッジでイギリス，オーストラリア，カナダなどの大学入学資格試験の準備をして受験する方法がある。大学入学準備（pre-U）コースと呼ばれ，当初は海外留学希望者のみを対象にしていたが，民間のカレッジが英語を教育言語としてトランスナショナルな高等教育を提供するようになると，次第にそのような国内のプログラムへの進学者をも対象とするようになった（第2章参照）。以上に加えて，第4に，華文独立中学生が受ける私的な試験として UEC（United Examination Certificate）がある。国立大学には認められていないが，民間の高等教育機関および海外の多くの大学の入学資格になる。

④高等教育

　大学の一般的修学年限は，文科系で3年間，理科系で4年間，医科・歯科系で5～6年間である。高等教育は，以前は国立大学に限定されていたが，1996年の私立（民間）高等教育制度法の制定によって，民間の大学，私立大学，外国大学の分校の設置が認められた。大学に加えて，ポリテクニック，カレッジ，教員養成カレッジがある。ポリテクニックでは，主に商工業部門の人材や技術者の養成が行われる。2年制の修了証書（certificate）あるいは専門資格免許としてのディプロマを取得する。伝統的にカレッジは，大学入学準備コースを提供するもの以外に，商業，情報通信などの専門職に対応するコースを開講するものもあり，その場合は，修了証書あるいはディプロマなどを取得することになる。ディプロマという制度は，本書の議論の中でしばしば登場するが，マレーシアを含むいくつかの旧英植民地社会では，以上のように職業教育に対する専門資格を証するものである。

第1章

エスニシズムとマルチエスニシティ
——多民族社会マレーシアにおける 2 つの方向性——

1 はじめに

　W. H. マクニールは『ポリエスニシティと国民統一』と題する著書の中で，エスニックな同質性を理念とする国民統一の概念がいかに変則的かつ一時的なものであるかを指摘している。世界史を見渡してみると，文明の中心地では多種多様な人々を混在させてエスニックな複合性を基盤とした政治体系を形成するのが常態であり，エスニックな同質性はむしろ辺境の地においてしか見られなかったという。例外は北西ヨーロッパであり，中世後期にそこに見られた特異な状況[1]から生じた同質的国民統一の概念が社会統合の理念となり，諸民族が混在するヨーロッパの他の地域においても受け入れられた。そして，この理念が，その後世界各地に急速に伝播していった。しかしながら，エスニックな同質性は，既に1920年代には本家本元の北西ヨーロッパにおいてすら勢いにかげりが出始める。ロンドンやパリのような都市ではポリエスニック化が急速に進み，ポリエスニシティの現実と同質的国民国家の理念との緊張関係が顕在化する。ヨーロッパ以外におけるポリエスニックな状況は，ヨーロッパ諸国による植民地化や移民の流入の結果，さらに増幅されていった（McNeill 1986）。

---

1) たとえば，中世および近代初期のフランスとイングランドの都市における高度の同質性を意味する（McNeill 1986 : 37-38）。

マクニールの議論は，西欧中心の歴史観に対抗して，北米における多民族国家のあり方を人類史のモデルとして賞賛するという価値判断を含んでいる点は否めない。しかし，「国民国家」概念の持つ変則的かつ一時的な性格を巧みに指摘していると言えよう。世界の多くの地域では，ポリエスニック（マルチエスニック）な状況を囲い込んで「ネーション」が構築されているため，エスニックな多様性を超える共通のナショナル・アイデンティティの形成と同時に，「国民国家」内部の多様性（異質性）の扱い方が重要課題とされてきた。その意味において，同質的国民統一（国民国家）に代わる統合理念が登場するのは時間の問題であった。

それは，いくつかの国においては，いわゆる多文化主義（マルチカルチュラリズム）という意識的な試みとして現れた。多文化主義とは，強いて定義すれば，1つの「社会」の中で複数の文化の「共生」を積極的に評価・推進しようとする主義・運動・制度である。カナダやオーストラリアに典型的に見られるように，社会統合の理想を示し，それが実際の政策に反映されたり，あるいはレトリックとして用いられたりする。しかし，「国民国家」が歴史上のある特定の政治的状況下で普及した理念であったように，「多文化主義」もある特定の状況下で政治性を背負って現れた理念である。それは，ナショナルな地理的境界という前提に挑戦するものではなく，むしろそれを構築・補強するという意味で，ナショナリズムの一形態として現れたと言える。

ところで，本書が対象とするマレーシアは，この多文化主義の概念では表現しえない特徴を有している。実際に，この言葉が使われることはほとんどないし，使うことに対しては抵抗が伴う。その背景には，「移住民」である「華人」や「インド系」と対置される「先住民」としての「マレー人」というエスニシティの範囲および内容が流動的であったということ，「マレー人」が人口的・経済的に絶対的優位を確保していたわけではないこと，さらには，その「マレー人」を中心としてマルチエスニック・ネーション創りがなされてきたことが大きく関係している。カナダやオーストラリアのように，ゆるぎない権力を持つ多数派エスニック集団が国家の文化政策として打ち出した多文化主義の場合とは異なる展開が見られるのである。マレーシアの事例は，その意味において，

マルチエスニックなネーションのもう1つのあり方を示す事例として有意義であろう。序章でも述べたが，複数のそれぞれに支配的なエスニシティから構成される複合社会を原型とする社会がこれにあたる。

　本章では，多民族社会マレーシアの構成と展開について詳しく論じたい。植民地主義の一環として押しつけられた複合社会，さらには独立後もそれがマレーシア国民国家の中で再生産される過程——すなわち，本書で言う「ポスト複合社会」の展開——について考察する。特に，1970年代初頭から90年代後半の約30年間に焦点をあてていく。この時期を選ぶ理由は，独立後のマレーシアの大事件である1969年の民族暴動とそれを経て1970年に導入された新経済政策（New Economic Policy：NEP）の無視できない影響が現れ，現代マレーシア社会の基盤が形成された時期だからである。本書が主題とする高等教育の展開を理解するためにも，この時期の経過を知っておくことが何よりも大切なのである。

　この時期のマレーシアにおいては，2つの方向性が，相互に密接に関連しながら，また緊張関係を保ちながら顕著に現れた。1つは，マレー人のエスニシティを前面に打ち出す方向性である。もう1つは，エスニシティの多様性（マルチエスニシティあるいは多文化）を強調する方向性である[2]。この2つの相対立する流れが相互に織りなす様子を考察していかねばならない。ただし，この時期を考察の対象にするとはいえ，こうした2つの流れの歴史的起点と背景についても理解しておくことが肝要である。マレー半島におけるマルチエスニックな状況は英領マラヤ時代に成立し，その中でエスニーおよびエスニシティとしての「マレー人」という概念が創造・形成された。独立後のナショナリズムのあり方を拘束した植民地主義の遺産とその背景についてもあらかじめ詳しく考察しておこう[3]。

---

[2] 本章の題名にもあるマルチエスニシティの用語は，マルチエスニック・ネーションの状況やあり方を意味する概念として，マレーシア研究者の間でしばしば用いられる。

[3] 2つの方向性が展開する上で中心的な役割を果たした社会的集団や社会的文脈は，それぞれの時代によって異なる。しかし，本章の目的は，マルチエスニックなネーションとしてのマレーシアにおける2つの方向性の展開と変遷の軌跡を概観することにあるので，あえて特定の社会的集団や社会的文脈に対象を絞らない。また，マレーシア（および，

以下の2節ではまず，マレー人という概念が，いくつかの歴史的契機と段階を経て形成された様子を中心に考察を進める。西洋的な人種概念の導入と現地化を通して「エスニー」としてのマレー人がエリート層の間で創出される過程，植民地行政の中でエスニック・カテゴリーとしてのマレー人（「マレー系住民」）が「中国系住民」「インド系住民」とともに制度化される過程，エスニシティの手段化を通してこれらのエスニック・カテゴリーがより広い階層の人々の間に浸透していく過程を見ていく。マレー人という概念の創造・形成は，マルチエスニックな状況の成立と不可分に進行するのである。

2　エスニーとしてのマレー人の創造
――西洋的概念の導入と現地化の過程――

　「マレー」は，マレー語のムラユ（Melayu）が英語化した単語である。「マレー人」の意味する内容は多種多様で流動的であり，現在においても変化し続けている。歴史的に見て，マレー半島のマレー人は，マレー群島やインドネシア群島にかけて拡がっていたとされるヌサンタラ（Nusantara）と呼ばれる広範囲な地域の一部に居住していた。ヌサンタラの人々は，文化的特徴，地理的条件，外来文化の影響の受け方などにおいてかなりの類似性を持っていたとイスマイル・フセイン（Ismail Hussein）によって報告されている（cited in Rustam 1986：27）。しかし，政治的な意味での統一性はなかった。植民地時代以前のヌサンタラは，いくつもの小規模な政治的単位（王国）から構成されていた[4]。このような多様かつ広範な地域を総称して「マレー世界」と呼ぶことがあるが，ここでは，狭義のマレー半島のマレー人というエスニック概念の形成について考

　　その前身のマラヤ）のアイデンティティは，具体的な制度の次元と言説の次元を通して推進されてきたが，場面に応じて，その両方に触れることとする。
4）過去の王国の栄光に対する誇りを中心としていくつかの集団にまとめられた。たとえば，マレー半島の人々はマラッカ王国，ジャワの人々はマジャパヒット，スマトラの人々はスリヴィジャヤ，ミナンカバウ，アチェというように，各集団はそれぞれの祖先起源を持つようになった。ルスタム・サニによると，過去の神話はグループの統一と分裂に用いられた。独立後も，1963年から66年のインドネシアとマレーシアの対決（Konfrontasi）期において，こうした現象が顕著に現れているという（Rustam 1986：27-28）。

えてみたい。「マレー人」という概念は，いつ，どのようにして形成されたのであろうか。

1) エスニシティ以前

19世紀の植民地時代以前のマレー半島の社会・政治の仕組みを知るために，V. マシソンは現地の文献を分析した。そこでは，各地域の王室（ラジャまたはスルタン）について宮廷で書かれた伝説（hikayat）を中心に，法律書，諺・格言集，庶民の文学など宮廷以外の人々の世界観を探る文献も比較の材料として用いられた。論文「土着のマレー文献におけるマレー・エトスの諸概念」には，いくつかの興味深い発見が報告されている（Matheson 1979）。まず，宮廷の外で書かれた文献にはマレー・アイデンティティを表現する箇所が見られず，単に「ひとびと」（orang/manusia）といった一般的な言い回しが使われているに過ぎない（ibid.: 356）。従って，19世紀以前，マレーというアイデンティティは宮廷のエリートによって表現された概念である点がまず指摘される。次に，マラッカの宮廷をめぐって書かれた文献とそれ以外の文献とではマレー人のアイデンティティの表現に関して差異が見られる。「マレー」という概念を明確に表現しようとしたのは，『マレー年代記』（*Sejarah Melayu = Malay Annals*）と『ハン・トゥア伝説』（*Hikayat Hang Tuah*. 推定執筆時期は17世紀後半）の2つである。中でも『マレー年代記』は，マレー宮廷のマラッカにおける起源と宮廷制度の成立および家臣の忠誠に関して，17世紀初頭に支配者の命を受けて書かれた，マラッカ王国の血統の由緒正しさとその歴史の栄光が強調された歴史物語であり，「マレー史」を探る上で特に重要な文献である（ibid.: 352）。このように，初期の現地文献によると，マレー人（ムラユ）とは，15世紀初頭から1511年にポルトガルによって陥落させられるまでの間，栄華と繁栄を謳歌したマラッカ王国の一族・関係者を指す狭義の意味で用いられていた。ところが，18世紀から19世紀に書かれた他の文献になると，マレー人の意味は，次第に，マラッカ王国に限定されずに，マレー半島に点在していた他の小規模の諸王国の人々をも指すようになったという（Matheson 1979 ; Milner 1998 : 153-154）。

19世紀にイギリスの植民地統治が始まる前夜のマレー政治文化を称して，

A. ミルナーは「クラジャアン」(Kerajaan) と呼んだ (Milner 1982)。クラジャアンとは，ラジャ（スルタン）に忠誠をつくす臣民から構成される伝統的な政治体系である。ミルナーは，マレー半島の人々が，当初自分たちの起源を1つの特定の共通の祖先やホームランドに結びつけていなかった点を強調している。「マレー人」全体を代表するような1つの特定の王室や支配者は認められず，複数のラジャ（スルタン）たちはそれぞれ独自の祖先系譜を有し，共通の祖先観を持つことはなかった。たとえば，パタニとパサイの王室の祖先は，マラッカ王国およびその継承者であるジョホールの祖先の系図とは何の関係も持たないと考えられた。マレー半島の人々は，自らを特定のラジャの臣民として描写することを第一義的に重要視していたのである (ibid.: 1-2)。

19世紀にこの地を訪れた異邦人によって書かれた文献の中では，宗教，言語，文学，礼儀作法，衣服，法・政治体系などの共通性を有していることから，「マレー人」が「くに」とでも言えるような共同体を形成しているとの印象を持ったと報告されている。後にマラヤ連邦を構成するようになったマレー半島の多くの小王国の総体を指して「マレー人」という言葉が使われたというのである (Matheson 1979 ; Cushman and Milner 1979 : 8)。しかし，こうした観察は異邦人によるものであって，19世紀初頭の「マレー人」自身は，「内なる」統一性よりも「内なる」差異に重きを置いていた (Milner 1994 : 14)。英植民地時代以前，現地の文献の中では，未だ，人種やエスニック集団の概念に代表されるような考え方は存在しなかった (Milner 1982)。後に人種やエスニック集団を意味するようになるバンサ (bangsa) という単語はあるにはあったが，系譜や身分の意味で用いられていた (Milner 1998 : 153)。

だが，19世紀に移住してきた数十万の中国人をはじめとする異邦人の存在が，彼らの集合的アイデンティティの表現に変化を与えなかったとは考えにくい (Matheson 1979 : 369)。実際，19世紀半ば以降に書かれた文献の中では，アラブ人，マレー人，ミナンカバウ人，ブギス人，バリ人，ジャワ人，クリン人，中国人をはじめとして，キリスト教徒やムスリムなどもバンサとして記述され，近代的なエスニック・グループの用法に近くなった (ibid. : 367)。19世紀半ばを境にして，バンサの用法に変化が見られたことになる。マシソンは，この時

期の文献に言及しながら,「1つのグループとして判別可能な1つのエスニックな全体（an ethnic whole）に属している」というマレー人としての自己イメージの成立を示していると述べている（ibid.: 362）。

　また実際，マレー半島の人々の世界観とその表現形態を考える上で，イギリス人による植民地統治の影響を無視することはできない。植民地体制の中で，人種（race）という西欧的概念が受容され，現地の人口分類に影響を与えた点は，既に指摘されている（e. g. Hirschman 1987 ; Anderson 1991 : chap. 10）。しかしながら，受容された人種分類が，現地の状況に見合う形で能動的に「土着化」される様子については，十分に議論されてきたとは言えない。ここでは，現地の文化人の言論活動の分析に基づいて興味深い分析を行った研究を紹介しながら，人種概念の現地化について検討したい。なお，以下頻繁に用いるマレー語の「バンサ」は，上にも触れたように，人種，エスニック集団，ネーションなどの意味を合わせ持つ概念である。その包括的な意味内容から日本語の「民族」に似ている。時代背景によって意味内容が変わり，従って，その訳語も異なる。「ムラユ」は，前述の通り「マレー」の原語であり，形容詞として用いられる場合は，修飾する名詞の後に続く。従って，マレー人種またはマレー民族は「バンサ・ムラユ」となる。

2）「バンサ・ムラユ」概念の形成

　ミルナーは，「バンサ・ムラユ」概念が形成される上で注目すべき2つの過程をあげている。第1は，西欧の人種概念が導入される過程，第2は，人種として規定されたマレー・アイデンティティに過去の栄光と文化を取り込み，民族性が構築される過程である。

　まず，19世紀半ばにマレー人種（バンサ・ムラユ）概念の成立に重要な役割を果たした現地知識人としてムンシ・アブドゥラ（Munshi Abdullah）に注目する。アラブ=インド系の血筋を引くアブドゥラは，マラッカとシンガポールでイギリス人相手に通訳兼教師として働き，1830年代から40年代に著述活動に従事した。アブドゥラは，世界の基本的単位をバンサ——この場合は「人種」(race) の意味——に求め，クラジャアンのように狭い地域的な王室に対する

所属感ではなく，より広い人種的統一性を強調したマレー人意識を持つべきであるとした。ちょうどこの頃，ヨーロッパでは人種分類が流行しており，アブドゥラはイギリス人との交流を通して，ヨーロッパ思想の影響を受けていた。マレー文献に人種の発想が初めて出現したのは，アブドゥラが働いていた宣教師の出版社によって1855年に出版された『世界伝説』(*Hikayat Dunia*) という地理書の中においてである。同書では，人類がいくつかの人種に分類され，その居住地や起源が示されているだけでなく，それぞれの人種にはそれぞれの資質が備わっていると述べられている。怠惰な人種もいれば，勤勉な人種もいるという具合である。誇るべき人種として記述されているのは「イギリス人種」である（Milner 1998 : 154-156）。

このように，アブドゥラは，ヨーロッパの「人種」概念を受容すると同時に，イギリスの挑戦に対抗し，他の人種と競争を余儀なくされている「人種」としてマレー人をとらえ，「人種」としてのマレー人が進歩する必要性を唱えた。その結果，各小王国のスルタンの臣民としての小規模範囲のアイデンティティでもなく，イスラーム世界（umat）の大規模範囲のアイデンティティでもない，「人種」的アイデンティティとしてのマレー人概念が構築された。

バンサ・ムラユの概念は，その後も現地の著述家によって取り上げられ発展した。ミルナーは，英領マラヤにおいて注目すべきもう1人の現地文化人としてモハメッド・ユーノス・アブドゥラ（Mohd. Eunos Abdullah）をあげている。ユーノスは，20世紀初頭の英領マラヤにおいて，1907年に創刊されたマレー語の新聞『ウトゥサン・ムラユ』(*Utusan Melayu*) 紙の編集長職を経て，植民地行政委員会の代表を務めるなどした。ユーノスの考え方に特徴的なのは，マレー人を「人種」として定義づけただけでなく，独自の社会文化的特徴を備え持った集団としてとらえたことである。「人種」を社会的特徴を備えたカテゴリーしてとらえていこうとする当時のイギリス的な思想の影響が見てとれる，とミルナーは述べる（ibid.: 156）。しかも，それは単に外来概念の受け身的な使用にとどまらず，マレー人らしさ，マレー民族性の探求として展開した。

ユーノスはバンサ概念に新しい意味を付与した。そして，その材料を古来の王室文化，クラジャアンの文化に求めた。これは，各小王国のスルタンの臣民

としての小規模範囲のアイデンティティを超えようとして構築されたバンサ・ムラユ概念のあり方からして一見後退に見えるかもしれないが，人々が投入する感情の対象を，昔のようなスルタン（ラジャ）ではなく，バンサに転化している点で画期的である。たとえば，『ウトゥサン・ムラユ』紙（1908年5月12日）は，ペラのスルタンの儀式を詳しく描写しているが，それはスルタンに敬意を払うために書かれたのではなく，「マレー人の過去」の慣習として記録し，そのような記憶として読者の脳裏にとどめるためになされたとミルナーは述べる。つまり，マレー人の民族性を定義するためにクラジャアンの文化が用いられていることになる。このようにして，バンサは旧来のクラジャアンに代わる社会的構想として創出されていった。そして，この過程の中で，古くからあったクラジャアンに特徴的であるとされた文化のいくつかがバンサに注入されることになった。つまり，新しいバンサ概念は，本来矛盾するはずの昔のクラジャアンと弁証法的関係を保ちながら展開したことになる（ibid.: 168）。バンサ・ムラユは，「マレー社会」に特徴的な2つの集合的アイデンティティの対立・矛盾を弁証法的に超えるという現地化の過程の結果，エスニックな概念として展開したのだ。エスニーの創出である。

3）エスニーの事後的創出——ネーション成立をめぐる理論の再考

ところで，ネーション成立の説明をめぐっては理論的な対立が存在し（吉野1997: 2章参照），一方には，ネーションの成立を近代化の産物とする近代主義があり，B. アンダーソンや E. ホブスボームあるいは A. ゲルナーなどの理論に代表される（Anderson 1991; Hobsbawm 1990; Gellner 1983）。他方，歴史主義は，前近代と近代との断絶に関する近代主義的前提を拒否し，歴史の連続性と前近代的過去の重要性を強調する。アントニー・スミスは，近代的ネーションの成立以前に存在する何らかの共同体，つまり近代的ネーションの原型に注目し，これをエスニー（ethnie）と呼んだ（Smith 1986）。

しかし，近代主義と歴史主義は，それぞれネーション成立の説明を不完全な形で終わらせていると言える。近代主義的なナショナリズム理論では，前近代における展開が無視されているか，考察が不十分である。典型的な一例をあげ

ると，ネーション成立の原因として近代の印刷資本主義をあげるアンダーソンは，「印刷言語が，ラテン語の下，そして口語土着語の上に，交換とコミュニケーションの統一された場を創りだした」と述べている（Anderson 1991 : 44）。すなわち，近代以前に，特定の言語の諸変形（たとえば，Frenches, Englishes, Spanishes）を話す言語圏があったにもかかわらず，口語方言の多様性のために相互に理解できなかった大勢の人々が，印刷と紙の使用の拡大に伴って伝達可能になり，こうした文字を読む人々がネーションとして想像される共同体の萌芽を形成したと論じている。しかし，特定の言語的「共同体」形成の基礎とされた近代以前の特定の口語土着語群自体の説明に関しては，これを放棄している。近代以前における集合体に対する無関心は，アンダーソンだけの問題ではなく，ゲルナーなどの近代主義的説明にも共通する限界である。

　これに対し，歴史主義の立場をとるスミスは，ネーションの歴史的原型であるエスニーを与件として扱い，エスニーの成立に対して必ずしも説得力のある説明をしなかった。その意味において，エスニック・アイデンティティを人間に自然に備わったものとする原初主義と潜在的に近い位置にある。もちろん，スミスは，エスニーからネーションへの歴史的転換の図式がすべての国に当てはまると言っているわけではなく，日本，イングランド，スペイン，トルコ，エチオピアなどの「歴史的」ネーションに限定して論じている。しかし，これでは逆に，イギリス植民地の枠組みを踏襲する形で成立したマレーシアなどの経験を，初めから蚊帳の外に追いやることになる。本節の議論の中で，英領マラヤにおいて，マレー人のエスニーが構築される過程を見たが，こうした現象はスミスの視野に入ってこないのである。

　英領マラヤに関する文献の中では，バンサ・ムラユに対してマレー人種（Malay race）の英訳が与えられていたが，しかしこれはむしろ，スミスの言うエスニーの概念に対応するものと言えよう。同様に，トーマス・ラッフルズが1918年に「マレー・ネーション」という表現を使ってマレー人の「くに」の原型を指し示したが，これも「マレー・エスニー」と言い換えることができるであろう（Shamsul 1998）[5]。英領マラヤで活躍した現地の知識人やイギリス人は，スミスがネーションの基層としてのエスニーにこだわったように，マレー

人の「くに」の基層となるべきマレー・エスニーの創出にこだわったと考えることができるであろう。すなわち，エスニーという概念は，近代的ネーションが創造される際に，付随して，あるいは事後的に，創出される構築物であると言えないだろうか[6]。

ネーションの成立をめぐる従来の理論的議論では，分析概念としてのエスニーの妥当性に論点が集中したため，アクターによる政治的利用の側面を見逃していた。ここに見た例は，近代的な「くに」の基層となるべきエスニーが事後的，人為的に創造される過程を示している。ナショナリズム理論の近代主義，歴史主義の両者の立場に問題を提起するものである。

3　植民地主義とマルチエスニシティの制度化
――「複合社会」の誕生――

前節で論じたように，「バンサ・ムラユ」概念の形成において，西欧の人種概念の導入とその現地化の過程は無視できない。しかし，こうした概念的思考は一部のエリート層のものである。マレー人がエスニシティとして制度化されるのは植民地統治下においてであったことからすれば，実際的生活における華人，インド系，あるいはイギリス人という「他者」と「自己」との関係の中で，次第に広い層の人々の間に定着していったと考えられる。

1）植民地行政とエスニック・カテゴリーの制度化

多民族国家マレーシアが誕生した最大の原因は，英領マラヤ植民地政策の一環として中国，インド，オランダ領東インド（現在のインドネシア）から人々が移住させられたことにある。その結果，これらの移住民は，先住していたマレー人と共に同じ植民地行政の枠組みの中に組み入れられ，マレーシアの「複

5）ただし，ラッフルズの場合は，マレー半島のマレー人というよりは，より広義の意味で用いたようである。

6）スミス自身，自著の中で，「事後的ナショナリズム」（retrospective nationalism）の批判があることを自覚している（Smith 1998 : 196）。

合社会」が制度化されていく。次に，その歴史的背景を見ておくことにしよう。

そこでは，華人は華人の間で，インド系住民はインド系住民の間で生活し，ほとんど現地社会に同化することがなかった[7]。特に英植民地統治下で，マレー人は農村，華人は都市と錫鉱山，インド系はゴム農園というように棲み分けが徹底し，各エスニック・グループは没交渉で存在してきた[8]。J. S. ファーニバルの言う「複合社会」が誕生したのである[9]。現在のマレーシアの民族構成の原型もここにつくられた。19世紀初頭にはシンガポールを含むマレー半島全人口の90％を占めていたマレー人は，1921年には50％に，1931年には45％にまで減少した。逆に，華人は1835～40年に8％であったが，1921年に36％，1931年には40％にまで増加している（白石 1984）。移民人口が「土着」人口と拮抗しているというマレーシア社会のこの特徴は，長い間続くことになる（1991年のマレーシアの人口構成は，マレー人50.7％，華人27.5％，インド系7.8％，その他3％である［Department of Statistics Malaysia 1991：40］。さらに2000年になると，マレー人53.4％，華人26.1％，インド系7.7％，その他1.2％となった［Malaysia 2006：238；Malaysia 2008, chap. 1, p. 5］）[10]。

実際には，マレー人，華人，インド系のいずれの「エスニック・グループ」も多種多様な集団やカテゴリーから構成されている。マレー人がかなり広義の概念であるのは上に述べた通りである。また，華人も出身地・方言別諸集団（福建，広東，客家，潮州など）から成り立っている。インド系も宗教別（ヒンドゥー教，キリスト教，イスラーム教，シーク教など），出身地別（インド・タミル，

---

7) 例外としてプラナカン（Peranakan）あるいはババ・ニョニャ（Baba-Nyonya）と呼ばれる人々がいる。彼らは18世紀以前のマラッカやペナン（およびシンガポール）に中国大陸から移住してきた商人の子孫である。中国文化とマレー文化を混合させて独自の文化を創り出した。
8) 時代背景やその他の理由によって，華僑，中国系住民と呼ぶ方が適切な場合もあるが，特にそう表記する必要のある場合を除き，華人と呼ぶ。
9) ファーニバルが複合社会として語ったのは，オランダ領東インド（現インドネシア）であるが，この概念は英領マラヤ時代からこの地の社会を描写する用語として定着した。
10) 1991年時点でブミプトラとして分類されているのは全人口の61.2％であるが，このうち10.6％はマレー人以外のブミプトラ，すなわちマレー半島のオラン・アスリおよびサバ，サラワクの先住民などから成っている。同様に，2000年時点では，ブミプトラ全体で65.0％，そのうちマレー人以外のブミプトラは11.6％である。

マラヤリ，テルグ，シーク，その他のパンジャブ，パキスタン，バングラデシュ，スリランカ・タミル，その他のスリランカなど）にかなり異質の集団から成り立っている。

　にもかかわらず，マレー人，華人，インド系の3大カテゴリーが定着した背景には，センサス（人口統計）の役割が無視できない。マレー半島におけるセンサスは，イギリスの植民地行政の拡大に伴って発展した。近代的なセンサス調査は19世紀的な現象であり，インドや他のアジア地域でも1870年代頃から始まった。マレー半島においては，海峡植民地（ペナン，マラッカ，シンガポール）の住民を対象に，1871年に始まり，その後10年おきに行われた。1901年にはマレー連邦州も含められた。C.ハーシュマンによると，人口を分類するために用いられるカテゴリーは，経験と常識によって創造されていったという。試行錯誤を経て，3大カテゴリーが初めて使われたのは1891年のセンサスにおいてであった。ただし，「中国人」「マレー人および半島の他の原住民」「タミル人およびインドの他の原住民」と表記されていた。記載順，名称ともに「マレー系住民」「中国系住民」「インド系住民」とカテゴリー化されるのは，1911年のマレー連邦州のセンサスにおいてである（Hirschman：1987）。このように，エスニック・カテゴリーの構築および「複合社会」の成立は英植民地主義の文脈で行われたのである。

　現在のマレーシアの主な部分を占める地理的領域は，イギリスによる植民地化に伴う諸制度の移入と西洋産の概念の導入によって幾重にも影響を受けてきた。現在のマレーシアのマルチエスニックな社会構成も植民地化の中で生まれ，促進された。さらには，植民地主義は，エスニシティの制度化・本質化をもたらした。だからと言って，西洋化・植民地化のみを強調するのは一面的である。先に見たように，現地における集合的アイデンティティをめぐる概念とその現地での反応と展開を無視することはできない。もちろん，既述の通り，それ自体が自立的であるとは言えない。ここで見てきた事例は，ナショナリズムとマルチエスニシティの展開を考える上で，現地の社会観なり世界観に基づいた概念・思考の展開と西欧的外因との相互作用に注目することの重要性を示している。

2) 行政制度と日常の社会生活における「エスニシティ」の手段化

　植民地行政によってセンサスの目的のために創られたエスニック・カテゴリーは，次第に人々の日常世界の社会生活と切り離せないものになっていった。様々な行政制度が植民地時代に導入され，マレー人・華人・インド系として定義づけされること・定義づけすることの意味が，実利的生活感覚を持った人々の意識の中に否応なしに入り込んでいった。エスニシティの「手段化」を通して，エスニック・カテゴリーが人々の日常の社会生活に浸透していったのである。

　たとえば，マレー人のために土地（主に耕作地）を保留し，華僑などの移住民が所有することができないようにするマレー土地保留法（Malay Reservation Act 1913）が制定されると，マレー人と非マレー人の線引きが意識化されると同時に，そうした線引きが経済生活において実際的な意味を持つようになる。現在通用しているマレー人の定義（ムスリムである，マレー語を習慣的に話す，マレーの習慣を身につけている）もこの時つくられたものである。また，中国系に同様の効果を持つ制度として，錫鉱山の発見に伴い増加した華僑とその秘密結社を統括するために1877年以降設立された華民護衛司署（Chinese Protectorate）があげられよう。設立以降マラヤに来た華僑は同署に登録することが義務づけられるようになり，華僑が行政的なカテゴリーとして意識化されるようになった。また，インド系のみに特別に植民地政府が公認した椰子酒屋（toddy shops）などの制度も同様の効果を持ったと言える。これらはそれぞれ政治的・社会的な次元が異なる例ではあるが，こうした行政制度の施行によって，エスニシティは手段化された。エスニック・カテゴリーが制度化される上で無視できない役割を果たしたのである[11]。

　さて，近代社会におけるエスニシティという人間の絆の強さを説明する上で，一方には，エスニシティを象徴体系の表出的経験として扱う表出主義的視点，

---

11) これら3つの制度は，Shamsul（1996b : 482）の中で言及されている。マレー土地保留法に関しては，Roff（1980 : 123）を参照。華民護衛司署に関しては，タン・リョク・イー（Tan Liok Ee）氏の解釈が参考になった（筆者との会話の中における発言，1998年8月22日）。また，可児（1979）を参照。

他方には，政治的手段としての利益集団として理解する手段主義的視点がある（吉野 1997：第2章参照）。エスニシティの表出的働きは，従来の社会科学で常識とされてきたむしろ古典的な見方であるが，近年のエスニシティの再活性化に直面して立場を再確認した。一方，手段主義的視点に関しては，ニューヨーク市のエスニック集団を利益集団として分析した N. グレイザーと D. P. モイニハンの先駆的研究や，西アフリカの都市で人々が経済活動の手段として民族性を政治的に組織化していく過程を分析した A. コーエンの研究などを通して定着した（Glazer and Moynihan 1963；Cohen 1969；1974）。本項では，植民地行政下で，エスニシティが身近な実際的利益をめぐって手段化されることを通して，人々の間に定着していく例を述べた。もちろん，手段だけではエスニシティの絆としての魅力を十分に説明できないのは言うまでもない。実際，グレイザーとモイニハン自身が，その後の著書の中で言うように，「エスニシティが利益を追求する手段としてこれほど効果的なのは利害以上の何かを包含しているから」である（Glazer and Moynihan 1974：33-39）。すなわち，情動の側面は無視できない。しかし，マレー半島のこの歴史的局面においては，エスニック・カテゴリーが人々の日常生活の中で制度化される上で，手段的側面がきわめて重要な役割を果たしたのである。

　以上，英領マラヤにおけるマレー人というエスニーおよびエスニシティの創造・形成とマルチエスニックな状況の成立の背景を見た。次節からは，時代を下って，独立国家マレーシアにおけるナショナリズムの展開の中に，これらに端を発する相対立する2つの流れ——すなわち，マレー・エスニシズムとマルチエスニシティ——が相互に作用しながら展開していく様子を見ていく。しかし，歴史的な流れとして断絶があると思われるので，その間の経過，特に第2次世界大戦から独立に至る推移についてここでごく簡単に概観しておきたい。それまでのエスニック関係の問題が表面化し，その後のエスニック・ポリティクスの骨格ができたのがこの時期だからである。

　さて，英植民地支配が生んだ複合社会のエスニック階層構造——すなわち，経済における華人の優位と行政におけるマレー人の優位——は，第2次世界

大戦以前に既に重大な問題を抱えていた。それが，1942年2月から45年8月に至る日本軍による占領の中で民族間亀裂としてますます深まった。日本軍は，中国を侵略した経緯から華人を弾圧し，マレー人（およびインド系住民）に対しては反英の立場から優遇した。終戦後，エスニック関係の緊張は表面化した。

第2次世界大戦後，インドの独立承認やインドネシアの独立宣言と血みどろの戦いを目撃した英植民地政府は，マラヤの独立も不可避と見た。そして1946年，シンガポールを除くマレー半島部を統合する「マラヤ連合」（Malayan Union）構想を公表した。しかし，各エスニック集団に平等の権利を与える構想であったため，移住民である華人，インド系に有利であるとされ，不満を持った先住民・マレー人の抗議運動がマラヤ全土に広がった。マレー人の政治意識の高揚は，統一マレー人国民組織（United Malays National Organisation : UMNO）の結党につながる。こうした状況に対応して，イギリスは，先住民・マレー人に特権を認める協定を結び，1948年には，「マラヤ連邦」（Federation of Malaya）構想が発足した。これに対しては主に華人が猛反対し，共産党の指揮のもとにゲリラ戦を展開した。結局は，イギリス側も有効な対策をとり，次第にゲリラ側は劣勢に立った。この間，イギリスに協調的で現実的な華人のグループはマラヤ華人協会（Malayan Chinese Assocition : MCA）[12]を組織し，UMNOと連盟関係を結んだ。また，1954年には，インド系のマラヤ・インド系会議（Malayan Indian Congress : MIC）[13]も参加し，連盟党が形成されて，挙国体制が整った[14]。現実的に独立を達成するため，マレー人側は非マレー人の出生地主義に基づく公民権を認め，非マレー人側はマレー人の特権を認めるという「取引」が交わされた。そして1955年の選挙で連盟党が圧勝し，1957年8月マラヤ連邦は独立を達成した。1963年には，シンガポール（1959年に自治領となる），サバ，サラワクをマラヤ連邦に統合し，マレーシア連邦が成立する。終戦と独立に至るこの10年の激動期は，その結果として，「エスニック・グループ間の取引」を

---

12) 独立後はマレーシア華人協会（Malaysian Chinese Association）と名称変更。
13) 独立後はマレーシア・インド系会議（Malaysian Indian Congress）と名称変更。
14) マレーシアの政治は，独立以来，マレー系の組織UMNOが主導的役割を果たしているが，1973年より華人系の政党MCA，インド系の政党MICも加わり国民戦線（Barisan Nasional = National Front）を組織し，連合与党として政権を担当している。

めぐる様々な制度群が生み出され，現在の行政制度，政党構成，公共機関の多くが設立された，マレーシアの政治史において重要な時期なのである（Shamsul 1996c）。

4 マレー・エスニシズムとナショナリズムの展開

さて，マレーシアのエスニック関係で忘れることのできない事件が1969年5月13日のクアラルンプールにおける民族暴動である。マレー人は農村の伝統農業（稲作）に従事し華人は都市型産業・商業を支配するという植民地踏襲型の経済が放置されていたため，経済格差が広がったことに対するマレー人の不満が爆発して起こったのがこの事件である。暴動に参加した大多数は首都に住む華人とマレー人の労働者階級であり，その意味で範囲は限定的であった。しかしながら，民族間対立で多数の死者を出したという衝撃は国民レベルであらゆる階層のマレーシア人の脳裏に焼きつき，その後の国家政策を大きく左右することになった。

翌1970年8月には国家の5原則（神の信仰，国王と国家への忠誠，憲法の遵守，法による統治，良識ある行動と道徳）を定めたルクヌガラ（Rukunegara）が国王の名において公表された。また，1971年3月に民族暴動事件後初めて再開された国会では，マレー人の特権，唯一の国語としてのマレー語の地位，マレー人統治者スルタンの地位と機能，国教としてのイスラームの地位，非マレー人の市民権と言語の制限などが決議され，これらの事項を公共の場で議論することが禁止された。さらには，マレーシア社会の抜本的改革を目的に，1971年に新経済政策が打ち出された。

1）エスニシティの手段化の徹底——新経済政策

新経済政策（New Economic Policy : NEP）で掲げられた2大目標は，第1に，エスニック・グループを問わず貧困を根絶すること，第2に，エスニック・グループ間の経済不均衡を是正するために社会構造を再編成することである。

1991年までの20年間にこの政策目標が実現されることが見込まれていた。具体的には，ブミとノン・ブミの所得不均衡などの是正，雇用構造の再編，ブミの資本所有の引き上げ（1970年から90年の間に2％から30％までの上昇を目標とする），ブミプトラ企業養成などのプロジェクトから成る。そのために，各種国営企業の設立，民間企業におけるエスニック・グループ別雇用比率の採用，マレー系企業の優遇などが行われた。新経済政策の結果，公的セクターに対する支出の増大，公営企業の増加を通して，経済における国家の役割が顕著に増大した（Jomo 1990；Gomez 1996：135-136；Jesudason 1989：135-140）。

　教育面においてもマレー人生徒・学生に対する各種の優遇措置が導入された。マレー人（ブミプトラ）優遇のアファーマティブ・アクションである。なお，マレー人の特権は英植民地時代にも土地の保留制度の形で存在していた。また，1957年独立のマラヤ連邦の憲法には公務員採用におけるマレー人優先などマレー人の特別の位置が明記されていたが，理念としての側面が強かった。マレー人（ブミプトラ）優先政策が実質的に強化されたのは，新経済政策の中においてである。新経済政策下で，マレー・アイデンティティにおけるブミ・アイデンティティの側面の意識化が図られた。その背景には，マレー・エスニシティの手段化の徹底がある。新経済政策（1971～90年）はその後，国民開発計画（National Development Plan, 1991～2000年），国民構想政策（National Vision Policy, 2001～10年）に引き継がれた。

2）国民文化としてのマレー文化──国民文化政策

　新経済政策と同時期に設けられたもう1つの国家的政策に国民文化政策（National Culture Policy）がある。これには3本の柱があった。第1に，マレーシアの国民文化は土着の人々の文化に基づくものでなければならない，第2に，それ以外の文化の要素の中でも適切かつ道理に合ったものであるなら国民文化に統合されることもありうる，第3に，イスラーム教は国民文化の重要な要素である，というものである（KKBS 1973）。教育の場では，1970年から公立の中高教育のすべての教科をマレー語によって教える政策が実施された。1982年までに高校までの言語はマレー語に転換され，1983年からは大学教育にも

マレー語使用が適用されるようになった。その結果，マレー語を理解する人の数は着実に増えた（Crouch 1996 : 161）。

また，国民文化政策の導入に伴い，政府は特定の文化活動を選択的に支持した。たとえば，舞台芸術においては，意図的に選択されたマレー人の民俗芸術を基にして「国民的」（national）なスタイルが創出され，それがマレーシアの「伝統」として「創造」された。一例をあげると，マレー，西洋，インド，中国，ジャワ，中東などの様々な要素が混ざり合ってできたバンサワン（Bangsawan）という大衆劇があるが，1970年代，80年代にはマレーの宮廷や昔のマレー王国の栄華の要素が取り入れられて「マレー化」が促進された。こうした「国民的な」芸術としてのバンサワンが様々なフェスティバルで，あるいは観光客向けに，またテレビなどで上演されることになった（Tan 1992 : 284）。

この時代は，マレー文化の創造・再創造が促進されたと同時に，マレー人のエスニック文化をマレーシアの「国民文化」とする動きが進行した。前者をエスニシズム，後者をナショナリズムと呼ぶとすれば，ナショナリズムとしてのエスニシズムの色彩が濃く現れたのである。なお，エスニシズムは，エスニック・グループの独自性と連帯を実現・推進する意志・感情・活動を総称する概念として用いる。1980年代はナショナリズムがスローガンとしてよく使われた時代であるが，見方によってはマレーシア全体の存在証明の強調を求めているようにも，マレー人の独自性の高揚を志向しているようにも解釈できる両義性を持ったスローガンであった。このアンビバレントな状況は現在に至るまで続いている。マレーシアの現状を多文化主義と呼べない理由がここにある[15]。

マレー文化への同化を推進する国民文化論議は1980年代には盛んであったが，1990年代に入ると顕著な変化を見せた。

---

15) ブミプトラ政策が積極的に押し進められていた1980年代の国民文化論議の様子を象徴的に示す1つのエピソードとして，ライオン・ダンス（獅子舞）の禁止をめぐる議論があげられよう。獅子（ライオン）はマレー半島に土着の動物ではないので，土着の虎を使ったタイガー・ダンス（虎舞）に変更させるべきであるとする意見も登場し，メディアで話題になった。もちろん，ライオン・ダンスは中国系，華人の風習であるので国民文化論議の対象になったわけである。

5 マルチエスニシティと多文化
　　——経済発展とニュー・ミドルクラスの登場——

1) 経済の自由化と文化の自由化

　文化における自由化は経済における自由化と密接に関連している。新経済政策は国家の積極的な役割を基調としていたが，次第に自由な市場の拡大へと移行していった。国家主導型経済を脱皮する民営化の動きは 1980 年代から既に進行していたが，1990 年の国民開発計画の施行に伴い，より確かなものになった（Loh 1997 ; Abdul Rahman Embong 1997b : 4 ; Gomez and Jomo 1997 : 169-170）。

　一方では，マレーシア国民文化におけるマレーらしさの中心性は譲歩できないとする考えが依然として強かったが，他方では，経済発展の結果エスニック・グループの枠を超えて見られるミドルクラスの成長は社会の安定感を増し，文化よりも高度の工業化が国家目標として前面に出る状況が生まれた。また，新経済政策の中で押し進められてきたブミプトラ優先政策の原則は残っているものの，その施行面では徐々にゆるやかになった。たとえば，政府は固定的なエスニック・グループ別比率（quota）にそれほどこだわらなくなったし，華人がビジネスを行う際の自由度も増えてきた（Tan Chee Beng, cited in *The Star*, 5 June 1995, section 2, p. 3）。

　こうした経済における自由化は，2020 年までにマレーシアを先進工業国に仲間入りさせるとした「2020 年構想」（Wawasan 2020）のスローガンに呼応する形で展開した。このスローガンのもう 1 つの課題は 2020 年までにバンサ・マレーシアを形成し，それを基に国民統合を達成することである。マレー語の「バンサ」（bangsa）とは，既述のように，日本語の「民族」と同様に，エスニック・グループとネーションの両方の意味を含む。元来はバンサの概念が使われる際，バンサ・ムラユ（マレー民族）のようにエスニックの側面が強調されていたが，「2020 年構想」発表以来，バンサ・マレーシアのようにネーションの側面が強調されるようになってきた。エスニック・グループの境界線を越え，国を挙げてこの経済的目標に向かうことの重要性が説かれているのである。注目すべきは，新経済政策の結果，経済的に自信をつけたマレー人のビジネスマ

ンが華人とパートナーシップを組む傾向が進んだ点である。民営化に伴って起こった経済成長によって，エスニック・グループ間の緊張が緩和されるという感覚が促進されたのである（2010年以降はナジブ首相の政権の新しいスローガンである「1マレーシア」に引き継がれている）。

　国民文化政策が積極的に実行された1980年代はエスニシズム的，同化主義的な色彩が強かった。しかし，1990年代に入ってマレーシアにおける文化をめぐる状況が変化を見せた。国民文化におけるマレー文化の中心的役割に対してマレー人の間で依然幅広い支持がある反面，国民文化論議を行うことに対しては支持しない人が増えたと言えよう。議論すればするほどマレー人と華人の関係がもつれるという構図があるからである[16]。

2) ニュー・ミドルクラスの成長と文化をめぐる諸展開

　国民統合をめぐる両義的な反応が展開する中，さらに新たな傾向が現れた。高度経済成長はエスニックな境界を越えてブミとノン・ブミの両方に恩恵を与え，いわゆるニュー・ミドルクラスを成長させてきたが，それに伴う形で新たな展開が見られたのである。特に，ブミプトラ政策の結果，それまでは農村にいたマレー人が都市に定住しニュー・ミドルクラスとして社会の諸領域に登場するようになった。彼らの一部は「新しいマレー人」（Melayu Baru）と呼ばれた。「新しいマレー人」は，いわば新経済政策の産物であり，その多くは政府の奨学金によってアメリカなどの外国で教育を受けた人々である。新しいイン

---

[16] 一例として，与党連合である国民戦線（Barisan Nasional）が「2020年構想」の中で提唱したバンサ・マレーシアという概念と非マレー系の野党民主行動党（DAP）が一昔前に提唱したマレーシアン・マレーシアの概念をめぐる認識のずれがあげられよう。バンサ・マレーシアとマレーシアン・マレーシアとでは，マレーシアという国がマレー人だけではなくノン・ブミも含めて構成されている点を確認するという意味において，実質的には似通った内容が語られているが，1995年5月の総選挙の際のメディアの伝え方を見ると，与党の唱える前者は「ノン・ブミに対して今までより多くの権利を与える」という肯定的なニュアンスを持つととらえられていたのに対し，華人系野党の言う後者は「華人はまた権利を要求し昔のテーマを蒸し返すエスニック・ポリティックスを行っている」という否定的な解釈が強調されていた。ザハロム・ナイン（Zaharom Nain）氏の指摘による。

テリゲンチャあるいはビジネス・エリートとして活躍しているという自己イメージを持っている。また，彼らに対する大衆的なイメージとしては，自信に満ちている，華人に対して脅威を感じない，英語を話すバイリンガルである，などがあげられよう。

　このような，いわゆるニュー・ミドルクラスの成長に伴って，国内のエスニック関係における2つの新しい傾向を指摘することができるであろう。第1は，マレー人，華人，インド系の共通文化の形成である。消費市場，ショッピング，レジャー・パターン，若者のポップ・カルチャーなどでトランス・エスニックなカルチャーが生まれつつある。こうした文化をめぐる1つの特徴はエスニック・グループ間の交際言語として英語が用いられている点である。その背景には，新経済政策の奨学金制度を使って海外に留学した者が多くいるということと同時に，外資系企業に勤め，外の文化に敏感な層が増加しているという状況などがある。このような消費文化に関して，対照的な2つの見解を紹介しておきたい。一方では，統一感を促進するから好ましいとする肯定的な評価があるのに対して，他方では，消費文化は所詮物質的・利己主義的な行為であるため，逆に深いエスニックな溝を覆い隠してしまうという否定的な見方があるのである。

　第2の新しい傾向として，エスニシズム的・同化主義的色彩の強かったマレーシアでも多文化主義という言説の使用を認める動きが現れた。たとえば，1995年の3月，コペンハーゲンで開催された世界社会開発サミットにおいて当時首相であったマハティールは多文化主義をめぐる議論を容認する発言をし，その発言が新聞などでしばしば引用された。同首相は，多文化主義は世界的傾向であり，文化的多様性の認知は国民統合の試金石であるとしたユネスコの宣言を肯定的に引用した（Mahathir, quoted in The Star, 12 June 1995, section 2, p. 4）。1969年の民族暴動の苦い経験を経て以来，1990年代の初頭までは公の場で文化の差異，エスニック関係に触れることさえタブー視されていた状況を考えると，画期的な変化である[17]。しかしながら，多文化主義がマレーシア国家の政

---

17) 1995年クアラルンプールで第1回世界ライオン・ダンス・フェスティバルが開催され，そこに当時首相のマハティールが出席したのは，1990年代半ばにおける国家のエスニ

策になったわけではない。

　多様性を強調する言説の積極的な使用は確かに始まったが，本章の冒頭で述べたように，マレーシアの状況を表現する上で多文化主義の用語は通常用いられないし，現実を反映していない。オーストラリアのようにドミナントなグループが国家的政策として積極的にマイノリティの文化的多様性を推進しているわけではないし，各エスニック集団の文化が政策上意識的に平等に位置づけられることもない[18]。こうした状況を考慮すれば，一部の領域を除き，多文化主義の概念は適切であるとは言えない。

6　2つの方向性の行方

　本章では，マレーシアのアイデンティティをめぐる2つの方向性について論じてきた。2つの方向性とは，マレー・エスニシティへのこだわり，ないしはマレー・エスニシズムの流れ，そして，多様性の強調（マルチエスニシティまたは多文化）の流れである。本章を結ぶにあたり，この2つの流れをめぐる1990年代半ばから後半にかけての状況に触れておきたい。この時期に焦点をあてる理由は，その後の展開につながる新たな変化が顕著に現れ始めたからで

　　ック関係に対する政策の劇的な変化（すなわち，華人の文化に対してより寛大になった点）を物語っていると言えよう。また，1995年3月にマレー人であるアンワー・イブラヒム当時副首相が，イスラーム教と儒教の文明的対話に関するシンポジウム（後述）で，華人から中国風の墨絵の贈り物を受け取る写真が新聞の第一面を飾った（*New Straits Times*, 14 March 1995）。国民文化政策に対抗して華人が平等を求めて戦っていた1980年代には統一マレー人国民組織（UMNO）の指導者がこのようなインター・エスニック行為を行うこと自体考えられなかった。公の場でエスニック関係に言及することはタブーであり，国家の政策と真っ向から対立するものであった。教養中間層に1990年代半ばに人気が出た新聞『ザ・スター』紙は，マレーシアのナショナル・アイデンティティとエスニック関係を分析した特集の中でこの写真を取り上げ「政府の態度が華人文化に対して開かれてきているという見方を促進した」と論評した（*The Star*, 5 June 1995, section 2, p. 4）。

18）例をあげると，ナショナル・ドレスと言われるのは，あくまでマレー・バジュ（マレーの民族衣装）であって，チャイナ・ドレスが国民の服と言われることはない。

ある。

1) マレー・エスニシティの再活性化——マレー・ミドルクラスとムラ文化の再生産

　植民地時代以来，マレー人のイメージは，農村(カンポン)の住民として長い間定着していた。1960年代以前は，都市住民であった華人の眼からしてみると，マレー人の存在感はかなり限定されたものでしかなかった。華人の社会学者R. リー (Raymond Lee) は，個人的印象だとしながらも，経済的に上昇したマレー人が都市の風景の一部となることが，自らが華人としてのアイデンティティではなくマレーシアン・アイデンティティを意識するようになった1つの契機であったと述べた[19]。このようにマレーシア人のアイデンティティの変化を象徴する「都市のマレー人」としてのマレー・ミドルクラスについて見てみよう。

　マレー・ミドルクラスの研究を行っているアブドゥル・ラーマン・エンボンは，マレー・ミドルクラスを対照的な志向を持つ2つのグループに分ける。一方には，「ニュー・リッチ」と呼ばれるアッパー・ミドルクラスの存在がある。彼らは，西洋流の教育を受けた高額所得者のマネージャーやプロフェッショナルと呼ばれる専門職に就いている人々であり，コスモポリタンな価値と生活様式を持つ。現代マレーシアの文化論の中で，あるいは現代マレーシアの政治エリートによって新しいマレー人像として，盛んに論じられてきたグループである。マレー・ミドルクラスというと，このグループと同一視される傾向があるが，実際にはごく一部分に過ぎないという (Abdul Rahman Embong 1997a)[20]。

　他の大多数のミドルクラスは，確かに1世代前と比べて，教育程度や裕福度は高く，都市化・近代化されているものの，都市においても価値や宗教の面で「マレー的」領域の中で生活している。興味深いのは，「都市の中に，急速に消えゆくマレーの村のノスタルジックなイメージを基に，疑似村を再構築するとともに，急速な社会変動の過程で損なわれた家族・親族の絆を再建，再創造，

---

19) 筆者との会話の中における発言（1998年3月）。
20) 1957年独立以前のマレー人のミドルクラスは主に公務員と教員であったのに対し，新しいミドルクラスはプロフェッショナル，テクニカル，管理・経営部門のサラリーマン，その他事務職として民間企業に雇われている人々から成る（Scott 1968）。新経済政策と輸出志向の工業化の結果，形成された階層である。

再確認」しようとしている点である（ibid.: 2）。さらに興味深いのは，都市の環境の中で彼らの宗教性と宗教儀礼への参与がむしろ高まっている点である。アブドゥル・ラーマン・エンボンの調査によると，1980年代半ばと比較してより宗教的になったと見なす人が増加したという[21]。

エスニシティの表出的機能については，近代化の中で生起するエスニシティの活性化に直面し，その重要性が再確認された。たとえば，M. J. インガーは，急速な社会変動と移動を経験し，普遍的・合理的・手段的価値が支配的なゲゼルシャフト的な近代社会に生きる孤独な群衆にとって，エスニシティは名前とアイデンティティを与えてくれる存在であると論じた（Yinger 1976 : 206）。前述の議論では，マレー人のエスニシティが手段化することによって強化されていく局面を見たが，ここではその表出的な働きが前面に出ているのである。

工業化・都市化の過程で，都市の中に擬制村が再構築され，ムラの文化が再生産され得ることに関しては，日本の近代化の事例でも確認されている。マレーシアの場合は，ムラ文化の担い手がマレー人というエスニシティに特化されているため，ムラの再生産はマレー・エスニシティの促進という意味を持つ点が注目に値する。

果たして，1990年代半ばのこの傾向はマルチエスニックな文脈の中で何を意味するのであろうか。少なくとも，ミドルクラスの成長が共通文化の形成を促す側面のみを強調することは一面的であろう。実際，ミドルクラスは「一枚岩ではなく，それぞれのエスニック共同体の中で吟味されなければならない」（Crouch 1996 : 192）。H. クラウチは，「階級構造の発展は，異なるコミュニティが異なる形で影響を受け，エスニックな忠誠がしばしば何にもまして最高である，エスニックな文脈で起こった」と述べる（ibid.: 192）。この点をさらに押し進めて，J. S. カーンは「ニュー・ミドルクラスは新しい形の反華人感情の温床である」と論じる（Kahn 1992 : 39）。これに対し，アブドゥル・ラーマン・エンボンは，歴史的に社会心理や集団アイデンティティを形成してきたシンボル

21）主観的な宗教態度の調査なので，調査結果に対しては様々な解釈が成り立つであろう。たとえば，都市における世俗化の流れに対する反発としても取りうるし，都市の他のエスニック・グループとの意識的な比較の結果の回答とも取りうる。

を保持するのが、エスニックな忠誠であり、それが他者に対する敵意や怒りに結びつくとは限らないと反論する。その根拠として、華人やインド系を友人に持ち、チャイニーズ・ニュー・イヤーやインド系のディパヴァリ（ヒンドゥー教徒の祭り）の時には互いを訪ね合っている例をあげている（Abdul Rahman Embong 1997a）。果たして、こうした行為は単にシンボリックなツーリズムとしての多文化の享受なのか、それともよりパーソナルな関係として進行しているものなのであろうか。

2) 多文化化

　マレーシアにおける多文化論議を探ってみると、他の多くの国や地域がそうであるように、民族舞踊や祭りに代表されるツーリズム的な表象やシンボルが好んで強調される傾向が強い（Yoshino 1999）。筆者は1985年からクアラルンプールの典型的なニュー・ミドルクラスの地区であるバンサー（Bangsar）の人々の生活を観察しているが、1990年代半ばにとみに目立ったのが、マレーシア国内の文化の多様性に対する関心の高まりである。こうした現象は比喩的にツーリズムとしての多文化主義と呼べるであろう。具体的にはエスニック・オブジェが陳列され商品化・商業化されていったことがある。たとえば、『ザ・マレー・ハウス』という題名の土着の建築手法を見直す本がある（Lim 1987）。カラー写真をふんだんに用いた視覚的に楽しめる本である。人類学者カーンは、この本を読むであろう人々の社会的カテゴリーについておもしろいコメントを加えている（Kahn 1992：175）。それによると、この本は、英語で教育を受けて育ち、自分の生活に文化の味付けをしようとしている、プロフェッションと呼ばれるような職業を持つニュー・ミドルクラスの家庭のコーヒー・テーブルの上に典型的に見られるであろうとされているが、たしかに筆者のフィールドワークでもそれが確認できた。実際、この種の本の典型的な消費者は、土着の伝統文化の魅力と多様性を通して、自らのアイデンティティの中に文化の要素を確保しようとしている都市の中間層である。『ザ・マレー・ハウス』には、マレー文化が田舎的・共同体的に描写されているというように、ヘリテージ・インダストリーの典型的な特徴が見られる。これと共通性を持つ現象と

して,『ニュー・ストレート・タイムズ』紙には「ライフスタイル」(1996年から「ライフ・アンド・タイムズ」に改題)を扱う数ページにわたる人気セクションがあり,マレーシア的土着文化の多様性の紹介が頻繁に行われてきた[22]。このように多文化主義とも言える現象が起こっているのは,ツーリズム的な表象やシンボルの領域である点が注目に値する。そこには,異質なものへのあこがれを誘うものが陳列されている。

　F. ローは,文化政策が観光と結びつけられている点を指摘する。実際,文化を扱う行政機関が,文化・芸術・観光省(Ministry of Culture, Arts and Tourism)と呼ばれるようになり,観光とセットにされるようになったことは注目に値する[23]。多民族社会マレーシアの多様な文化が,観光客を意識して演出されているのである。たとえば,ナショナル・デイの式典,ペナン・ペスタ,マレーシア・フェスト,マレーシア観光年のキャンペーンでは,マレー人と他のエスニック集団の踊りや芸能が同じ場で演じられている。ローは「表面的にはこうした文化の表現はマレーシアのヘリテージであるのだが,より適切には多分観光客のドルを目当てにパッケージされたものであろう」と述べている(Loh 1997:7)。

　しかし,社会の根本に触れる領域でも変化の兆候が見られるのも事実である。言語のように多民族社会の構成原理の根幹に触れるような領域で,徐々に展開している現象もある。より公的な領域においても,多文化化の兆しが見られないわけではないのである。たとえば,国民小学校において華語とタミル語を教える提案を文部大臣が 1995 年に行っているし,民営化されたテレビのチャンネルでは華語の番組が増え,衛星チャンネルでもマレー語以外の番組が簡単に見られるようになった(Loh 1997:5-6)。アジアでますます重要な共通語になりつつある中国語を学ばせるために,子供を華語使用の学校に通わせるマレー人やインド系の動向などは 1990 年代の半ばに話題になり,現在も続いている

---

22) たとえば,それぞれのエスニック集団のお菓子の作り方を年輩の女性が教える記事などがあり,エスニシティを超えて大変好評であった(ローズ・イズマイル[Rose Ismail]氏への聞き取り,1995 年 3 月 21 日)。
23) 以前は,文化・若者・スポーツ省(Ministry of Culture, Youth and Sports)と呼ばれていた。

が，それが特異な部分的現象で終わるのか，あるいは広範囲の波及効果を伴った意味のある現象に発展していくのか，未だに状況は定まっていない。多文化主義(マルチカルチュラリズム)という社会的構想があるとは言えないが，方向性を示す概念としての「多文化化」が社会の諸領域で進行していると言うことは可能であろう[24]。

7　結びに代えて
――ポスト複合社会への視座――

　現代マレーシアのマルチエスニシティの展開は，一方では，多様性の認知が前提となっているが，他方では，ブミであるマレー人にとっての「結果の平等」の達成に依存している。新経済政策施行から40年以上経った現在も，ブミプトラ政策の意図は見失われていない。こうした国家政策の基本的な枠組みの中で，多文化化が果たして進展するのか，そしてどのような位置づけがなされていくのか。また，複合社会の遺産がどのような文脈で再生産されているのか，あるいはどのような文脈で超え出ているのか。さらには，ポストコロニアルな多民族社会における言語使用という変数を加え，英語化という視点を導入すると，そこから一体何が見えてくるのか。次章以降では，こうした問いを解き明かしていくことになろう。

24）多文化化（multiculturalization）の概念は，宮島喬氏からヒントを得た。

第2章

マレーシアから生まれた高等教育モデル
——トランスナショナルな制度の成立と仕組み——

1　はじめに

　本書の主たる研究対象は，高等教育のマレーシア・モデルの創造・展開とその波及効果である。そのモデルとは，マレーシアの民間において創造されたトランスナショナルな単位移行（credit transfer）やトゥイニング（twinning）を基本的特徴とするものである。このモデルが創造された社会的過程については次章で詳しく考察することにして，本章ではその前提として同モデルがマレーシアの民間において誕生した背景およびその仕組みについて概観しておきたい。

　トランスナショナルな高等教育がマレーシアの民間で創造された背景には，マレーシア国内の事情と西洋英語圏の大学の経営事情がある。国内では，エスニック関係がもたらした事情，具体的にはブミプトラ政策さらには経済危機に直面して子供に高等教育を受けさせることが困難になりつつあった非マレー人（ノン・ブミ）の事情がある。非マレー人の企業家が知恵と創造性を駆使してこの状況の打開を試みたことが，民間の高等教育の誕生に結びついている。また，民間の高等教育を産業にした民間企業の存在や，新たな民間の高等教育を公的な制度と認めた上で規制の対象とした国家の役割も無視できない。国際的要因としては，マレーシアを重要な市場ととらえ輸出産業としての高等教育を積極的に推進した英米豪などの西洋英語国の事情がある。このような状況の中，そ

れまでとは全く異なる新しい形態の高等教育がマレーシアの民間で誕生したのである。

2 新たな高等教育誕生の背景

1) エスニック関係と国家の高等教育

　マレーシアの民間において新たな高等教育が誕生したのは 1983 年であるが，それ以前は，マラヤ大学（Universiti Malaya : UM），マレーシア科学大学（Universiti Sains Malaysia : USM），マレーシア国民大学（Universiti Kebangsaan Malaysia : UKM），マレーシア・プトラ大学（Universiti Putra Malaysia : UPM），マレーシア工科大学（Universiti Teknologi Malaysia : UTM）の国立大学 5 校によって高等教育が担われていた[1]。ここではまず，国家による高等教育の歴史をエスニック関係の視点からとらえていこう。

　マレーシアの教育制度は，1957 年の独立後もしばらくは英植民地時代のものが受け継がれていた。そして，植民地時代を経て国民国家となったマレーシアが達成すべき課題は，国民統合と経済発展に加えて，教育と職の機会に関するエスニック間の調整であった。国家の独占的な領域である国立大学は，このような国家のアジェンダに沿って管理・運営されてきた（e.g. Lee 2004）。第 1 章で述べたように，1970 年代に入ってからは，教育制度の国民化（マレーシア化）とエスニック化（マレー化）が展開した。新経済政策（NEP）では，国民統合と経済発展を担う人材の育成が図られるとともに，マレー人の優遇措置が進められた。具体的な政策としては，マレー人生徒・学生に対する各種の優遇措置が導入された。国立大学の進学枠や留学奨学金制度の適用においてブミプトラ（そのほとんどがマレー人）が優先された。実際，1980 年代初頭で政府系奨学金の支給対象の 80 ％がブミプトラであった（Selvaratnam 1988 : 189）。

　1971 年以降施行されたエスニック別割り当て制導入および連邦政府・州政

---

[1] 2011 年時点で，国立大学は 20 校ある（http://www.studymalaysia.com/education/art_education.php?id=nationaledu, accessed 27 December 2013）。

府の奨学金支給の結果，最低限の資格さえ充たせば大学への入学が可能になったマレー人の比率は，1970年から75年の5年間に50％から65％に増加した（マレー人の人口比率は約50％）(Young et al. 1980：5)。これに対して，国内の大学に入学する非マレー人（華人やインド系）の比率は50.4％から35.0％に減少した（Malaysia 1976：401)。さらには，ブミプトラ学生の援助のためにMARA（Majlis Amanah Rakyat ＝ Council of Trust for the People）が設立された。加えて，新経済政策と並んで設けられた国民文化政策では，第1章で見たように，国民文化のマレー化を図り，教育言語としてマレー語の使用が義務化された（KKBS 1973)。そして1983年までには小学校から大学までの全段階におけるマレー語化が完結した。

　ブミプトラ優遇措置や大学教育のマレー語化が徹底した1980年代初頭には，非マレー人の海外留学が増加した[2]。しかし，海外奨学金制度において優遇されていたマレー人とは対照的に，私費で留学する多くの非マレー人の経済的負担は大きかった。このようなエスニック関係と教育言語をめぐる変化の中で，非マレー人の学生の需要に応える形で「もう1つの高等教育」が生まれた。英語を教育言語とする民間の新しい高等教育である。

2） きっかけ——英豪の大学の授業料値上げなど

　1980年代初頭の高等教育をめぐる諸展開は，旧英領マレーシアとイギリスとの政治経済的関係の変化を色濃く反映している。伝統的に，マレーシアの学生は，イギリスおよびオーストラリアなどの英連邦諸国に留学する傾向が強かった[3]。しかし1979年，保守党政権下のイギリス政府は留学生に対する授業料

---

[2] 1980年に中等教育修了後，海外留学するマレーシア人の学生数は39,908名であった。エスニシティ比率は華人（60.5％)，ブミプトラ（23％)，インド系（15.9％)，その他（0.6％）である。内，学位課程生は19,515名である。これは，マレーシア国内の国立大学の学生数20,045名とほぼ同数である（Malaysia 1981：350)。1980〜85年期に非マレー人の海外留学は35.5％増加した（Andressen 1993：88)。

[3] コロンボ計画の留学生の動向に対する影響は無視できない。同計画自体はアジア太平洋地域の社会経済的開発を目的に1951年に設立されたものであるが，オーストラリアにとっては主にアジアの留学生の受け入れを意味した。マラヤ，インドネシア，インド，パキスタン，セイロンが主な送り出し国・地域であった。私費留学生は，1950〜60年

援助額を大幅に削減し，1980年度から入学するすべての留学生に対して授業料全額を課すと発表した。イギリス国内の高等教育機関に対しては，海外留学生の授業料の増加でまかなえる分の補助金を減額するとも通達した（UK Council for International Student Affairs 2008：15）。オーストラリア政府も1980年に同様の発表をした。1980年から留学生には海外留学生負担金（Overseas Student Charge）が課され，1986年からオーストラリアに留学する海外の学生は全額自己負担となった（Davis 2009：755）。

　旧植民地であるマレーシアとの関係を実質的に見直す形となったイギリス政府の政策の変化はマレーシア人を困惑させた。それまでイギリスや英連邦諸国への留学に依存していたマレーシア人，特にマレーシアの国立大学の入学枠がブミプトラ優先政策によって制限されていた非マレー人は高等教育の受け方を再考する必要に迫られた[4]。

　以上のような状況の中で新しい形の高等教育が生まれたのである。新たな高等教育の誕生を説明する上で，知恵と創造力を駆使して新たなモデルを模索したノン・ブミ（非マレー人），特に華人の起業者の役割は注目に値する。さらに，新たなモデルが「もう1つの高等教育」として成立するためには，他のいくつかのアクターの役割をも考慮しなければならない。繰り返しになるが，まず，英米豪などの大学側の経済的思惑がある。加えて，教育産業を営利的に推進する民間事業者の存在，さらには新たな高等教育を既存の国立大学の補完的制度としてとらえるようになった国家の政策がある。以下，それぞれのアクターの活動と役割，およびアクター間の相互作用を見てみたい。

　　代は授業料のうち少額を払うのみ，1970年代後半は国内学生と同様授業料は無料であった（Davis 2009：754）。
4）華人を対象とした独立中学の卒業生は伝統的に台湾の大学に留学する傾向が強かった。しかし，1980年代前半，台湾の大学における台湾国内の需要が高まったため，海外華僑・華人の入学枠が減少した。また，台湾の経済成長に伴う物価上昇によって，マレーシア華人の留学先として現実的でなくなった。高等教育の新たな供給源が求められたもう1つの背景である（Lee 2008：340）。

3 トランスナショナルな高等教育の誕生
——そのアクター——

1）華人起業者の創造性と民間における新たな高等教育の創造

マレーシアの民間において新しい形の高等教育を構想する上で創造的な役割を果たしたのはノン・ブミ，特に華人の起業者である。彼らの具体的な行動に関しては，第3章で詳しく記述するので，ここでは簡単に概観するにとどめる。

1980年代初頭，民間のカレッジ（private college）と呼ばれる制度は既に存在していたが，高等教育を担うものではなかった。カレッジとは，イギリス系英語（マレーシア英語を含む）では，大学ではなく，次のいずれかを意味する。第1に，速記，タイピング，簿記，秘書養成などの商業的コースやプロフェッショナル・コースを提供する専門学校で，スタムフォード・カレッジやグーン・インスティテュートなどが代表例である。第2に，大学の入学資格試験の受験準備をする予備校や塾を意味する。1970年以降に進行した教育言語のマレー語化とエスニック別割り当て制度の結果，主に海外留学希望者を対象に英語で高等教育を受ける準備をさせるカレッジが設立され，（英）ケンブリッジ GCE 'A' レベル，南オーストラリア入学資格（South Australian Matriculation：SAM），西オーストラリア入学資格（Western Australian Matriculation：AUSMAT），カナダ国際入学資格プログラム（Canadian International Matriculation Programme：CIMP）などを受験する大学入学準備（pre-U）コースが提供された。テイラーズ・カレッジなど伝統的な予備校もあった。現在でも，ほとんどの民間の高等教育機関には大学入学準備コースがあり，中等教育を修了した学生が学んでいる。

海外留学が経済的に困難になり国内の高等教育に対する需要が増した1980年代初頭，既に存在していたこのカレッジという制度を活用して高等教育を受ける道が模索された。しかし，「予備校」や「専門学校」であったカレッジが学位を授与することは認可されておらず，カレッジの方も自らカリキュラムを作る専門的知識や人材などを持ち合わせていなかった。そこでヒントとされたのがアメリカの2年制の短期大学（community college）の卒業生が4年制大学に

単位を移行して編入する制度である。その単位移行制度のトランスナショナルな適用が模索されたのである。すなわち，マレーシアの民間のカレッジが，アメリカの短期大学に対応する教育内容を約2年間提供し，そこで取得した単位をアメリカの4年制の大学に移行・編入するというものである。これによって，マレーシアの民間のカレッジにおける約2年間の在学に加えてアメリカの大学における2年間の在学で，アメリカの大学の学位が取得できる仕組みが創造された。しかし，マレーシアに短期大学ができたわけではなく，あくまで機能的にアメリカの短大で学んだことに相当する単位を取得できる制度的枠組みが構築されたというのが正確である。KDU（Kolej Damansara Utama）という民間のカレッジが1983年に開設したプログラムがその最初の試みであり，この成り立ちについては次章で詳しく記述する。

　マレーシアの民間のカレッジのトランスナショナルなリンクは，その後，イギリスやオーストラリアの大学をも対象とするようになり，1980年代後半には，英豪の大学の学位取得学年最初の1年間をマレーシアのカレッジで学んだ後に，残りの学年のみをイギリスの「本校」で学ぶことで学位取得ができる仕組み「1+2」が考案された。1986年にKDUがミドルセックス・ポリテクニック（現在はミドルセックス大学）と提携したのが最初の事例である。これについても，次章で詳しく述べる。また同年，メトロポリタン・カレッジはオーストラリアのRMIT（Royal Melbourne Institute of Technology）と提携した。この制度はトゥイニングと呼ばれるようになった。

　このように非マレー人の起業者たちはカレッジを設立して，それぞれにアメリカやイギリス，さらにはオーストラリアの大学と交渉を行い，大学在籍期間の最初の1，2年間をマレーシアで学び，残りの年限のみを英米豪の大学で学ぶことで学位取得ができる枠組みの構築を試みた。これに対して，英米豪の大学にとっては海外のカレッジ（塾や専門学校）に教育を委託するのは初めての経験であったため，教育の品質管理に懸念を抱いた。しかし，マレーシアのカレッジが英米豪の大学と交渉を繰り返した結果，試験的に教育が委託されることになり，実際に英米豪に渡ったマレーシアのカレッジの学生の成績が優秀であることが判明すると，英米豪の大学側もリンケージに対して経済的なインセ

ンティブを見出して積極的に興味を示すようになった。一握りのカレッジで始まった試みの成功を目の当たりにして，他のカレッジも次から次へと同様の提携関係を結び始めた。トランスナショナルなリンケージを通して最小限のコストで英米豪の学位が取得できる手段が創造されて，新しい学位取得の制度が成立したのである。

以上のように，民間の高等教育は，ブミプトラ政策下でノン・ブミの子弟の高等教育を模索する中から生まれた制度である。すべての学年にわたって海外留学する場合と比べて安価に大学教育が受けられること，マレーシアのカレッジに通学することで西洋英語国の大学の学位取得が可能になることは魅力であり，ノン・ブミである華人やインド系の間で次第に広く受け入れられるようになった。

2) 教育を輸出する「西洋英語国」の大学

マレーシアのカレッジと提携関係を結んだイギリス，オーストラリア，アメリカなどの西洋英語国の事情にも簡単に触れておこう。背景には，1980年代以降これらの国を巻き込んだ高等教育をめぐる問題がある。すなわち，予算削減，民営化，商品化，経営主義，説明責任，品質管理などである（Vidovich and Porter 1997）。J. カリーと J. ニューソンが言うように，大学はグローバルな経済に組み込まれ，ネオリベラルな市場イデオロギーに沿ってビジネスの世界から導入された慣習の採用を余儀なくされた（Currie and Newson eds 1998）。教育というよりもビジネスの観点から活動内容を評価する経営主義が大学を支配するようになった。「学術資本主義」（アカデミック・キャピタリズム）の展開である（Slaughter and Leslie 1997）。保守党政権下のイギリスでは1980年代初頭から大学教員の専任制度の廃止や補助金の削減など，大学の市場競争が加速化した。多くの伝統的な大学が，企業のようにふるまう会社大学（corporate university）になり，副総長（Vice-Chancellor）は会社の CEO のような存在になった（Jarvis 2001：2）。オーストラリアでも1980年代から同様の動きが急速に見られ，経営管理手段と執行権力を備えた新たなガバナンスに特徴づけられる企業大学（enterprise university）が展開した（Marginson and Considine 2000）。イギリスやオーストラリアでは国立大

学に対する予算削減の結果，国立大学はそれまでのように国家財政に依存することができなくなり，市場において財源と学生を獲得する競争を余儀なくされた。

　ここでは，イギリスに追いつけ追い越せとアジア市場で最も積極的に事業を推進してきたオーストラリアの状況に絞ってもう少し見てみよう。オーストラリアはかねてから多くのマレーシアの留学生を受け入れてきた伝統がある。1950年に導入されたコロンボ計画は，海外援助の一環として留学生を受け入れる上で重要な役割を果たした。1985年までは，マレーシアからの留学生は原則として奨学生であった。しかし，前述のように，オーストラリア連邦政府は1985年より高等教育機関が留学生に対して授業料全額を課すことを要請する決定を下した。その結果，マレーシアからの私費留学生（full-fee paying students）が急増した[5]。政策転換の背景には，教育サービスの輸出がオーストラリアの国際貿易収支にとって無視できないという状況認識がある。連邦政府は1985年に教育は輸出産業であると明言している。実際，1998〜99年期には教育サービスはオーストラリアの輸出産業の第8位を占めるようになった（Davis, Olsen and Bohm eds 2000 : 13-14）。これまでオーストラリアはアジアにおける戦略的な位置を利用して市場を開拓してきた。「最も近くて安い西洋」としてのオーストラリア（「手ごろな西洋」），「アジアと西洋の架け橋」としてのオーストラリアなどをセールスポイントとして積極的に教育事業を展開してきたのである。実際に，コスト（渡航費，学費，生活費）は英米と比べて低いし，アジア系住民が多く，地理的にも近接している，治安が良い等の理由から，安心感を持つ親が多い。ただし，オーストラリアの大学教育の国際化は，当初は留学生の受け入れを意味していたが，1990年代初頭以降は大学自ら海外に出ていく方式が重要な活動として認識されるようになった（ibid.: 14-15）。教育は輸出産業であるとの連邦政府の認識には，そのような方向性が含まれていたのである。マレーシアのカレッジとの連携は，こうした教育輸出のためのきわめて重要なチャンネルの1つとして展開した。マレーシア側から見ると，とりわ

　5）1986年にはわずか198名であったが，1995年には10,546名に増えた（Lipp 1997 : 16）。

け1998年のアジア通貨危機以降，オーストラリアはイギリスと比べてより安価な提携相手として好まれるようになった。

3）高等教育産業の成立と国家の参加

さて，民間のカレッジが「もう1つの高等教育」制度として成立する上で，それを商業的事業として推進したのは第3のアクターである民間企業である。特に，地方自治体と提携して経済的利益を追求する土地開発業者は，コミュニティ・サービス，会社のイメージの向上等の思惑から，教育の分野に積極的に参加するようになった（Leigh 1997：127）。その結果，産業としての高等教育が成立した。たとえば，1983年に開設されたKDUは企業所有の最初のカレッジであり，パラマウント・コーポレーション・グループ（Paramount Corporation Group）という不動産業・建設業を手がける上場会社の所有である[6]。また，1987年設立のサンウェイ・カレッジはスンガイ・ワイ・グループ（Sungei Wai Group. その後サンウェイ・グループに名称変更）という不動産・建築会社によって設立された[7]。さらに，1987年にテイラーズ・カレッジはマラヤン・ボルネオ・ファイナンス（Malayan Borneo Finance：MBF）に売却された（Lee 2002：119）。

前述のように，民間の高等教育制度は，外国で大学教育を受けさせたいが経済的余裕のない社会層の需要に応える形で創造された。これに加えて，1980年代後半以降の経済成長に伴い成長したニュー・ミドルクラス層で子供に1年でも海外留学の経験をさせたいと考える家族が増え，民間のカレッジは1990年代初頭から急増する[8]。

1990年代半ばには，マレーシアの急速な工業化，サービス産業の急成長，ハイテク産業の発展等による産業構造の転換から，特に理工学分野における技術者および熟練労働者が不足しその解消が緊急課題となる。その結果，産業構造の転換に見合う教育制度改革の必要性が生じた。1997年のアジア金融危機，

6）http://www.pcb.com.my/company/corporate-profile.html, accessed 13 January 2013.
7）http://www.sunway.com.my/, accessed 13 January 2013.
8）シンシア・セレスタイン（Cynthia Celestine）氏の情報とフィードバックに感謝する（2004年8月18日）。

マレーシア通貨の急速な下落はこうした状況に追い打ちをかけた。外貨と人材の流出を減らす目的で，マレーシア人が国内で大学教育を受けることが推奨されるようになった。海外留学奨学金の停止，留学生を持つ親の所得税割戻金の廃止など様々な政策が打ち出された（Tan 2002：12-13, 109-111）。こうした流れを受けて，マレーシア政府は 1997 年から 98 年には，1996 年の私立（民間）高等教育制度法（Private Higher Educational Institutions Act）をはじめとするいくつかの関連法令を実施した。ここに，第 4 のアクターとしての国家が登場する（第 4 章参照）。

この私立（民間）高等教育制度法によって，トゥイニング・プログラムの 1＋2 と 2＋1 の延長として海外に行かずに海外大学の学位が取得できる 3＋0 が認可された[9]。加えて，外国の大学が支部キャンパスをマレーシア国内に私立大学として開校することも認可された。すなわち，モナシュ大学マレーシア校（豪，1998 年開設），カーティン工科大学サラワク・キャンパス（豪，1999 年），ノッティンガム大学マレーシア・キャンパス（英，2005 年），スウィンバーン工科大学（豪，2005 年）[10]などである。さらには，マレーシアの大企業や政党が私立大学を設立することも認められた。前者の例としては，石油・ガスの供給を行う国営企業のペトロナス（Petronas）のペトロナス工科大学，民営化した電力会社のトゥナガ・ナショナル（Tenaga Nasional）のトゥナガ・ナショナル大学，民営化した情報通信会社のテレコム・マレーシア（Telekom Malaysia）のマルチメディア大学がある。これらの企業は政府の招致により私立大学を設置した（Lee 2002：11）。後者の例としては，それぞれのエスニック集団を代表して与党を組む諸政党が大学を設立した。具体的には，マレーシア華人協会（MCA）が政府の招致によりトゥンクー・アブドゥル・ラーマン大学（Universi-

---

9) A. M. タンによると，既に 1993～94 年に，KDU や INTI カレッジにおいては，工学（engineering）とビジネスのプログラムで，実質的に 3＋0 と同様に，すべてマレーシアで履修する方法が考案されていたという。国内法的には認められていなかったため Graduate Diploma Program と呼ばれていた（Tan 2002：115）。

10) 原語名称は，それぞれ Monash University Malaysia, Curtin University of Technology Sarawak Campus, University of Nottingham Malaysia Campus, Swimburne University of Technology。

ti Tunku Abdul Rahman: UTAR) を設立，また，マレーシア・インド系会議 (MIC) の教育部門であるマジュ教育開発研究所 (Maju Institute of Educational Development: MIED) は AIMST 大学を設立した。統一マレー人国民組織 (UMNO) も関連会社によってトゥン・アブドゥル・ラザク大学 (Universiti Tun Abdul Razak: UNITAR) を設立した。新自由主義的理念に裏打ちされた高等教育の民営化は，当時のマハティール首相が 1980 年代半ばから 90 年代初頭に打ち出した民営化とマレーシア株式会社 (Malaysia Incorporated) 政策の延長であった (Lee 2002: 11 ; Lee Hock Guan 2013: 244)[11]。

既述の通り，国家による公的教育に代わる民間の高等教育の起源は 1983 年にさかのぼる。その時点で，マレーシアの高等教育機関は国立大学 5 校しかなく，需要と供給のバランスは既に崩れていた。国立大学だけでは国民の 6％以下しか教育する余裕がなく，トランスナショナルな民間の高等教育によって補完するしか需要に応える方法がなかったのである (Lenn 2000: 2)。1996 年の私立高等教育制度法は国家による民間の役割の公的な承認を意味する。

海外の大学との連携を営利ベースで推進する民間事業者と，大学教育の補完的制度を必要とした政府の利益が一致する中で，民間の制度が「もう 1 つの高等教育」として成長する政治経済的基盤が整った。しかしながら，国家による民間の高等教育制度の承認は，同時に国家による介入と規制をも意味する。民間と国家の折衝については，第 4 章で論じることにする。

4)「もう 1 つの高等教育」としての定着

以上見たように，1980 年代後半から 90 年代にかけて，民間のカレッジが次から次へと設立された。それらはトランスナショナルな単位移行やトゥイニング（最初は 1＋2）を基調としたものであった。その後，1993 年には KDU，メトロポリタン・カレッジや HELP インスティテュートなどいくつかのカレッジでは，最終学年のみ海外の提携大学で学ぶ方式 2＋1 が始まった (Tan 2002: 115-116)。最終的には，私立（民間）高等教育制度法 (1996 年) の施行後 3＋0

---

11) 同政策の一環として，国立大学の法人化も実施された。

表 2-1　民間・私立高等教育機関の数の推移

	1992	1996	1997	1998	1999	2000	2001	2002	2003	2004	2005	2006
ユニバーシティ	0	0	0	5	6	7	9	11	11	11	11	13
ユニバーシティ・カレッジ	0	0	0	0	0	0	0	1	5	10	11	15
外国の大学の支部キャンパス	0	0	0	1	2	3	4	4	4	5	5	5
カレッジ	152	354	497	577	591	632	691	518	519	519	522	526
合　計	152	354	497	583	599	642	704	534	539	545	549	559

出所：Ministry of Higher Education, 'Malaysia centre of education excellence: a glance at Malaysian higher education' 2006, Version 1, unpublished document, cited in Lee（2008：343）．1992 年分は Lee（2004：21）．

表 2-2　マレーシアの高等教育の学生数の割合

制度の種類	1985	1990	1995	2001	2005	2008	2009	2010
国立	86,330	122,340	189,020	304,628	307,121	419,334	437,420	462,780
民間・私立	15,000	35,600	127,594	207,904	258,825	399,852	484,377	541,629
海外	68,000	73,000	50,600	103,726	56,609	59,107	58,963	79,524
合　計	169,330	230,940	67,217	616,258	622,555	878,293	980,760	1,083,663

出所：1985～95 年は Lee（1999：7），2001～10 年は Tham（2013：70）．原典は *Higher Education Statistics in Malaysia*, 2006, 2008, 2009.

表 2-3　主な民間高等教育機関の昇格と名称変更

創設時の名称（創設年）	ユニバーシティ・カレッジ昇格後の名称（昇格年）	ユニバーシティ昇格後の名称（昇格年）
Taylor's College (1969)	Taylor's University College (2003)	Taylor's University (2010)
KDU (1983)	KDU University College (2010)	N. A.
INTI College (1986)	INTI University College (2006)	INTI International University (2010)
HELP Institute (1986)	HELP University College (2004)	HELP University (2012)
Sunway College (1987)	Sunway University College (2004)	Sunway University (2011)
Sedaya International College (1986)	University College Sedaya International (2003)	UCSI University (2008)
Limkokwing Institute of Creative Technology (1991)	Limkokwing University College of Creative Technology (2002)	Limkokwing University of Creative Technology (2007)
Nilai College (1998)	Nilai International University College (2007)	Nilai International University (2012)

が可能になった。1998年の通貨危機を契機にこのトゥイニング・プログラムは軌道に乗った。

　民間の高等教育の順調な成長が落ち着いた2000年代初頭には，民間のカレッジは691校になっていた（表2-1）。学生数も増えて，2009年までには国立大学と民間・私立の高等教育機関ではその数が逆転した（表2-2）。民間のカレッジの中で主要なもののいくつかは，ユニバーシティ・カレッジ，ユニバーシティ（大学）へと昇格していった（表2-3）。従って，慣用的には民間のカレッジという表現が用いられるが，民間の高等教育機関と呼ぶ方が適切である。なお，マレーシアにおける一般的な統計では，本書が主な研究対象とする「民間」の機関と私立大学（［政治家との関係が強い］企業や政党によって設立されたもの，および外国の大学の支部キャンパス）の区別はなされていない。両者とも英語では private higher education institutions である。いずれも，国立（public）ではないという意味で private である。

　ここで，本書の議論の中にしばしば登場する民間の高等教育機関の主なものをいくつか紹介しておこう（表2-3）。創設当時は小規模であったカレッジも，その後昇格して名称を変更している（原語のまま表記する）。

4　トランスナショナルな高等教育のマレーシア・モデル
――その仕組みの概要――

　以上，高等教育のマレーシア・モデルの成立の背景について見てきた。次に，同モデルの仕組みについて見ていこう。高等教育のマレーシア・モデルの基本的特徴はトランスナショナルな点にある。マレーシアにおいて「民間のカレッジで学ぶ」ということが，英米豪などの大学の学位を比較的安価に取得するということと同義になってすでに久しいが，そのためのトランスナショナルなリンケージの形態は大別して3種類あるので，まとめておきたい。

1）トゥイニング・プログラム（Twinning programme）
　マレーシアの民間の高等教育機関が外国の大学（または外国の大学連合）と

表2-4 トゥイニング・プログラム（1+2, 2+1）の具体例

	マレーシアの民間の高等教育機関	提携先の大学（トゥイニング・パートナー）	専攻科目
イギリスの大学	INTIカレッジ KDU テイラーズ・ユニバーシティ・カレッジ	コヴェントリー大学 マンチェスター大学 バーミンガム大学	ビジネス 経済学 工学
オーストラリアの大学	KBU国際カレッジ INTI国際ユニバーシティ・カレッジ メトロポリタン・カレッジ テーラーズ・カレッジ（プタリン・ジャヤ校）	南オーストラリア大学 アデレード大学 RMIT大学 南オーストラリア大学	工学 工学 商学 マルチメディア・スタディーズ
アメリカの大学	サンウェイ・ユニバーシティ・カレッジ	ウェスタン・ミシガン大学	経営学，工学，コンピューター・サイエンス，自然科学

出所：Study in Malaysia（2007：212）より抜粋。

表2-5 トゥイニング・プログラム（3+0）の具体例

	マレーシアの民間の高等教育機関	提携先の大学（トゥイニング・パートナー）
イギリスの大学	KDU	ノーサンブリア大学（ニューカッスル）
	HELPユニバーシティ・カレッジ，スタムフォード・カレッジ	イースト・ロンドン大学
	INTI国際ユニバーシティ・カレッジ，INTIカレッジ（スバン・ジャヤ校）	コヴェントリー大学
	KBU国際カレッジ	ノッティンガム・トレント大学
	ニライ国際カレッジ	オックスフォード・ブルックス大学
	テイラーズ・ユニバーシティ・カレッジ	イングランド西部大学
オーストラリアの大学	スタムフォード・ディステッド・カレッジ	ディーキン大学
	HELPユニバーシティ・カレッジ	チャールズ・スタート大学
	KDU	マードック大学
	INTIカレッジ（サラワク校）	ウーロンゴン大学
	ニライ国際カレッジ	ラ・トローブ大学
	テイラーズ・ユニバーシティ・カレッジ	シドニー工科大学
	サンウェイ・ユニバーシティ・カレッジ	ヴィクトリア工科大学
フランスの大学	テイラーズ・カレッジ	トゥルーズ大学（ル・ミライユ）

出所：Study in Malaysia（2007：213）より抜粋。

直接提携して，後者がカリキュラム，試験，プログラムの水準などを設定し，教育の品質保証のための現地指導も行う。前者は後者に使用許諾料（royalties），フランチャイズ料や管理費を支払う。学生はマレーシアのカレッジで提携先の大学のプログラムの一部を済ませた後に，両者の合意によって外国の提携大学への移行・編入が保証されている。マレーシアの民間のカレッジと外国の提携大学に在籍する年数による編成として 1＋2，2＋1，3＋0 などがあり，修了時には外国の大学から学位が授与される（Lee 1999：42-43）。表 2-4，表 2-5 は，こうしたトゥイニング・プログラムの具体例の一部である。

　トゥイニング・プログラムの利点は英米豪の大学に 1 年次から留学した場合と比較して，学位取得にかかるコストが格段に安いことである。たとえば，マレーシアの民間の高等教育機関でオックスフォード・ブルック大学を提携先とした 2＋1 コースを選ぶと，マレーシアにおける 2 年間の学費とイギリスにおける 1 年間の学費の合計が約 60,000 リンギットとなり，3 年間すべてイギリスで学んだ場合に支払う学費 100,000 リンギットと比較して，かなり安い（2004 年 6 月時点で 1 リンギット＝ 28 円）。これに両国の生活費の差を加えれば，学位取得にかかるコストは格段に低いと言える（Study in Malaysia 2004：164）。

　3＋0 プログラムは 2＋1 をさらに進めたトゥイニング・プログラムである（表 2-5）。「現地で行われる外国の学位」（Foreign degrees done locally）と言われることもある。マレーシアの民間の高等教育機関が海外の提携大学の学位取得プログラムの全学年の教育を任されたものである。この方式を選ぶと，イギリスやオーストラリアなどに行くことなしにそれらの国の大学の学位を取得することが可能である。相手国や専攻によっても異なるが，3 年間の学費は 30,000 〜 60,000 リンギット，そして学費と生活費の合計は 90,000 〜 150,000 リンギットとなり，かなりの節約になる（ibid.：162）。

2）単位移行プログラム（Credit transfer programme）

　マレーシアの民間の高等教育機関で取得した単位を，アメリカ，イギリス，オーストラリアなどの大学に移行するプログラムである。トゥイニングとの違いは，教育内容はマレーシアの民間の高等教育機関が用意する点にある。海外

の大学とは1対1の関係ではないため,学生が選べる大学と専攻の選択肢は広い。しかしながら,マレーシアにおいて取得した単位をもって,希望する海外の大学への編入は必ずしも保証されていない。ただし,編入先の大学が単位を取得済みであると認定する合意(articulation agreements または advanced standing)[12]がある場合は,合意に従って編入と単位移行は保証される(Lee 1999 : 43)。

3) 学外学位プログラム (External degree programme)

本来学生個人が自習で学び試験を受けて取得する海外の大学の学外学位(external degree)のプログラムを,マレーシアの民間の高等教育機関が「開講」する仕組みを編み出した。典型例が,ロンドン大学の法学士(LLB),経済学士(BSc Economics and Management),経営学修士(MBA)などの学外学位である。この場合,シラバスはロンドン大学が提供し,マレーシアの民間の高等教育機関は,教室においてチューターが履修生の学習を助ける塾のような役割を果たすことになる。試験はロンドン大学が実施し,指定された試験場で行われる。

5 トランスナショナルな高等教育の事例

以上の記述が示唆するように,民間の高等教育機関と伝統的な大学とでは,仕組みが大きく異なる。民間の高等教育機関では1つのカレッジの中に様々なトランスナショナルなプログラムが混在している。ここでは民間の代表的な機関の1つである HELP インスティテュート(開設当初の名称)に絞って,その高等教育のあり方を見てみたい。同機関は 2004 年に HELP ユニバーシティ・カレッジに格上げされ,その後 2011 年には HELP 大学に再度格上げされた。

---

12) Advanced standing とは,民間の高等教育機関のプログラムが提携大学によって認証・外部評価(validate and moderate)を受けている場合,後者の学位プログラムの途中から編入が認められる制度のことである。

図2-1 HELPユニバーシティ・カレッジ卒業式（2007年4月15日）
出所：HELP University College 提供。

1) 民間の高等教育機関のトランスナショナルな卒業式

　伝統的な大学との違いを実感するために，HELPユニバーシティ・カレッジの卒業式の様子を描写してみよう（図2-1）[13]。革新的な高等教育の雰囲気を垣間見ることができる。以下は2007年4月15日に行われた第19回卒業式の様子である[14]。

　卒業式はクアラルンプールの中心地にあるシャングリラ・ホテルの大宴会室で行われた。日本などで通常見る大学の卒業式と根本的に異なるのは，数カ国・複数の大学の学位が同じ場所で授与される点である。

　会場には，英米豪などの提携先の諸大学のバナーが飾られていて，それぞれの大学のガウンを着た卒業生とその家族や友人が着席している。厳かな音楽が

---

13) 筆者は，同ユニバーシティ・カレッジの国際評議委員として，他の大学首脳陣や海外大学の代表者らとともに卒業式に参加する機会が与えられた。その結果，内部から式を観察することができた。
14) 2007年を選ぶ理由は，同校においてトランスナショナルなプログラムが最も発達していたからである。同年，ユニバーシティ・カレッジに昇格されて以降，トランスナショナルなプログラムは段階的に減少していった。筆者は2007年から5年間同校の卒業式に出席した。

鳴り，これまたそれぞれの大学のガウンをまとった各国・各大学の教授・大学首脳陣の行進が始まる。会場後方から舞台に向かって行進した後に舞台の上に4列に並んで着席する。マレーシア国歌の斉唱に引き続いて，HELP ユニバーシティ・カレッジの名誉学長（Chancellor），ロンドン大学副総長（Vice-Chancellor），HELP ユニバーシティ・カレッジ学長のスピーチがなされる。その後，英米豪のそれぞれの大学の専攻別に各大学の関係者から卒業生に学位証書が手渡される。卒業式のプログラムによると，大学の学位を授与する順序と大学名（国名），学位授与者の数は次の通りである[15]。

HELP ユニバーシティ・カレッジ（マ）1名，チャールズ・スタート大学（豪）408名，ベミジ州立大学（米）27名，カーティン工科大学（豪）2名，ロンドン大学（英）48名，ノーサンブリア大学（英）5名，クイーンズランド大学（豪）61名，南オーストラリア大学（豪）18名，アッパー・アイオワ大学（米）45名，イングランド西部大学（ブリストル）（英）34名，ウェールズ大学（アベリストウィス）（英）9名，イースト・ロンドン大学（英）348名。

これらの大学に加えて，アングリア・ラスキン大学（豪），バララット大学（豪），エディス・コーワン大学（豪），フリンダーズ大学（豪），ロンドン・スクール・オブ・エコノミクス（英），フレーザー・バレー・ユニバーシティ・カレッジ（加），マコーリー大学（豪），メルボルン大学（豪），ポーツマス大学（英），南オーストラリア大学，サザン・ニュー・ハンプシャー大学（米）など提携先の大学からの名誉学長，副総長，教授陣も参加する国際色豊かな行事であった。

2）学位取得につながる多様なトランスナショナルなルート

さて，この民間の高等教育機関において，学位取得に至る道筋は一様ではない。まず，イギリスやオーストラリアに全く行かずして，クアラルンプールの HELP ユニバーシティ・カレッジにおいて 3+0 のトゥイニング・プログラムを通してこれらの大学の学位取得が可能な場合がある（図2-2参照）。イース

---

[15] 海外の大学の卒業式は，実際に学業を終えてから数カ月経過して行われたり，また卒業生が海外で生活している場合も多いため，必ずしも全員の出席が期待されていない。

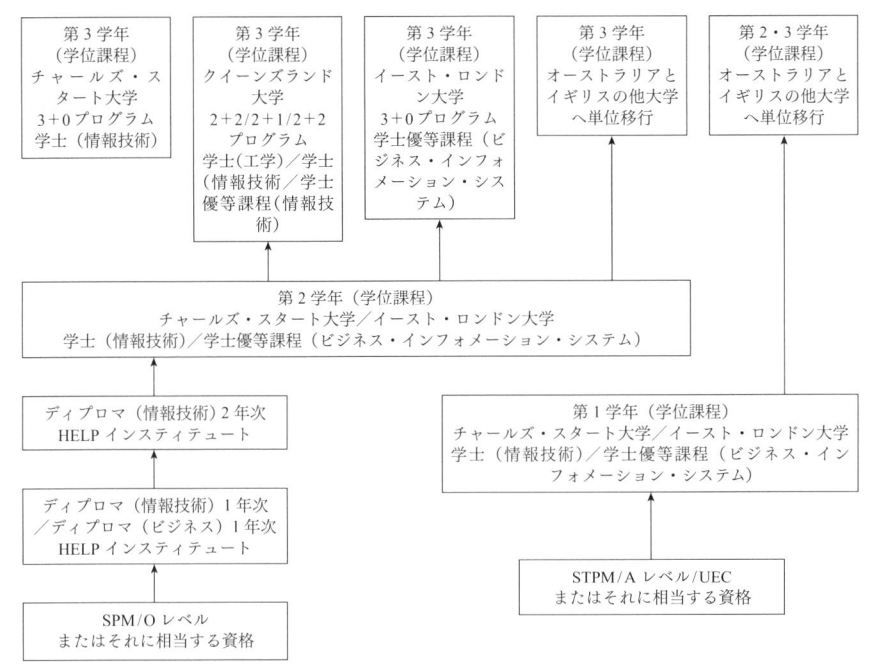

第2章　マレーシアから生まれた高等教育モデル　65

```
┌─────────────┐ ┌─────────────┐ ┌─────────────┐ ┌─────────────┐ ┌─────────────┐
│第3学年      │ │第3学年      │ │第3学年      │ │第3学年      │ │第2・3学年   │
│（学位課程） │ │（学位課程） │ │（学位課程） │ │（学位課程） │ │（学位課程） │
│チャールズ・ス│ │クイーンズランド│ │イースト・ロンド│ │オーストラリアと│ │オーストラリアと│
│タート大学    │ │大学          │ │ン大学        │ │イギリスの他大学│ │イギリスの他大学│
│3+0プログラム │ │2+2/2+1/2+2  │ │3+0プログラム │ │へ単位移行    │ │へ単位移行    │
│学士（情報技術）│ │プログラム    │ │学士優等課程（ビ│ │              │ │              │
│              │ │学士(工学)／学士│ │ジネス・インフォ│ │              │ │              │
│              │ │(情報技術)／学士│ │メーション・シス│ │              │ │              │
│              │ │優等課程(情報技│ │テム）        │ │              │ │              │
│              │ │術)           │ │              │ │              │ │              │
└─────────────┘ └─────────────┘ └─────────────┘ └─────────────┘ └─────────────┘
```

第2学年（学位課程）
チャールズ・スタート大学／イースト・ロンドン大学
学士（情報技術）／学士優等課程（ビジネス・インフォメーション・システム）

ディプロマ（情報技術）2年次
HELPインスティテュート

第1学年（学位課程）
チャールズ・スタート大学／イースト・ロンドン大学
学士（情報技術）／学士優等課程（ビジネス・インフォメーション・システム）

ディプロマ（情報技術）1年次
／ディプロマ（ビジネス）1年次
HELPインスティテュート

STPM/Aレベル/UEC
またはそれに相当する資格

SPM/Oレベル
またはそれに相当する資格

単位移行が可能な海外の大学

[オーストラリアの大学]
- **University of Melbourne**：Bachelor of Information Systems（2+2）
- **University of Queensland**：Bachelor of Engineering（2+2），Bachelor of Information Technology（2+1），Bachelor of Information Technology Honours（2+2）
- **Deakin University**：Bachelor of Computing（Multimedia Technology）（1+2），Bachelor of Computing（Computer Science）（2+1），Bachelor of Computing（Software Development）（2+1），Bachelor of Computing（Information Systems）（2+1）
- **University of Tasmania**：Bachelor of Computing（2+1）
- **Swinburne University**：Bachelor of Science in Computing（1+2），Bachelor of Science in Information Technology（2+1）
- **Griffith University**：Bachelor of Information Technology（1+2），Bachelor of Multimedia（1+2）
- **Edith Cowan University**：Bachelor of Engineering（Computer Systems）（1+3），Bachelor of Science（Computer Science）（1+2）

[イギリスの大学]
- **University of Birmingham**：BSc Hons Computer Science（1+2），BSc Hons Computer Science/ Software Engineering（1+2），BSc Hons Computer Science/ Business Studies（1+2）
- **University of Greenwich**：BSc Hons Computer Science（1+2）
- **University of East London**：BSc（Hons）E-Commerce（2+1），BSc（Hons）Multimedia Studies（2+1）

[アイルランドの大学]
- **National University of Ireland, Galway**：Bachelor of Science（Information Technology）（1+3），Bachelor of Engineering（Electronics）（1+3），Bachelor of Engineering（Electronics & Computer Engineering）（1+3）
  但し、条件あり。

図2-2　学位取得のルート（情報技術［Information Technology］を専攻した場合）

出所：HELP Institute, *The International Course Prospectus: Pre-University and Undergraduate Courses for Year 2003/2004*, p. 16.

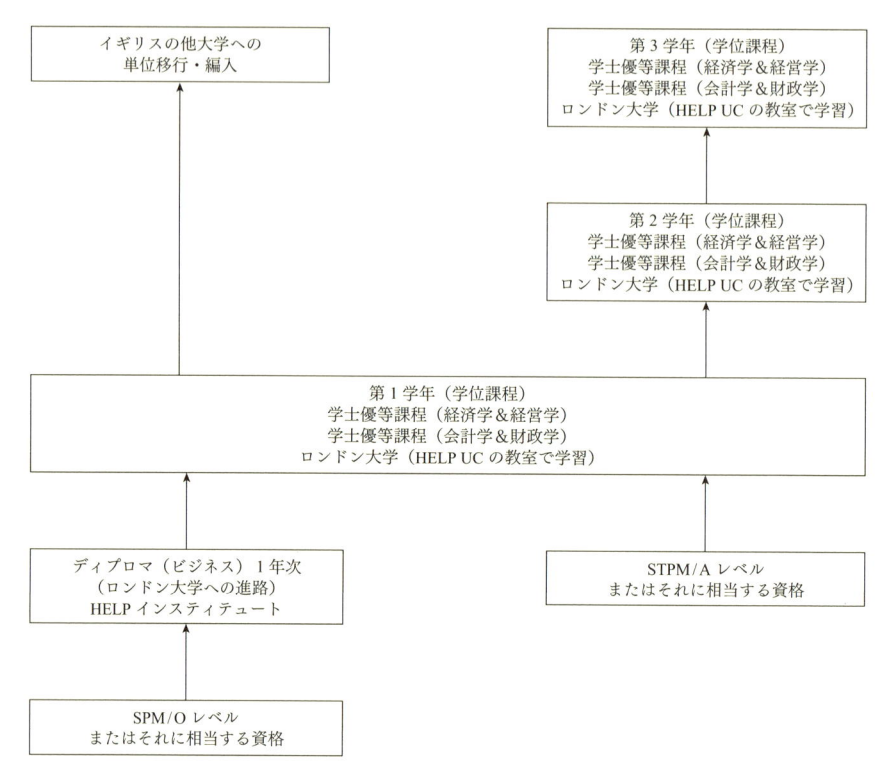

```
                                              ┌─────────────────────────────┐
                                              │ 第 3 学年（学位課程）        │
┌─────────────────────┐                       │ 学士優等課程（経済学＆経営学）│
│ イギリスの他大学への │                       │ 学士優等課程（会計学＆財政学）│
│ 単位移行・編入      │                       │ ロンドン大学（HELP UC の教室で学習）│
└─────────┬───────────┘                       └─────────────┬───────────────┘
          ▲                                                  ▲
          │                                   ┌─────────────────────────────┐
          │                                   │ 第 2 学年（学位課程）        │
          │                                   │ 学士優等課程（経済学＆経営学）│
          │                                   │ 学士優等課程（会計学＆財政学）│
          │                                   │ ロンドン大学（HELP UC の教室で学習）│
          │                                   └─────────────┬───────────────┘
          │                                                  ▲
          │        ┌────────────────────────────────────────────────┐
          │        │ 第 1 学年（学位課程）                            │
          └────────│ 学士優等課程（経済学＆経営学）                  │
                   │ 学士優等課程（会計学＆財政学）                  │
                   │ ロンドン大学（HELP UC の教室で学習）            │
                   └────────────────┬─────────────────┬─────────────┘
                                    ▲                  ▲
                ┌───────────────────────────┐   ┌───────────────────────────┐
                │ ディプロマ（ビジネス）1年次│   │ STPM/A レベル             │
                │（ロンドン大学への進路）    │   │ またはそれに相当する資格  │
                │ HELP インスティテュート   │   └───────────────────────────┘
                └─────────────┬─────────────┘
                              ▲
                ┌───────────────────────────┐
                │ SPM/O レベル              │
                │ またはそれに相当する資格  │
                └───────────────────────────┘
```

学士（Bsc）プログラムの第 1 学年は，イギリスのトップの大学 24 校（下記）の第 2 学年（専攻分野が近い学部）への編入が認められている。それぞれの大学の基準は充たす必要がある。
University of Bath・University of Birmingham・University of Bradford・Brunel University・City University, London・University of East Anglia・University of Essex・University of Exeter・University of Hull・University of Kent・University of Glasgow・University of Greenwich・University of Lancaster・University of Leicester・University of Liverpool・University of Newcastle upon Tyne・University of Nottingham・Queen Mary and Westfield College・Royal Holloway・University of Salford・Staffordshire University・University College, Swansea・University of York・University of the West of England, Bristol
ロンドン大学の学外学位プログラムを選んだ場合，ロンドン・スクール・オブ・エコノミクス以外のイギリスの大学への移行・編入ができる。

図 2-3　学位取得のルート（ロンドン・スクール・オブ・エコノミクス／イギリスの他大学への単位移行）

出所：HELP Institute, *The International Course Prospectus: Pre-University and Undergraduate Courses for Year 2003/2004*, p. 25.

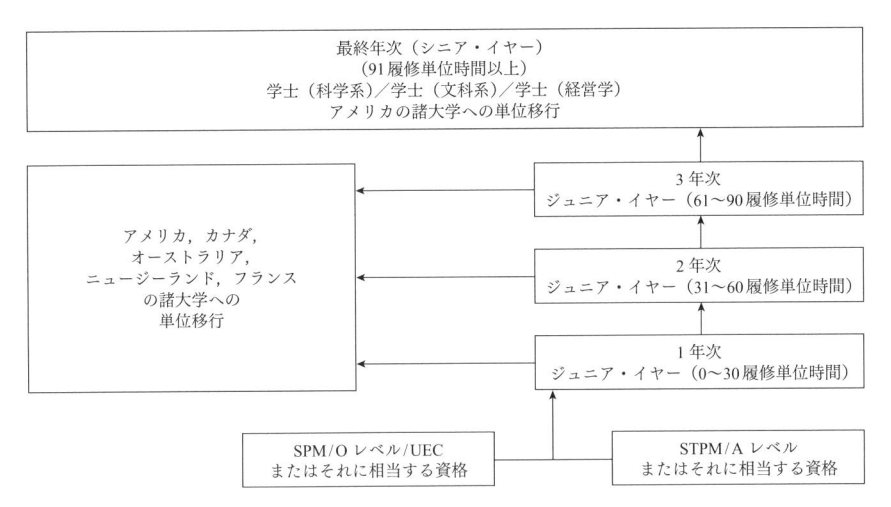

第2章　マレーシアから生まれた高等教育モデル　67

```
┌─────────────────────────────────────────┐
│         最終年次（シニア・イヤー）          │
│         （91履修単位時間以上）              │
│   学士（科学系）／学士（文科系）／学士（経営学）│
│        アメリカの諸大学への単位移行         │
└─────────────────────────────────────────┘
                      ↑
              ┌───────────────────────┐
              │       3年次           │
              │ ジュニア・イヤー（61〜90履修単位時間）│
              └───────────────────────┘
                      ↑
┌──────────────┐   ┌───────────────────────┐
│ アメリカ，カナダ，│←─│       2年次           │
│ オーストラリア，  │   │ ジュニア・イヤー（31〜60履修単位時間）│
│ ニュージーランド，フランス│   └───────────────────────┘
│ の諸大学への    │           ↑
│ 単位移行       │   ┌───────────────────────┐
└──────────────┘←─│       1年次           │
                   │ ジュニア・イヤー（0〜30履修単位時間）│
                   └───────────────────────┘
                      ↑                      ↑
            ┌──────────────────┐   ┌──────────────────┐
            │ SPM／O レベル／UEC │   │ STPM／A レベル     │
            │ またはそれに相当する資格│   │ またはそれに相当する資格│
            └──────────────────┘   └──────────────────┘
```

［アメリカの大学］（編入合意のある大学のフル・リスト）
Pepperdine University・University of San Francisco・American University, Washington DC・Iowa State University・Michigan Technological University・University of Nebraska-Lincoln・University of Oklahoma・University of Oregon・University of Hawaii-Manoa・DePaul University・Illinois Institute of Technology・University of Mississippi・University of Missouri-Kansas City・University of Missouri-St. Louis・University of Arkansas・University of Bridgeport・Wichita State University・Central Michigan University・Indiana University-Purdue University, Indianapolis（IUPUI）・University of North Texas・Troy State University・University of Central Arkansas・CSU-Long Beach・Golden Gate University・San Francisco State University・San Jose State University・Fairfield University・Hawaii Pacific University・Western Illinois University・Indiana Unibiersity South Bend・Tri-State University・Upper Iowa University・Pittsburg State University・McNeese State University・Towson University・Bradford College・Mount Ida College・Northwood University・Bemidji State University・St. Cloud State University・Southwest Minnesota State University・Winona State University・Creighton University・SUNY-Brockport・SUNY-Oswego・Ashland University・Walsh University・Mary Baldwin College・Concordia University Wisconsin・St. Norbert College・University of Wisconsin-Eau Claire・Bethany College・West Virginia University Institute of Technology・Northern Arizona University・CSU-Fresno・University of Kentucky・Grand Valley State University・Western Michigan University・Montana State University-Bozeman・SUNY-Plattsburgh・Linfield College・Chatman College・Gannon University

［カナダの大学］
University College of the Cariboo・St. Mary's University・University of Windsor

［デンマークの大学］
The ESBJERG Business Academy

［フランスの大学］
Ecole Superieure des Sciences Commercials d'Angers（ESSCA）

［イギリスの大学］
American Intercontinental University・Richmond University・Huron University

［オーストラリアの大学］
Griffith University・University of South Australaia・Edith Cowan University・Monash University・Macquarie University

［ニュージーランドの大学］
Otago University

図2-4　学位取得のルート（アメリカの学位プログラム／単位移行プログラム）

出所：HELP Institute, *The International Course Prospectus: Pre-University and Undergraduate Courses for Year 2003/2004*, p. 26.

ト・ロンドン大学やチャールズ・スタート大学（豪）の場合がそれである。また，第1・2学年以降単位移行プログラムを使って2＋1や1＋2で英豪などの大学の学位取得をはかる場合もある（図2-2）。あるいは，ロンドン大学の学外学位プログラム（external degree programme）をHELPユニバーシティ・カレッジの教室で学習することによって学位取得を目指す場合もある（図2-3）。

さらには，より柔軟なアメリカの学位プログラムを選択して，1～3年次のいずれかの時期にアメリカの大学に単位移行する方法もある。なお，このプログラムで取得した単位はアメリカだけではなく，カナダ，オーストラリア，ニュージーランド，デンマーク，フランスの諸大学に編入するためにも使われるようになった（図2-4）。

6　結びに代えて

本章では，トランスナショナルな高等教育がマレーシアの民間で誕生した背景とその仕組みについて概観した。ここで紹介した民間の高等教育機関の卒業式の形態が象徴的に示しているように，高等教育を行うために大学という実体は必要ではない。高等教育が成立するために必要な要件は，トランスナショナルなリンケージとネットワークである。

次章では，このようなトランスナショナルな高等教育のマレーシア・モデルが創造された状況について，民間の起業者への聞き取りを通して詳しく掘り起こしていく。その上で，第4章において，同モデルのマレーシア国内における波及について議論を進める。

同モデルは，第5章で見るように，他国の学生の留学径路にも影響を与え，また第6章で示すように，アジアの他の諸国や西洋英語国にも伝播している。そして，同モデルの普及は，グローバル社会経済の文脈の中で大きな意味を持つことになる。この点については，第7章であらためて考察することにする。

第 3 章

新たな高等教育モデルの創造
——民間の起業者と制度的イノベーション——

1　はじめに

　前章では，トランスナショナルな単位移行やトゥイニングを基本的特徴とする高等教育のマレーシア・モデルの成立の背景と仕組みについて概観した。本章では同モデル誕生の状況を詳しく掘り起こしたい。その状況を記録することは，それ自体が意味を持っていると言えるだろう。なぜなら，アジアの半周辺国発の社会経済モデルが他国・他地域において模倣の対象となることはきわめて珍しく，このような制度的イノベーションは社会経済史の観点から見ても貴重な事例であるにもかかわらず，マレーシア国内においても公式に記録されたものはなく，そのため起源がわからなくなっているからである。

　トランスナショナルな単位移行やトゥイニングが行われた初期の様子に関しては，簡単に概説的に触れた文献はある（Lee 1999；Lee 2008；Tan 2002）。しかし，その創造の過程が研究対象として取り上げられることはなかった。民間の高等教育機関において，高等教育のマレーシア・モデルの誕生を記録した文書は保存されていないか，あったとしても各機関で未整理文書として扱われていることが多いため，入手・閲覧はきわめて困難である。先行研究がなく文献資料の入手が不可能な状況において，情報収集の唯一の方法は，当時，直接関わった人々への聞き取りであり，それによって制度誕生の状況を様々な角度から

探った。特に，高等教育のマレーシア・モデルのひな形を創った主要な民間カレッジの経営陣とは数年かけて人間関係(ラポール)を築き，聞き取りや参与観察を繰り返し行って貴重な情報を得ることに成功した。さらには交渉相手であったイギリスやアメリカの大学の当時の担当者の居所の特定に成功し，イギリス側の事情に関しては直接会って聞き取りを行うことができた。アメリカ側とは電子メールと手紙を通してコンタクトをとることができた。その結果，高等教育のマレーシア・モデルの創造と展開に関する記述を行う上で貴重な材料を収集することができた。加えて，マレーシアの公的セクターにおいてもアメリカの大学との提携に関して似たような動きがあったので，それについても聞き取りを行った。民間の高等教育機関と国家（文部省，［後に高等教育省］および政治家）との交渉は，ノン・ブミプトラである華人とブミプトラであるマレー人との駆け引きの意味を持つ。そうした政治的文脈の中で新たな試みが展開する様子を記述するための材料も得た。集中して調査を行った期間は 2002 年 3 月から 10 年 8 月であるが，その後もフォロー・アップ調査を 2012 年 2 月まで繰り返した。

ところで，インフォーマントが過去のできごとを振り返って語る場合，記憶が定かでなかったり，現在の解釈に照らし合わせて正当化することがある。従って，聞き取りで得られた情報には十分に注意を払わなければならない。聞き取りで得た情報の妥当性や信頼性をできる限り確保するために，複数のインフォーマントの語りを比較するとともに，新聞記事や数少ない貴重な文献なども参照した。以上のような調査の結果，同モデル誕生の状況について，その輪郭をとらえることに成功した。以下，それについて述べていこう。

2　民間におけるトランスナショナルな高等教育の模索
――起業者の創造性――

まず，主な民間カレッジの起業者や経営陣に対して行った聞き取りをもとに，トランスナショナルな高等教育のマレーシア・モデルの創造と展開について考察を行う。約 80 名に聞き取りを行ったが，その中でも特に無視できない役割を果たしたキー・パーソンとそのプロフィールは表 3-1 の通りである。

表 3-1 聞き取りを行ったキー・パーソン

マレーシアの民間のカレッジ	キー・パーソン，役職，主な聞き取りの日時
KDU（KDU University College）	テリー・ヒュー女史（Mrs Terri Hew），創立時のメンバー，2002.4.4, 2004.3.23, 8.28, 2005.8.11, 2006.3.21, 8.4, 2007.8.2, 2009.8.21, 2012.2.15
HELP Institute（HELP University）	ポール・チャン博士（Dr Paul Chan），創立者・学長，2003.8.26, 2004.8.6, 12.20, 2006.3.24, 2007.3.9, 2012.2.10
INTI College（INTI International University）	リム・ホー・ペン博士（Dr Lim Ho Peng），創立者・副学長，2002.4.2, 8.8, 2003.9.4, 2004.3.19, 2010.8.24 リー・ファー・オン博士（Dr Lee Fah Onn），創立者・学長，2004.8.27, 2010.8.26
Sunway College（Sunway University）	エリザベス・リー女史（Mrs Elizabeth Lee），業務執行取締役＝Executive Director，2004.3.23, 2006.3.22
Taylor's College	クー・スー・ペン博士（Dr Khoo Soo Peng），学長，2002.4.5, 2004.8.19
Sedaya College（UCSI University）	ラーマン・アルシャッド博士（Tan Sri Dr Rahman Arshad），総長＝Chancellor，2006.3.16
PJCC = Petaling Jaya Community College	ルードサミー博士（Dr I. Lourdesamy），創立者，2006.3.20
提携先の大学（イギリス）	キー・パーソン
Middlesex Polytechnic（Middlesex University）	ドン・ハーパー教授（Professor Don Harper），ビジネス・スクール学部長，2009.9.8

注：カレッジ・大学名は創立当時の名称。括弧内は2012年12月現在の名称。

聞き取りによれば，トランスナショナルな高等教育のマレーシア・モデルが着想・創造された道筋は1つではなく複数ある。前章で見たように，マレーシア・モデルは大別して，(1) 単位移行プログラム，(2) トゥイニング・プログラム，(3) 学外学位プログラムの3つのタイプにまとめることができるが，それらは一気に出来上がったものではなく，またそれぞれのタイプについても複数の試みがあった。以下，開発された順にタイプごとに見ていこう。

1）トランスナショナルな単位移行プログラム

海外留学が経済的に困難になり，それに代わる高等教育に対する需要が増し

た1980年代初頭，カレッジという制度を活用して高等教育を受ける道が模索された。前章でも述べた通り，カレッジとは「予備校」や「専門学校」を意味し，カレッジが学位を授与することは認可されていなかったし，カレッジ自らがカリキュラムを作る専門知識や人材を持ってもいなかった。そこでヒントとされたのが，アメリカの2年制短期大学の修了後に4年制大学に単位を移行して編入する制度であった。この単位移行のトランスナショナルな適用が模索され，マレーシアの民間のカレッジにおける約2年間の在学後，アメリカの大学に単位を移行・編入して，アメリカの大学の学位が取得できる仕組みが創造された。

事例1：KDUと華人の起業者──アメリカの大学への移行プログラム（American University Transfer Program）

アメリカの大学に編入するための単位移行プログラムは，KDUが1983年5月に開設したのが最初である。KDUはクアラルンプール郊外のプタリン・ジャヤ（Petaling Jaya）という住宅地にある民間のカレッジである。

テリー・ヒュー（Terri Hew）女史は，そのKDUの首脳陣として在職中（1982〜95年）に，トランスナショナルな単位移行およびトゥイニングといった高等教育のマレーシア・モデルの2つの柱となる制度を編み出した先駆者である。彼女には2002年4月4日の初回の聞き取り以来2012年まで，毎回2時間程度の聞き取りを合計9回行い，民間の高等教育制度の創造の過程について詳しく話を聞くことができた。以下は，2002年4月4日，2004年3月23日，2005年8月11日，2007年8月2日に行った聞き取りを中心に，数回分の内容をまとめたものである。これによって当時の状況を再現したい。

《聞き取り：テリー・ヒュー女史，KDU創立時のメンバー》
◇着　想

マレーシアに民間のカレッジは昔からありましたが，とても小さなものでした。大学入学資格試験の準備のためのグループ学習を手助けする塾（tuition centre）や専門学校の類でした。そうしたカレッジを大きくしたのです。

ある意味では，1980年代の不況以降，教育の分野でも民間セクターにいっそう大きな役割を持たせようとしたマハティールの政策の結果でもあります。私はこ

の考え方を活用しました。ディベロパーであるパラマウント・グループの仕事で，ダマンサラ・ウタマ（Damansara Utama）という住宅地に大規模なカレッジを作る計画があって，建物はほぼ出来上がっていましたが，中身がまだ決まっていませんでした。私は，カレッジ設置のために雇われました。1982年のことでした。中身を何にするか決めて，文部省（Ministry of Education）の認可を取るのが私の最初の仕事でした。もちろん，カレッジが大学の学位を授与することなど当時の教育法では許されていませんでした。

まずカレッジの名前ですが，所在地の地名を取って Kolej Damansara Utama，略称として KDU としました。kolej は college のマレー語綴りです。次第に，長い正式名称ではなく KDU として知られるようになりました。その後，アメリカ人と交渉する際に KDU の名称は受けが良かったようです。なぜなら，U を University だと勘違いしたのですね。CSU（California State University）などの例がありますから。名前のなせる業ですね。

イギリスの O レベルにあたる SPM はマレー語で行う必要がありますが，中等教育修了後は英語で教育することが許されます。KDU ではイギリスの A レベルのコースを始めました。そして，まさにこのグループの学生たちが，後に創った「大学」のコースに入ってくることになるのです。

私は，カレッジを本格的に始動させるため，市場が何を欲しているかを考えました。政府の 5 カ年経済計画を勉強したりして，どのような人的資源が必要とされて，どこに不足があるかを見極めようとしました。当時，大学入学を希望する 4 人のうち少なくとも 3 人は資格があるにもかかわらず入学できない状況でした。国立大学が 3 校しかなく，定員数が少なかったからです[1]。入学する水準を満たしている人たちに別の道を提供することは，1980年代に重要な課題でした。

私は 1970 年代にアメリカに住んでいたので，アメリカの大学のことはよく知っていました。2 年制の短期大学つまりコミュニティ・カレッジの存在に目をつけました。これをモデルにしようと思いついたのです。なぜなら，そこから 3 年目，4 年目に 4 年制のユニバーシティに単位を移行し編入することがアメリカでは既に受け入れられていたからです。アメリカでは既におなじみの考え方でした。それまで，マレーシアからアメリカに留学する場合，1 年次から渡米していました。し

---

1) 実際は 5 校あった。そのうち評価の高い主なものは，マラヤ大学，マレーシア国民大学，マレーシア科学大学の 3 校である。

かし，子供を4年間も留学させる経済的余裕はないという人が大勢いたのです。それなら，はじめの2年間をマレーシアで学んで，後半の2年間だけをアメリカに留学することはできないものか，と考えたわけです。経済不況のため家計は苦しいし，17歳の子供，特に女の子がOレベルを済ませた後すぐ留学することは親にとって心配でした。私自身同年代の子供を持つ母親としてその気持ちが痛いほどよくわかります。カレッジ開設にはこうした個人的な思い入れがありました。

実は，イギリスには，前半の2年間をイギリスで，後半の2年間をアメリカで履修させるアメリカのカレッジが既にありました。リッチモンドというカレッジがそうです。また，メリーランド大学にははじめの2年間をドイツで学ばせるというプログラムがありました。ただ，ほとんどが，在外アメリカ人を対象にしたものでした。

私は，KDUで取得した単位（credits）をアメリカの4年制大学に移行するという仕組みを考えました。しかし，当時の教育法によると，カレッジには大学の学位を授与することは許可されていません。私たちのカレッジが授与できるのはせいぜいディプロマまででした。アメリカの大学の理解を得つつ，同時に文部省にも認めてもらえる語彙を使う必要がありました。アメリカの短期大学（コミュニティ・カレッジ）が授与する準学位（Associate of Arts Degree：AAD）を念頭に置いていたのですが，学位（degree）は出せないので，Associate of Arts Diploma（AAD）と呼ぶことにしました。略すると同じAADなので，マレーシアの文部省にも受け入れられやすく，アメリカ側にも親しみのある語彙でした。新しい試みに対しては文部省が確認を求めてくるので，私たちのプログラムがアメリカのプログラムに従ったものであるかのように工夫して表現する必要がありました。そしてアメリカ側からも文句が出ないように注意を払いました。とにかくアメリカのカレッジに認めてもらうことが重要だったのです。

◇開　設

1983年4月にカレッジを開設しました。それが大きな波紋を呼びました。マレーシアでは，高等教育を公的セクターの権限の範囲内に置く伝統がありました。しかし突然，経済力のある民間セクターが高等教育制度を立ち上げてしまった。これに，内閣のメンバーや政府の役人はついていけなかった。私は文部省に呼ばれて説明しましたが，なかなかわかってもらえず，問題にされました。既に新聞報道もされていて，報道機関に対する説明も大変でした。しかし幸運にも，その

時の首相がマハティール氏で，先駆的な考えを持っていました。1980年代は経済的不況のため，より広い層に高等教育を提供したいものの，政府の資金ではまかなえない。だから政府の役割を民間セクターに開放するというのが，マハティール氏のマレーシア株式会社政策のコンセプトです。こうした考えによって，KDUのような民間の大規模なカレッジが設立される門戸が開放されたのです。それまでのカレッジとは，落ちこぼれのための塾のような小さな存在だったのですが。

そういうわけで，1983年4月にコースを始め，学生の募集を開始しました。最初のグループは約150名で，その半数以上が1984年の8月から単位移行・編入しました。60単位取得後の渡米が標準的でしたが，中には30単位（1学期分）や45単位取得したらすぐに渡米を希望する者もいました。あくまで単位移行プログラムなので，ディプロマの取得が目標ではありませんでしたから。親の経済状況によって渡米のタイミングは同じではありませんでした。編入先には，たくさんあるアメリカの大学の中でも，カリフォルニア州立大学を選ぶ学生が多かったです。なぜなら，カリフォルニアのシステムは2年制短大，4年制大学，大学院大学の3層から成り立っていたため，他のどこよりも単位移行・編入の考え方に慣れていたからです。加えて，物価の安い中西部も対象にしました。MARAも多くの学生をカラマズーの西ミシガン大学に送っていましたから。

◇アメリカの大学の反応

さて，アメリカの大学からは，1年生・2年生の留学生が在籍しなくなることによる減収を懸念して，抵抗が出始めていました。アメリカの大学やMACEE（Malaysian American Commission on Education Exchange）を相手に経済的利害をめぐって闘いました。当時アメリカでは，大学に行く年代の若者が減少するという問題を抱えていたので，学生の獲得に必死でした。はじめのうちは，われわれが送り出す学生はアメリカの大学に入るほどの学力をほんとうに持っているのか，マレーシア国内の大学にさえ編入できないのにアメリカの大学に編入できるわけがない，などといった議論が出ました。私は，マレーシアには単位移行制度がないから国内ではできないのだと説明して反論しました。出席した高等教育に関する会議では，このような疑問や質問に次から次へと答えなければなりませんでした。しかし，幸運にもアメリカの大学はたくさんありました。また，アメリカ人はフェアですね。彼ら自身がちゃんと評価をして，われわれが学生を送っている多くの大学もそうした評価に参加して，われわれの学生がすばらしいということを確

Course for US-bound students

PETALING JAYA, Wed. — A newly set-up private college is offering a two-year preparatory course for students bound for the United States.

The Kolej Damansara Utama is offering an American junior college diploma programme, which will enable a successful student to qualify for entry into any of the 140 recognised American universities and colleges.

The college's director of studies, Mrs Terri K.T. Hew, said the college would be affiliated to the Broward Community College of Florida through the American University Bureau and the Columbus International College.

With this affiliation, a student can get a place in any American educational institution by transferring the credits he earned here to the American university or college.

The Kolej Damansara Utama, which has about 200 students, offers courses in engineering, business administration and social science.

Broward Community College academic affairs vice-president Dr Donald Carlson said the college's American programme would be a stepping stone for Malaysian students

Mrs Hew ... 'college to offer preparatory course'

wishing to complete their Bachelor of Arts or Science degrees in the US.

He said that affiliation programmes helped overseas students to save costs by offering them the chance to study initially in their own countries.

"They can also adjust more easily to the American system when they do transfer to the US," he said.

Dr Carlson said local students with Sijil Pelajaran Malaysia should have no problem qualifying for places in American universities if they were proficient in the English language.

Cheaper way to obtain US degrees

KUALA LUMPUR, Wed. — Malaysian students planning to obtain an American degree stand to save money through a new plan being worked out jointly by a local school and two American colleges.

Through this plan, students can do part of their degree course here and then go on to an American university to complete it.

Three educationists from American colleges are here to establish an affiliation with the Kolej Damansara Utama, an Education Ministry-approved private school in Petaling Jaya.

They are Dr Donald A. Carlson and Dr Williams E. Greene of the Broward Community College, and Dr James C. Butler of the Columbus International College.

Dr Carlson, who is the vice-president of his college, said that through the link-up between his college and the one here, Malaysian students will be able to do the first part of their Bachelor of Arts or Bachelor of Science degrees here and the remaining part in America.

"They can pursue the first one to two years of their American college programme at the Kolej Damansara Utama," he said

"Then, they will be able to obtain their transfer credits to complete their degree in an American university.

"This arrangement has great advantages. Firstly, the students stand to save substantial sums of money as part of their course is done in Malaysia.

"Secondly, they will be gradually oriented for an American education — they will not be confronted with a sudden alien programme once they get to America."

And of course, there is the third factor — valuable foreign exchange will be saved for Malaysia, at least for the first one or two years.

Dr Carlson said the col-

DR CARLSON

lege here will serve as a stepping stone for Malaysian students to pursue their Arts and Science degrees in the United States.

He said the practice of setting up affiliations between American colleges and foreign institutions was catching up.

Several have already established sound on-going programmes of this nature.

"Although external affiliations are a fairly new concept in the United States, they are slowly becoming popular as they can be of benefit to students who wish to eventually complete their degrees in the US," he said.

The American educationists hope to conclude their affiliation arrangement soon with the principal of the Kolej Damansara Utama, Mrs Terri Hew, and its chairman, Tun Omar Yoke Lin Ong.

図 3-1　KDU のアメリカの大学への単位移行プログラムの開設を報じる新聞記事

出所：左：*The Star*, 28 April 1983. 右：*New Straits Times*, 28 April 1983.

認してくれました。学生たちは実際，マレーシア政府が奨学金を支給して留学させていたいわゆる「優等生」より優秀な成績を収めていました。マレーシアの国のシステムは別のルールで動いているわけですから。

　フロリダの2年制のブラワード・コミュニティ・カレッジと契約して，教員や事務職員に来てもらって，カリキュラム作成や教務事務の設立を手伝ってもらったおかげで，いろいろなことがうまく進みました。

◇振り返って

　はじめは何もありませんでしたし，法律をかいくぐってやりました。政府を相手に大変でしたよ。上場会社の参加により，世間の信用を得ることができましたが，今度は株主への責任もでてきました。よくやれたと思います。

事例2：PJCC とインド系の起業者

　高等教育のマレーシア・モデルの誕生に関する調査を進める中で，教育関係者の多くが，アメリカの大学への単位移行プログラムの先駆者として PJCC（Petaling Jaya Community College）をあげることが多かった。PJCC の創始者 I. ルードサミー（Lourdesamy）氏への聞き取りと文献（Liggett 1986：7）によって，PJCC は1984年5月開設で民間カレッジとしては2番目であることを確認したが，先駆的と広く認識されるようなインパクトを持った点に興味を持ち，その背景を探ることにした。

　ルードサミー氏はインド系マレーシア人である。ピッツバーグ大学に留学し，専攻は行政学，副専攻は国際教育学で，博士号を取得。1972年にマレーシアに戻り，マラヤ大学経済学部における教歴（1972〜74年）後，銀行に経営者として勤務（1975〜79年），その後経営コンサルタント業を経て，1980年から84年までヴェントー・アカデミー（Vento Academy）の校長（Director）を務めた。ヴェントー・アカデミーとは，フォーム5やフォーム6の試験に失敗した生徒のための，再受験の学習を助ける予備校であった。インド系の兄弟が創設したカレッジを，インド系住民を代表する政党であるマレーシア・インド系会議（MIC）が買い取ったもので，インド系住民の生活水準を高めるのが目的とされた。

《聞き取り：ルードサミー氏，PJCC 創始者，2006 年 3 月 20 日》
　1983 年あるいは 1984 年のことですが，それまでいたヴェントー・アカデミーをやめようと思っていた時，ハワイ・パシフィック・カレッジ（HPC）という 4 年制カレッジからパンフレットが送られてきました。読み始めたら，好奇心でいっぱいになりました。単位受入についての詳しい説明がなされていたのです。ホノルルやアメリカ本土の短期大学からは単位の移行を受け入れているので，それを国際的に拡げる準備があるということでした。そこには必要な単位数とか GPA（Grade Point Average）の計算の仕方について具体的な詳しい情報が含まれていたので，仕組みがわかってとても役に立ち，その線でカレッジを設立することにしました。私自身ピッツバーグ大学に留学していたので，アメリカの単位移行の考え方は知っていました。
　ハワイ・パシフィック・カレッジのビジネス・スクール長はとても親切で，どうやってカレッジを作るかについて，ていねいにアドバイスしてくれました。手紙で質問を送ると必ず返信してくれました。
　ハワイ・パシフィック・カレッジをモデルにコース・リストを作って，これでカレッジを創ったら受け入れてくれるか，と彼に送ったら，それでいいと返事が来ました。56 単位まで認めてくれましたが，これは 2 年分に相当します。カレッジを創って私が Director になると書いたら，（イギリス式に）Director と呼ばないで President にしなさい，Director はアメリカ英語では尊敬されないから，といった細かい点まで注意してくれました。彼自身パイオニア精神にあふれた人で，ハワイ・パシフィック・カレッジの創設者です。
　さて，アメリカのコミュニティ・カレッジにならって，プタリン・ジャヤ・コミュニティ・カレッジと呼ぼうと考えました。しかし，文部省とプタリン・ジャヤ自治会（Petaling Jaya Municipal Council ＝ Majlis Perbandaran Pedaling Jaya：MPPJ）に拒否されました。自治体が運営しているとの印象を与えるからという理由です。文部省に行って，アメリカでは 2 年制のカレッジはどれもコミュニティ・カレッジと呼ばれているし，私はアメリカ的な教育をしたいのだと説明しました。私は文部省で働いていた経歴もあるので，最終的には理解してくれました。問題ないということになり，文部省が認めるならプタリン・ジャヤ自治会も認めようということになりました。1984 年の初めのことです。
　こういった準備をしていたちょうどその頃，おもしろいことに気がつきました。

新聞を読んでいたら，別の民間のカレッジが同じようなことを始めたというのです。KDU でした。ちょうど同じ頃に同じようなことを考えていた人がいたのです。

　ではなぜ PJCC が先駆者として語られるようになったのかという質問ですが，それはおもしろいですね。われわれは開設したまさにその日から，世間に対して即座にインパクトを与えたのです。なぜなら，われわれにはほとんど資金がなかった，ほとんどゼロでした。大きな会社が始めたわけじゃない。親友が資金を貸してくれて，商店街の小さな部屋を借りて 30 名か 40 名からスタートしたのです。もう 1 つの理由として，世間に対して積極的に説明したということがあります。『ニュー・ストレイツ・タイムズ』紙や『スター』紙によく投稿しました。アメリカの教育や単位制度や，教育に関することなら何でも私がコメントするようになりました。それで，よく知られるようになったのです。文部省との関係が良好だったことも関係があるかもしれません。

以上，アメリカの大学への単位移行プログラムの誕生に関する 2 つの事例を紹介した。その後，同様のプログラムを使って多くの民間のカレッジが開設された。たとえば INTI カレッジは，最も成長を遂げた主要な民間のカレッジの 1 つであるが，アメリカ大学プログラムの開設とともに 1986 年に設置されている。開設当初の学生数は 37 名だったが，急速に拡大し，1996 年の時点でクアラルンプールのスバン・ジャヤ校に 1,500 名の学生が在籍するようになったという（リー・ファー・オン博士［Dr Lee Fah Onn］への聞き取り，2010 年 8 月 26 日）。1998 年に本校をクアラルンプール近郊のニライに移し，広々としたキャンパス（330,000 m^2）を持つに至る。さらにサラワク州やサバ州にも支部キャンパスを持っている。2006 年に INTI ユニバーシティ・カレッジに，2010 年には INTI 国際大学に昇格，名称変更した。この例が示すように，1980 年代後半には商店街の店舗を借りていた「塾」が 2000 年代前半には大きな大学に変貌をとげた。そこには民間の新しい高等教育が誕生する様子を垣間見ることができるであろう（図 3-2, 図 3-3 参照）。

2）トゥイニング・プログラム

　民間のカレッジのトランスナショナル化は，その後イギリスやオーストラリ

図 3-2　創業当時の INTI カレッジ（1986 年）
クアラルンプールのブリックフィールズ通りの貸しビルの上から 2 階分がカレッジ

出所：INTI College 15th Anniversary, *Lest We Forget, 1986–2001*, p. 2.

図 3-3　INTI カレッジ（1998 年）
クアラルンプール郊外に完成した当時のニライ・キャンパス。330,000 m^2 の広さを誇る

出所：ibid., p. 3.

アの大学をも対象とするようになる。前章で述べたように，1980 年代後半には，大学在籍期間の最初の 1 年間をマレーシアのカレッジで学んだ後に，残りの年限のみをイギリスの「本校」で学ぶことで学位が取得できる「1＋2」という仕組みが開発された。この場合，1 年目のカリキュラムや試験はイギリスの提携大学が用意したもの，すなわちフランチャイズされたプログラムを用いる。この制度はトゥイニングと呼ばれる。

事例1：KDUとイギリスの大学とのトゥイニング・プログラム

1986年にKDUがミドルセックス・ポリテクニック（現在はミドルセックス大学）と提携したのがトゥイニングの最初の事例である。前述のテリー・ヒュー女史が創設にあたり先駆者の役割を果たした。

《聞き取り：テリー・ヒュー女史，KDU，2002年4月4日，2004年3月23日，2007年8月2日》

　アメリカのプログラムに成功したので，次はイギリスの大学を相手にすることにしました。イギリスに行って，多くの大学を回りました。5つの大学に断られました。ミドルセックス・ポリテクニックだけは興味を持って応えてくれました。学長たちがマレーシアの私たちのカレッジを視察に来てくれて，書類作りが始まりました。どういうプログラムを考えたかというと，基本的なコンセプトはアメリカの場合と似ていましたが，彼らに受け入れられやすい語彙を使いました。異なる文化を相手にする時は異なる語彙を使うことが大切ですからね。

　（マレーシアのKDUで教育する）第1学年は，ミドルセックスで行われる教育内容と同じにしました。まったく同じシラバスと試験問題を使いました。唯一の違いは，ほとんどがマレーシア人の講師によって教えられたということです。双子（twin）のように同じということで，トゥイニング（twinning）と呼ばれるようになりました。経営学（Business Administration）の学士課程で，まず1+2から始めました[2]。1986年のことです。第2学年からはイギリスで教育が行われました。1987年に発った最初のグループが6名，翌年は12名と次第に増やし，150名にまで達しました。われわれが送った学生の中には第一級優等（1st class honours）をもらった者もいます。

　次に，イギリスの一流の大学を相手にしたいと思いました。実際，マンチェスター大学の方からマレーシアを訪れて，ブリティッシュ・カウンシルにカレッジ3校の推薦を依頼したようです。MARA，TARカレッジとKDUが候補になり，社会学部長が視察した結果，最終的にKDUが選ばれました。われわれKDUがイギリスの（大学入学資格）Aレベルのコースを行っていたことが勝因だったようです。私はマンチェスターに行き，大学副総長（Vice-Chancellor）と事務局長を含む

---

2) 実際は，会計学・財政学（Accounting and Finance）であった（'Link-up with British Business School', *Malay Mail*, 22 September 1986）。

12名の男性ばかりの集団とミーティングをしました。女性は私だけですよ。12名の不機嫌な男性たちは私に対して次から次へと難しい質問を投げかけてきました。「なぜわれわれがマレーシアでやらなきゃいけないのだ？」「われわれはマンチェスターを離れたプログラムは今だかつて1つも行っていない。一体いかなる根拠でそれが可能だと言うのか？」等々。ミスは絶対に許されない状況でした。

しかし，契約が成立して1+2が始まりました。最初のグループは1989年でした。幸運なことに，KDUで行った第1学年の成績はマンチェスターの優等生よりもむしろ良いくらいだったので，信頼を得ることができました。第2学年からマンチェスターに移動した学生たちの多くは第二級優等（2nd class honours）や第一級優等（1st class honours）をもらうことができました。

KDUのヒュー女史と直接交渉にあたったミドルセックス・ポリテクニック側の当時の担当者であるドン・ハーパー（Don Harper）教授（ビジネス・スクール学部長）に対しても聞き取りを行い，事実確認をするとともに，イギリス側の事情の理解を試みた。

《聞き取り：ドン・ハーパー教授，KDUとトゥイニング・プログラムを構築したミドルセックス・ポリテクニックの担当者，2009年9月8日，於ロンドン》

私はLSEとかインペリアル・カレッジなどの伝統的な大学の出身なので，はじめはポリテクニックとは何なのかよく理解ができなくて，全く新しい世界でした。ミドルセックス・ポリテクニックに転職してからの私の仕事の1つが，国際ビジネス・プログラムを充実させることでした。ヨーロッパの経営学のプログラムはフランスとドイツでは既に行われていましたが，私はスペインも加えました。大学教育のはじめの2年間をある国で行って，そのあとの2年間を他の国で行うというものです。エラスムス計画の先駆けとなるものでした。

マレーシアとのリンクはこうした国際化の延長線上にあります。KDUとは会計学・財政学（Accounting and Finance）学位でリンクを築きました。KDUがわれわれの監督の下に会計学の学位の1年目を教えるというもので，われわれの教員を派遣したり，水準のモニター，試験の採点などを行いました。2年目と3年目はこちらで学びます。

KDUの方からアプローチしてきました。会計学（Accountancy）でリンクを築きたいという強い希望でした。KDUの人たちとはうまくつきあえました。ちょうど

LINK-UP WITH BRITISH BUSINESS SCHOOL

KOLEJ DAMANSARA UTAMA has launched a twinning programme with the Business School of Middlesex Polytechnic in London for its three-year accounting and finance degree course.

The link-up enables Malaysian students to complete the first year of the course here and continue the remaining two years in Britain.

Last Thursday, representatives of the two institutions signed an agreement which guarantees students with good grades and academic performance a place at the Middlesex Business School in the second year of the course through a quota system. For the first year, this has been set at a maximum of 35 students.

Kolej Damansara Utama director of studies Terri Hew said the twinning programme would enable Malaysian students to save in fees and living costs.

The fees for the first year of the Bachelors in Accounting and Finance course amounts to some $14,400 (£3,600) while college fees for the same will be $4,500.

"The first year of the programme will be taught by the college staff assisted by examiners and counsellors from the Middlesex Business School. There will be an exchange of staff to enhance this," said Mrs Hew.

Middlesex Business School Dean Prof Don Harper said the syllabi, programmes, teaching methods, examinations and assessment procedures would be the same as those at the institution in London.

"Although the Malaysian student may physically be here, he is effectively enrolled at the Polytechnic as long as the required grades are met," said Prof Harper.

The first year of the course will have five main areas of study — accounting, economics, law, quantitative methods and data processing.

Students should have good SPM or GCE 'O' level results, particularly in English and Mathematics, and at least two 'A' level subjects with a minimum C grading.

The programme begins in September and examinations will be held in June at the college each year. On completion, students will be admitted into the second year of study at the Middlesex Business School.

Prof Harper said the Middlesex Business School was linked to three European institutions seven years ago in a "European Business programme".

"This programme involves two years of study in Britain and the remaining two at these institutions in Germany, France or Spain. This is the most popular programme at our school," he said.

Prof Harper said future link-up arrangements with institutions around the world would include its law, mathematics, hotel catering and tourism courses.

図 3-4　KDU のトゥイニング・プログラムの開設を報じる新聞記事
左：テリー・ヒュー女史，右：ドン・ハーパー教授

出所：The Malay Mail, 22 September 1986.

われわれが進めていた国際的なリンクを開発するという企画と関心が合致して，私はミドルセックスのプログラムを拡げようと考えました。会計学・財政学の学士号（BSc）がフランチャイズの第1号となりました。KDU の学生の質は満足できるものでした。誰よりもよく勉強したし，成績もトップクラスでした。コストを抑えてイギリスの資格をもらうというのが目的でした。私が17〜18年前にミド

ルセックスをやめた時はまだ続いていました。

聞き取り中，トゥイニングとか1＋2などの語彙をハーパー教授は理解せず，「われわれはリンクあるいはリンクされたプログラム（linked programme）と言う」と述べていた。最後に，イギリスの大学にとっての意味を尋ねたところ，「フランチャイズはイギリスの大学にたくさんのお金をもたらします」と語っていたのが印象的だった。

以上，イギリスのポリテクニックとのトゥイニングの先駆的な例を見た。同年，メトロポリタン・カレッジもオーストラリアのRMITとトゥイニングを始めた。また，サンウェイ・カレッジはトゥイニング専門のカレッジとして1987年に設立され，イギリスのレスター大学，オーストラリアのカーティン工科大学，アメリカの西ミシガン大学とのトゥイニング・プログラムを開設した。現在はサンウェイ大学となり，最も成功した民間の高等教育機関の1つである。

3）学外学位プログラム

次に紹介する事例では，最終的にトランスナショナルな高等教育が構築された点は同じであるが，発想と始まり方が異なる。何もないところからロンドン大学の学外学位（external degree）プログラムやオーストラリアの遠隔学習を利用して，教室で対面的に教える塾を始め，トランスナショナルな高等教育に変身させた，主要な民間の高等教育機関の1つであるHELPインスティテュート（1986年設立）の事例である。

ロンドン大学の学外学位プログラムは，海外の様々な地域の学生個々人が，ロンドン大学に在学することなしにスタディ・ガイドに従って自己学習し，学年末に同大学が施行する試験を大学指定の試験場で受けて学位取得に至るいわば通信講座であった。当時マラヤ大学の講師（経済学）であったポール・チャン（Paul Chan）博士は，商店街に部屋を借りて塾（tuition centre）を開き，このプログラムの履修生を対象に個人または少人数で補習学習させることを始めた。そしてこれを次第に制度化させていき，ロンドン大学の協力機関（supporting institution）として認められるようになる。さらには，オーストラリアのダーリ

ング・ダウンズ高等教育機関（Darling Downs Institute of Advanced Education, 1992年からは南クイーンズランド大学）の遠隔学習（distance learning）プログラムの履修生をグループ学習させる教室も始めた。これらは次第にトランスナショナルな単位交換やトゥイニング・プログラムに転換されていった。

チャン博士は現在HELP大学の学長（President）兼大学副総長（Vice-Chancellor）で，CEOである夫人とともに創設者である。創設時の名称はHELPインスティテュート，その後，2007年にHELPユニバーシティ・カレッジ，2012年からHELP大学となった。以下は彼への聞き取りである。

《聞き取り：ポール・チャン博士，HELPインスティテュート（現在はHELP大学），2004年8月6日，2012年2月10日》
◇新たな高等教育を始めたきっかけ

始めた理由は，マレーシアの人は民族や政治や社会経済的立場で差別を受けるべきではないという信念からです。大学生の時，能力があるのに割り当て制度（quota system）で大学に門前払いを食らっていた大勢の人を見ました……援助のない状態（helplessness）から人々を救うという意味でHELPインスティテュートと呼ぶことにしました。Higher Education Learning Programmeの略でもあります。

私は大学で20年以上教え，妻は民間の企業で働き，2人とも申し分のない仕事を持っていましたが，このビジネスに飛び込みました。ビジネスのことは何も知りませんでした。振り返ってみれば無謀だったとしか言いようがありません。
◇トランスナショナルな制度を展開させた背景

偶然にロンドン大学の学外プログラムの存在を知りました。学外学生（external student）として登録し，自分で勉強して試験に合格すれば，学位がもらえる制度です。私は，そうした人たちに家庭教師のようなことをする塾のようなものを始めたのです。小さな会社を立ち上げて登録するだけでした。当時，ロンドン大学の法学のプログラムが人気だったのですが，私は経済学者ですから経済学士号（BSc Economics）のプログラムを始めました。フランチャイズ料を払う必要などありませんでしたから，理想的でした。

まだ，トランスナショナルな教育が何なのか誰もわからなかった時代のことです。サポートもありませんでした。ロンドン大学から入学願書をもらうのも一苦労でした。50通の願書を送ってくれと頼んだら，受験生個々人にやらせなさいと

言うのです。ロンドンまで行って説得しました。

　ロンドン大学がそれまでやっていたディプロマのコースをやめようとした時に，説得して続けてもらいました。それが大変な人気で，それを契機に発展することができました。経済学のディプロマをロンドン以外で始めたのはわれわれが最初です。その後シンガポール・インスティテュート・オブ・マネジメントでも始めて，それからアジア中に広がりました。

　ロンドン大学の経済学修士（MSc in Economics）と法学士（Bachelor of Law, LLB）の学外学生をグループ指導していたところ，オーストラリアのダーリング・ダウンズ高等教育機関（後に南クイーンズランド大学）の知り合いから電話がありました。彼は会計士でしたが，ビジネスの学士号（Bachelor of Business）を始めてみないかと誘いを受けました。ビジネスという言葉にわれわれ華人は弱いのです。華人の私は体のすべての感覚が反応するのを感じました。ぜひやらせてほしい，と言いました。こちらの方は学外学位プログラムではなく，遠隔学習プログラムでした。ダーリング・ダウンズはクイーンズランドの片田舎の農村や奥地の人々に遠隔学習を提供するために設立された機関です。当時のことですから，インターネットやeラーニングはなく，プリントをモジュールごとに郵送する方式で教育を行っていました。それを国際的にやろうということで，遠隔学習プログラムは一夜にして3＋0プログラムとなりました。

　このようにロンドンの学外学位プログラムと南クイーンズランド大学の遠隔学習プログラムを教室における対面型の教育に転換したのです。個人指導，すなわちチュートリアルはイギリス的な制度で，まさにわれわれがマラヤ大学でやっていたことそのままです。私たちは皆大学の教員でしたから，マラヤ大学で教えていた経験が活かされました。次第に，われわれの「塾」は小さな学科のようなものになっていきました。

　上記の聞き取りの中で触れられているオーストラリアの大学とのトランスナショナルなプログラムの創造と展開に関して，さらに詳しく見てみよう。HELPインスティテュートの国際局担当，ビジネス・スタディーズ学科長代理であるスティーブン・ウォン（Stephen Wong）氏が説明してくれた。

《聞き取り：スティーブン・ウォン氏，HELPインスティテュート，2004年8月11日》

1986年7月にはオーストラリアのダーリング・ダウンズ高等教育機関の3年間の遠隔学習プログラムをマレーシアで教えることを始めました。遠隔学習に付加価値を与えたのです。向こうから送ってもらった遠隔学習教材を使って，われわれが対面型の教育をするというものでした。学生たちは単位移行の取り決めに従って，1年後あるいは2年後にオーストラリアの他の大学に移籍することができました。初期の頃は，ウォロンゴン大学，グリフィス大学，南オーストラリア大学（USQ）が受け入れてくれました。留学する資金のない学生はマレーシアで課程を修了して学位を受けることができました。

次に，遠隔学習課程の1年目をわれわれ自身が作ったプログラムに置き換えて，それをディプロマと呼びました。Diploma in Businessの誕生です。このディプロマはオーストラリアの多くの大学に認められるようになりました。このようにして，海外の遠隔学習からわれわれHELPインスティテュート自身のプログラムを生み出すことに成功しました。メルボルン大学，クイーンズランド大学，カーティン大学，オーストラリア国立大学など約20校のオーストラリアの大学に2年目から移行することが可能になりました。1+2方式の単位移行プログラムというわけです。

はじめのうちは，われわれのディプロマを南クイーンズランド大学（前身はダーリング・ダウンズ高等教育機関）が外部評価（moderate）してくれました。その後は，名門のクイーンズランド大学が外部評価してくるようになりました。彼らが外部評価者になってくれたおかげで付加価値が付きました。

学生はHELPインスティテュートのディプロマを終えてから2年目に他のオーストラリアの大学に途中編入（advanced standing）で移行することもできるし，1年目にディプロマ（8科目）そして2年目に南クイーンズランド大学のコース（8科目）を済ませた後に，2+1方式でオーストラリアに行くこともできました。このような過程を経て，トゥイニング（南クイーンズランド大学の場合）や単位移行といったトランスナショナルな教育が次第に定着していったのです。

3　公的セクターにおけるマレー人学生のための　アメリカ派遣プログラム

以上，マレーシアの民間におけるトランスナショナルな高等教育の創造と展

開を記述してきた[3]。実は，1980年代に，公的セクターにおいてもマレー人を対象にアメリカの大学教育を安価に受ける方法が模索されていたのだが，マレー人のエスニックな制度的枠組みの中で自己完結していたために，国民社会や国際社会に顕著な波及効果を与えることはできなかった。とはいえ，公正を期すため，その流れについてもここで記しておくことにしよう。

さて，1970年代まで，マレーシア人の留学先としてイギリスや英連邦諸国が好まれていた背景には，これらの国で取得した学位は帰国後，公務員，医者，会計士などの公的な職に就くために認められていたということがある。イギリスをはじめとして，オーストラリアやニュージーランド，インドやシンガポール，香港などの英連邦諸国の学位はすべてマレーシアの公共サービス局（Public Services Department = Jabatan Perkhidmatan Awam : JPA）によって認められていたのである。それに比べて，アメリカの学位は認められていなかったため，マレーシアに戻っても公的な職に就くことができなかった。しかしながら，1980年にイギリスの大学が留学生に対して学費を課すようになってから，アメリカの学位を認める動きが急速に進み，アメリカの高等教育への窓が開かれた。

マレーシア政府は，マレー人学生をアメリカの大学に国費留学生として送り出すという政策決定を迫られた。そしてそれは，マレー語を教育言語として使用するという国民教育政策と矛盾しない形で行われた。公立の中等教育の修了者（SPMの資格取得者）はすべてマレー語で教育を受けてくるが，こうした生徒に対して，政府は特別なプログラムを用意したのである。このプログラムは，以下に記述するように，インテンシブな英語のコースに加えて，アメリカの大学の1, 2年次のコースから構成される。

---

3) 華人系の政党であるマレーシア華人協会（MCA）が設立したTARカレッジにおいても，1980年代後半からアメリカの大学への単位移行プログラムおよび学外学位プログラムを非公表の形で行っていたとする話を聞いた（2013年8月28日）。しかしながら，正確かつ十分な情報を得て確認することはできなかった。

1) MARA インスティテュート・オブ・テクノロジーによるアメリカ学位プログラム

　MARA とは，ビジネス・産業分野でブミプトラを訓練したり資金援助する目的で 1966 年に設立されたマレーシア政府の機関である。その前身は 1956 年に設立された RIDA（Rural Industrial Development Authority）であり，MARA インスティテュート・オブ・テクノロジー（Institut Teknologi MARA：ITM）は同年 RIDA 訓練センターとして始まった。そして 1965 年に MARA カレッジ（Maktab MARA）に名称変更し，1967 年には MARA インスティテュート・オブ・テクノロジーとして定着した。設立当初の目的は職業人としてのブミプトラの育成であった。1967 年から 76 年は農村開発省（Ministry of Rural Development）の管轄下であったが，1976 年以降は文部省直属となり，職業教育にとどまらずに高等教育機関となった。そして 1996 年に MARA 工科大学（Universiti Teknologi MARA：UiTM）となり，現在に至っている[4]。

　マレーシア政府は 1980 年代初頭にはフォーム 5（初等・中等教育 11 年間）を修了したばかりの生徒をアメリカの大学に送っていた。しかし，彼らは社会的にも学業的にも適応が困難であった。一方，ITM で 1 年半の大学入学準備コース（フォーム 6）や 3 年間のディプロマを修了した学生の海外生活への適応はさほど問題ではなかったため，2 年間マレーシアで学んだ後の渡米が望ましいと考えられた（Liggett 1986：3）。MARA 工科大学副総長への聞き取りでは，1970 年代から，ディプロマ修了後にアメリカやイギリスの大学に編入した事例が語られた（サホル・ハミド・アブ・バカール教授［Sahol Hamid Abu Bakar］への聞き取り，2004 年 8 月 19 日）。ただし，それらはケース・バイ・ケースで行われたもので，制度化されたプログラムではなかったようである[5]。

---

4) MARA 工科大学はマレーシアの最大規模の大学であり，学生数は 175,577 名である（Universiti Teknologi MARA, 'University Profile', http://www.uitm.edu.my/index.php/en/about-uitm/uitm-profile-and-history/university-profile, accessed 27 December 2013）。原則マレー人を対象にした教育機関であり，教育言語が英語であることを考えると，マレーシアにおける英語化とエスニック関係を考える上で重要な意味を持っている。しかしながら，それ自体が 1 つの独立したテーマであるので，本書では扱わない。
5) 制度化するプログラムがあったとする記録や文献は見つけることができなかった。当時の留学経験者の話などから推測するのみである。

ITM における制度化されたアメリカ学位プログラム（American Degree Program）は 1985 年に始まった。アメリカの 3 団体が運営する，短大に相当する 2 年間のプログラムを始めたのである。具体的には，インディアナ大学を中心とする MUCIA（Midwest Consortium of International Affairs）のプログラムとメリーランド大学のプログラムが 1985 年 6 月に，TIEC（Texas International Education Consortium）のプログラムが同年 11 月に始まった。単位取得コースのシラバスと教科書はアメリカの大学と同じものを使い，単位はアメリカの大学から授与され，成績はアメリカの大学の成績表に記載される。教員もアメリカの大学から派遣する形をとった。修了生はそれぞれのプログラムの中心的な大学から準学士号（associate degree）を授与され，それぞれのプログラムに参加する大学に留学した（Liggett 1986 : 4-6）。資金はマレーシアの公共サービス局が出し，教育はアメリカの大学が行うというプログラムであった。

2） MARA コミュニティ・カレッジによるアメリカ準学士号プログラム

　2005 年 8 月 25 日，このプログラムが日本への留学にも応用されようとしていた。それは日本準学士号（Japan Associate Degree : JAD）プログラムと呼ばれ，マレーシア政府が日本の円借款資金によって実施しているブミプトラ学生の留学派遣事業である[6]。筆者は，同プログラムの教育が行われていたスランゴー

6） 日本がマレーシアのトランスナショナルな高等教育モデルに関心を寄せるようになったのは，2000 年代初頭である。その頃，日本の経済界は，マレーシアのトランスナショナルな単位移行とトゥイニング・プログラムの概要および日本が行う際の注意点に関する報告書を海外の専門家に委託していた（匿名への聞き取り，2001 年）。マレーシアと日本との間のトゥイニング・プログラムは，2005 年に，日本準学士号プログラムとして動き出した（スランゴール工業大学における同プログラムの日マ双方の責任者への聞き取り，2005 年 8 月 25 日）。これは，マレーシア政府が日本の円借款資金によって実施しているブミプトラ学生の留学派遣事業である。2013 年時点で 3＋2 の形で進められている。3 年間の現地予備教育を修了した学生に対して，MARA 教育財団とスランゴール工業大学との間で，同大における日本準学士号の授与に関わる取り決めをしている。その後，日本の大学の 3 年次に編入。日本側は芝浦工業大学，拓殖大学を筆頭に私立 12 大学（慶應義塾大学，明治大学，岡山理科大学，東京電機大学，東京工科大学，近畿大学，立命館大学，東海大学，東京理科大学，早稲田大学），国立 3 大学（埼玉大学，山口大学，長岡技術科学大学）から成るコンソーシアムである（JICA 2013）。

ル工業大学（Universiti Industri Selangor : UNISEL）において日本の大学から派遣されてきていた関係者に聞き取りを行った。また，マレーシア側の担当機関であるMARA教育財団からプロジェクト・マネージャーとして出向していたノマワティ・マハト（Nomawati Mahat）氏にも聞き取りを行った。その会話の中で，アメリカの大学への単位移行プログラムの起源が話題になった。KDUやMARAインスティテュート・オブ・テクノロジーなどの他の組織がアメリカの大学への単位移行プログラムを最初に始めたと言っているとの私の発言に対して，ノマワティ氏は「いいえ，私たちMARAコミュニティ・カレッジで始めたのが最初です」と強く反発した。それがきっかけとなり，MARAコミュニティ・カレッジの調査を行うことになった。

まず，同カレッジ創設時から教員であったハジ・モハマド・モクタール・モハマド・ピア氏（Hj. Md. Mokhtar Md. Piah，MARA教育財団上級研究員，2005年8月26日）およびナスィル・ハムザ博士（Dr Nasir Hamzah，8月29日）にそれぞれ聞き取りを行った。彼らとの会話の中で，マレーシア東海岸の主要都市であるクアンタン（Kuantan）市の8km南に位置するMARAコミュニティ・カレッジの校舎に当時の様子の記録が残されているかもしれないとの指摘があり，現地を訪れることになった（8月30日）。MARAポリテック・カレッジ（Kolej Poly-tech MARA）と名称を変えていたが，ヌルルクハマール・ビンティ・シャリフ氏（Nurulkhamar binti Shariff，調査時には学長），ズライダ・ビンティ・アフマド氏（Zuraidah binti Ahmad，学事担当副学長），マハニ・ビンティ・マンソル氏（Mahani binti Mansor，学事サービス事務員）を含む当時のメンバー数名が残っていたので，グループ・ディスカッションの形で聞き取りを行うことができた。以下はその要旨である。

MARAコミュニティ・カレッジは，MARAから派生したMARA教育財団（MARA Education Foundation ＝ Yayasan Pelajaran MARA）によって設立された。当時のメンバーによると，アメリカとの単位交換プログラムは，MARAコミュニティ・カレッジ（Maktab Sains MARA）において始められたという。1983年9月の開設と同時に，アメリカ準学士号（AAD［American Associate Degree］）プログラムとして始まり，同年10月には第1期生199名が入学した。

アメリカ準学士号プログラムは，MARA の役人がイリノイ州のスプリングフィールドのリンカンランド・コミュニティ・カレッジを視察して，それをモデルとして創られたという。会計学，生物学，化学，コンピュータ科学，地質学，数学，工学，経営学などを英語で専攻する 2 年間のプログラムが創られた。同プログラムが創られた当初，学生のほとんどは地方のマレー人生徒を教育するために設置された全寮制の MARA ジュニア・サイエンス・カレッジ（Maktab Rendah Sains MARA）の出身であった。ほとんどの学生がアメリカに留学し，第 1 期生は 56 校に，第 2 期生は 90 校に行った。

MARA コミュニティ・カレッジのプログラムはアメリカ準学士号プログラムと呼ばれていたが，実際の学位を授与するわけではない。修了時に修了証明書（certificate of completion）あるいは出席証明書（certificate of attendance）が渡され，マレーシアで行った最初の 2 年間の単位を移行することができた。こうして留学のコスト削減が図られた。

公的セクターで初めて行われたアメリカとの単位交換プログラムであったが，1990 年代後半には継続が不可能になり，マレーシア国内の大学との提携に取って代えられるようになった。国内の大学は英語使用の MARA 工科大学以外はマレー語が教育言語であるため，MARA コミュニティ・カレッジの使用言語もマレー語に変更された（その後の展開に関しては，次項で述べる）。

3) **エスニックな枠組みで自己完結した試み——マレー人のカレッジのフランチャイズ元としての国立大学**

このように，アメリカの大学に編入するための単位移行プログラムの創設期においては，非マレー人の民間カレッジだけではなく，マレー人の公的セクターにおける試みもあった。その後，民間のプログラムの方は量と種類において拡大し，トランスナショナルなリンケージを基調とする高等教育が成立したことは，既に述べた通りである。1997 年にアジア通貨危機が起こると，従来型の海外留学に代わって，民間カレッジのトランスナショナル・プログラムを使った 1+2, 2+1, 2+2 の方式が広く定着するようになった。さらに，1996 年に発令された私立（民間）高等教育制度法で 3+0 が認められるようになり，

1998年に同法が施行されると，民間において英語による海外大学の学位取得の機会が拡大した。

他方，公的セクターでは正反対の展開が起こった。前述した公的セクターのブミプトラ向けのMARAコミュニティ・カレッジでは，1997年の金融危機が起きるとアメリカ準学士号プログラムが続行できなくなった。その理由は次の通りである。もともと私費で留学できるマレー人は少なく，公費に依存する傾向が強かった。従って，政府が下した財政削減という方針は，マレー人の公費留学の非継続を意味した。そしてアメリカの大学教育を安価に受けるという，MARAコミュニティ・カレッジの当初の目的は消えて，組織の存続が目的になった。この時，アメリカの大学に取って代わった提携相手が主にマレー語使用の国内の国立大学であったため，マレー語による教育が復活したというわけである[7]。その間の経緯とその後の展開を聞き取りによって確かめておこう。

《聞き取り：ヌルルクハマール・ビンティ・シャリフ氏他，MARAコミュニティ・カレッジ，2005年8月30日》

1997年半ばに起こったアジア金融危機の影響で，アメリカ準学士号プログラムは1998年に中止することになりました。例外的なコース以外はアメリカに学生を送ることができなくなったのです。外国の大学とやっていくことに光が見いだせなくなって，MARA教育財団の幹部と協議した結果，国内の国立大学と協力する道を探ることになりました。1998年には，残っていたアメリカ準学士号の学生を国内の大学に移さなければならなくなりました。

1998年にマラヤ大学の科学の大学進学準備コース（Asasi Sains）を始めました。また，1999年にはMARA工科大学との協力を始めました。彼らは，われわれのことを認めてくれて，多くのプログラムをフランチャイズしてくれました。土木工学や電気工学のディプロマのコースです。あまり多くの学生はいませんでした。40名くらいでした。私たちは生き残るために他のプログラムも探しました。1999～2000年はトゥン・アブドゥル・ラザク大学（Universiti Tun Abdul Razak：UNITAR）の大学進学準備コース。1999年には北マレーシア大学（Universiti Utara Malaysia：UUM）の会計学の学士課程の1年目を始めましたが，文部省が私たちの

---

7) マレー系の民間のカレッジのフランチャイズ元としての国立大学に関してはTan（2002：146）を参照。

ようなカレッジが大学のプログラムをやってはいけないと言うので，長くは続きませんでした。2000年には先のUUMのプログラムに代えて会計学，ビジネスと情報技術（IT）の3つのディプロマのプログラムを始めました。フランチャイズでしたが，北マレーシア大学自身が開講していたわけではなく，われわれが開発して彼らが外部評価してくれたプログラムです。しかし，使用料（royalty）を支払わなければならなかったので，2003年には終わりにしました。同年，私たち自身のプログラムを創りました。会計学，経営学，情報技術のディプロマです。多くの学生が来ました。MARA工科大学のプログラムは続けて，土木工学の学生も次第に増えました。当初はマレー語で教えていましたが，自分たちのプログラムなので今年（2007年）から英語ですることが認められました。

この聞き取りで指摘されているように，マレーシア国内の国立大学からプログラムをフランチャイズされる場合は，元の教育言語がマレー語であるので，それに従ってマレー語となった。唯一の例外はフランチャイズ元が英語媒体のMARA工科大学の場合であり，英語で授業が行われた。

教育法の1995年改正は，マレー語の国語としての位置づけを再確認し，国立の教育機関だけではなく，民間，私立を含めたすべての教育機関がマレー語を使用することを義務づけた（Tan 2002：94）。そして，1996年の私立（民間）高等教育制度法では，文部大臣の事前承認がある時にのみ，教育媒体として英語を用いてよい，とした（ibid.：97）。

次に見る例は，マレー人が開設した民間のカレッジである。華人やインド系の民間のカレッジとは対照的に，英語によるトランスナショナルなプログラムを始めたものの，中止を余儀なくされた例である。クアラルンプールから約60km南の中小都市のカレッジの学長S氏[8]に聞き取りを行った。S氏はMARAコミュニティ・カレッジの初期の運営にも関わった人物である。

《聞き取り：S氏，マレー系の民間のカレッジの学長，2005年8月29日》
　1988年に小さなカレッジを創って，まずAレベルから始めました。そうしたら，まわりが，クアンタンの（MARAコミュニティ・カレッジの）プログラムはお前

---

8) 内容上匿名が適切と判断した。

が始めたのだから，ここで同じようなアメリカン・プログラムをやったらどうかと言うので，2年制のプログラムを開設することにしました。アメリカの大学の1, 2年次は教えるのが結構簡単で，科学と人文学や語学の基礎コースを始めて500名近くの学生が集まりました。

　やっかいなのは，カレッジの免許を毎年更新しなければならなかったことです。数年経った時，文部省に呼ばれました。もうアメリカン・プログラムはやってはいけない，国内の大学と提携しなさい，と言うのです。政府の方針でマレーシアを教育拠点にするから，アメリカ産のプログラムではなくマレーシア産のプログラムを売らなければいけない，というわけです。だから，せっかくうまくいっていた国際プログラムをやめて，国内のプログラムを提供することになりました。国際プログラムを行っていた時は，中国，ナイジェリア，イラン，タイから多くの留学生が学びに来ていました。国内の国立大学と提携するようになって，マレーシア工科大学の工学，マラヤ大学の医科学・薬学の基礎コース，マレーシア国民大学の情報技術と医科学の基礎コース，マレーシア・プトラ大学の会計学・財政学など，国内のプログラムをいろいろと始めることになりました。

　最もつらかったのは，マレー語で授業を行わなければならなくなったということです。それも突然のことです。外国からの学生は全くいなくなりました。当然です。彼らがマレーシアに来るのは，アメリカやイギリスのプログラムのためで，それが安く，マレーシアというよい環境で受けられるから来るのですから。マレーシア華人の学生もいなくなりました。インド系は残った者もいますが。もちろん，マレー人は残りました。それ以外はみんないなくなってしまいました。始めた頃は，設備が足りないほど学生であふれていたのに。博士号を持っていた講師もやめていきました。彼らは英語で教えたいから。MARA工科大学や新しくできた私立大学に移って行ってしまったのです。マレー語で教えられる講師を探さなくてはならなくなりました。

　華人のカレッジは海外のプログラムを英語で行えるのに，われわれマレー人は国内のプログラムをマレー語で行わなければならなくなったのは，とても残念なことでした。われわれはマレー人だからよりパトリオティックで，よりマレー語を使うことが期待されたのですね。5年くらいマレー語でやっていたところ，去年になって英語でもかまわないと方針転換が示されたのですが，もう元に戻ることはできませんでした。

以上見たように，マレー人による公的セクターおよび民間セクターでもアメリカの大学の単位移行・編入プログラムが始められた。しかしながら，第1に，公的セクターの場合は，奨学生として派遣する以外は現実的でなかったし，それは財政的にまかなえなくなった。第2に，マレー語を媒体とした国内の大学との連携が求められたため，海外の大学とのリンクは成功しなかった（2000年代後半の時点）。すなわち，エスニシティという共同性の中で自己完結しようとしたため，公共的な制度の構築に結びつかなかったのだと言えよう[9]。

4　トランスナショナルな高等教育のマレーシア・モデルの起源をめぐるエスニシティ間の交渉

　上述のように，マレーシア発のトランスナショナルな高等教育が新しい高等教育の方法として国内外で評判になると，その起源について複数の団体が，我こそは先駆者だと名乗りをあげた。この場合，トランスナショナルな高等教育の起源をめぐる言説自体が研究対象となる。なぜなら，民間と国家の折衝およびエスニック間の交渉の側面が象徴的に表れているからである。聞き取りを行う中で，ノン・ブミ（華人）の民間のカレッジがアメリカの大学との単位移行プログラムを最初に始めたことについて，公的セクター（ブミ）は強く否定した。実際，本章でも述べたように，KDUが1983年5月に単位移行プログラムを始めたことが新聞で大きく取り上げられると問題になり，プログラムを停止させられて，既に入学した学生とその親が混乱し，カレッジ側が説明に追われた様子が当時の新聞に記録されている（'150 in a dilemma', *Malay Mail*, 31 May 1983）。その記事からは，民間と国家との間でなされた対立と交渉の詳細にまで踏み込むことはできないが，マレーシア社会でこの問題が敏感事項であった様子は十分読み取れる[10]。

9）多くの非マレー系の民間のカレッジがユニバーシティ・カレッジ，大学へと昇格して自前のプログラムを開講するようになった頃，海外との提携プログラムを英語で行うマレー人のカレッジが増えてきた。この比較的新しい動きに関しては，状況が定まっていないので本書では取り上げない。

10）「私たちは公表できませんでした。私たちが最初に立ち上げることは公には許されませ

本章では，それぞれの機関に対して行った聞き取りを照らし合わせ，またそこで語られた言説を当時の新聞記事や限られた文献などと突き合わせて，総合的に判断してきた。文献に関しては特に，ドナルド・リゲット（Donald Liggett）による「マレーシアにおけるアメリカ型の2年制カレッジ」と題する草稿に，当時の貴重な情報が含まれていた。リゲット氏はMARAインスティテュート・オブ・テクノロジーの前身であるRIDAの訓練センターの校長を1960年代に務めた後，オハイオのウェリントン・カレッジで教え，マレーシアには頻繁に戻っていた[11]。同草稿は本章で記載した情報を裏づける上で大いに役立った。特に，KDU，PJCC，MARAコミュニティ・カレッジ，MARAインスティテュート・オブ・テクノロジーがアメリカの大学と単位移行プログラムを始めた時期に関して，本章の記述に間違いがないことを再確認できた。

5　結びに代えて

　本章を結ぶにあたり，以下の点を確認しておきたい。アメリカ国外で履修した単位を移行してアメリカの大学に編入するという方法はいろいろな場所で行われていたが，ほとんどの場合，個人が自己判断で行っていたものである。また，イギリスやドイツ在住のアメリカ人のためにアメリカ人によって現地に開校されていた短期大学を卒業した者がアメリカに帰国して大学に編入するということも1980年代以前からあった。だが，それはアメリカの制度の中で完結しているため，トランスナショナルな制度とは言えない。
　マレーシアの経験が先駆的なのは，トランスナショナルな単位移行を制度化した点にある。社会経済的な制度として成立させ，それ故に大きな波及効果を持ったのである。

　　んでした」（テリー・ヒュー女史への聞き取り，2005年8月11日）。
11）リゲット氏に聞き取りを行うために連絡をとったが，2001年に交通事故で死亡していたことを知った（'Liggett, the ex-principal of RIDA training centre, dies' (Obituary), *New Straits Times*, 9 August 2001, http://www.accessmylibrary.com/article-1G1-72993457/liggett-ex-principal-rida.html, accessed 2 January 2013）。

本章では，トランスナショナルな高等教育のマレーシア・モデルが創造された様子を考察した。議論の中で示したように，マレーシアにおける新たな高等教育が創造された状況を掘り起こすことの社会学的な意義は，そこに，多民族社会マレーシアにおけるエスニック関係と言語使用をめぐる諸現実が凝縮されている点である。次章では，この点の理解をさらに深めていきたい。

第 4 章

高等教育の民間化・英語化とエスニック関係
―― 国家と民間,ブミとノン・ブミ ――

1 はじめに

　国家が管理・運営する「公」の高等教育に対して,民間のアクターは代替制度を模索し,新たな高等教育モデルを創造した。そして,英語を使用言語とする民間の高等教育の拡大は様々な波及効果を伴った。本章では,エスニック関係をめぐる2つのテーマを扱う。第1は,高等教育の民間化,従って英語化が,エスニック間の対立・競合・調整に及ぼした波及効果について考察する。特に,教育の機会と就職の機会に焦点をあてる。これらはエスニック関係にとって最も重要な文脈であり,その両方の機会に高等教育は関わっている。第2に,民間の高等教育は,マレーシア社会にとっての必要性から,国家による公的な承認を得るようになる。しかしそれと同時に,国家とその政治的支配層による公式化への圧力が増大し,民間の高等教育は様々な規制と管理の対象となっていく。国家と民間の関係は,ブミ(主にマレー人)とノン・ブミ(主に華人)との駆け引きの側面を持つため,エスニック関係と重複する局面が多い。その展開について考察したい。

2　高等教育の英語化とエスニック・ディバイド

1) 大卒の失業率をめぐる議論——就職の機会の格差

　2005年後半,大学卒業者の失業率が社会問題として浮上した。きっかけは,首相府の経済企画ユニットがこの年の9月24日から1週間かけて実施した全国調査の公表である。マレーシアにおける大卒の失業に関する調査はこれが初めてであった。調査結果は,人材担当大臣によって『ニュー・ストレーツ・タイムズ』紙上で発表されたが,結果が公になるとその数字をめぐって議論が沸き起こった。12月の紙面によれば,調査結果では,全国の高等教育機関を卒業した者のうち59,250名が失業中であるとされていたが,学位取得者に限らず高等教育機関に在籍した者すべてが含まれていたことなど,数字の正確さに関して疑義があった (*New Straits Times*, 3 November 2005, 1 December 2005)。

　同調査によると,大卒失業者のうち,71％が女性であり,61％が月収1,000リンギット以下の比較的貧しい家庭の出身で,80％が国民高等教育基金 (PTPTN) の教育ローンの貸与を受けていたという (1リンギット＝33円,2008年2月4日現在)。興味深いのは,81％が国立大学の卒業生だという点である。その大多数はマレー人である[1]。また,就職できない理由として卒業生があげたのは,仕事の経験の欠如 (49.7％),英語力の低さとコミュニケーション・スキルの欠如 (33.3％),大学のコースと実際の仕事との関連の欠如 (32.2％) であった。以上を総合すると,最も失業に陥りやすい大卒のタイプとは,国民高等教育基金のローンを受けた貧しい家庭の出身者で,国立大学で経営学 (Business Administration) あるいは情報技術 (IT) を専攻したマレー人の女性ということになる (ibid.)。

　大卒の就職率がエスニシティによって差があることは,他の統計からも裏付けられている。リー・フウォック・アウンは2007年の労働力調査報告書から

---

[1] 2005年時点で,国立大学生のエスニック別内訳は,マレー人 (ブミ) (69.9％),華人 (21.9％),インド系 (5.1％) である。なお,この統計は200,000名の学生が在籍するMARA工科大学を除く (Lee Hock Guan 2013 : 248)。

表 4-1　エスニック・グループ別の失業率（2007 年）

	マレー人	華人	インド系
初等教育	2.1	1.6	2.8
中等教育	3.6	2.5	4.3
高等教育	4.3	2.2	4.0
全　体	3.5	2.2	4.0

出所：*Labour Force Survey Report* を基にリーが計算したもの（Lee Hwok-Aun 2013：217）。

集計してエスニック・グループ別の失業率を計算した（Lee Hwok-Aun 2013：217）。表 4-1 に示されているように，マレー人の大卒失業率は華人のほぼ 2 倍である[2]。

2）英語による高等教育——華人と多言語資本

　大卒の失業率に関する首相府による調査に関しては，統計の信頼性を含めて様々な問題点が指摘されたが，少なくとも人々が普段から感じていたある傾向を裏付けるものであった。すなわち，英語の重要性である。「IT の問題というよりは，英語の能力不足の方が問題であり，それが障害となっている」，また「経営学を専攻した者は就職に有利との見方があるが，それは誤りで，企業は英語力のない者は採用しない」というクアラルンプール株式市場前社長モハメド・サレ・マジッドの発言などが紙面で紹介され，議論がしばらく続いた（Mohd Salleh Majid, *Malaysia Business*, 1 December 2005）。

　同調査結果が公表されると，民間の高等教育機関の教育言語は英語であることから，民間の高等教育の卒業生を肯定的に評価する発言が相次いだ。高等教育の民間化とは高等教育の英語化を意味する。その点において，調査結果はエスニック関係に注目すべき影響を与えた。既述の通り，民間のカレッジは主にブミプトラ政策下のノン・ブミの大学進学の需要に応える形で成立した。海外奨学金制度において優遇されていたマレー人とは対照的に，私費で留学するノン・ブミの経済的負担は大きく，次第に民間のカレッジを使ってマレーシアに

　2）マレー人以外のブミプトラの失業率は，初等教育（3.9％），中等教育（6.8％），高等教育（9.5％），全体（5.8％）と最も高い（Lee Hwok-Aun 2013：217）。

いながらにして安価に英米豪の学位を取得する制度を選択するようになったのであった[3]。民間の高等教育機関に通うノン・ブミの数は，特に1997年の経済危機以降急速に増加した。実際，民間のカレッジにおいて，ノン・ブミ（主に華人）の比率はブミ（主にマレー人）と比べて著しく高い。エスニシティ関連の統計は敏感事項であるので公表されていないが，M. リーによると，1980年代の民間のカレッジの学生の90％以上が非マレー人であったという（Lee 1999 : 81）。また，筆者がいくつかの主な民間のカレッジで行った調査によれば，在籍するマレーシア人の学生のうち約8割が華人であった（2001年時点）。同様に，1991年にサンウェイ・カレッジを対象に行われた調査によると，8割以上の在学生が華人であった（Kemp 1992 : 59）。

　こうした不均衡な比率はエスニック関係の観点から見逃せない。高等教育の民間化，すなわち英語化は，エスニックな境界と言語的な境界を重ね合わせることによって，マレー人と非マレー人の格差を拡げる可能性を持っている。実際，マレー語が教育言語である国立大学で学んだマレー人と，英語および英語圏のカリキュラムを使う民間のカレッジで学んだ華人とでは，言語文化資本に著しい格差が現れる。

　第1に，多民族社会マレーシアにおいて大学卒業者が就職する際に英語力が競争力の要である点が確認された。マレーシアにおける902社の雇用者と被雇用者を対象にした雇用適性と技能に関する世界銀行の調査によると，被雇用者の47％が，仕事を行う上で最も重要であるが自分に欠けている技能として第1位にあげたのが，英語能力であった（World Bank 2005 : 94-96, cited in Lee Hwok-Aun 2013 : 216）。英語力の欠如が顕著だったのは，住民の大多数がマレー人である東海岸であった（ibid.）。また，就職情報誌『ジョブ・ストリート』が3,800名の経営者に新卒者を雇わない理由について調査したところ，最多の回答が英語が下手であることであった。マレー語で教育を行う国立大学の卒業生

3）大学進学をひかえている学生の親（華人とインド系）を対象に行った調査によると，本来は英米の大学に留学させたいが，第2の選択肢として経済的・地理的理由からオーストラリアの大学に留学させる，経済的に困難な場合は，第3の選択肢として国内の民間の高等教育を通して海外の学位をとらせるという事例が目立った。調査時期は，2000年3月，2001年3月，2005年3月。

の大多数がブミ(主にマレー人)であることから,彼らが不利ということになる。

そして,英語力が語られる際に必ず含まれるのがコミュニケーション・スキルである。実際,大卒失業率に関する上記の調査結果を受けて相次いで現れたメディアのコメントは,一様に,英語に加えてコミュニケーション・スキルの重要性を強調していた。また,筆者がクアラルンプールとペナンで民間企業の経営者を対象に行った調査においても,同様の指摘がなされた。人材スカウト会社の幹部によると,「国立大学,民間のカレッジのいずれかを好むわけではないが,国立大学に行った若者は英語やコミュニケーション・スキルで問題を抱える者が多いのは事実」であるという[4]。

第2に,このことは単純にマレー語話者としてのマレー人と英語話者としての非マレー人という差にとどまらない。単一言語話者と複数言語話者の差と言うべきである。既に中等教育のマレー語化によって,マレー人,華人,インド系住民にかかわらず,マレー語は「国民言語」(マレーシア語)として共有されている。従って,英語が教育言語である民間の高等教育を受けた華人は,家庭環境や中等教育の種類にもよるが,多くは華語も話すので,3言語話者である。他方,学生の大多数がマレー人である国立大学は基本的にマレー語による単一言語の高等教育である。これはマレー人と華人の言語文化的資源の格差が,高等教育制度の差によって固定される危険性があるということを意味する。華語はアジアにおける主要な商業言語であり,英語はグローバル・ビジネス言語であるという現状を考えると,マレー人と華人との間に経済的格差が拡がる可能性は大きい。実際,マレーシア国内の民間セクターの企業を株式所有の大まかな割合で見ると,欧米系4割,華人系4割,マレー系2割である[5]。欧米系の企業は英語使用,華人系でもサンウェイ,ブルジャヤ,グンティンなどに代表される大企業では英語使用である。中小企業でも英語は使うが,華語使用の場合が多い。マレー語は下層においてのみ使用される傾向にある[6]。

---

4) 40代女性への聞き取り,2005年8月25日,於ペナン。
5) 株式所有のエスニック別比率に関しては様々な解釈がある。文中の比率はアブドゥル・ラーマン・エンボン(Abdul Rahman Embong)氏の解釈である(アブドゥル・ラーマン・エンボン氏への聞き取り,2004年12月20日)。
6) アブドゥル・ラーマン・エンボン氏の指摘(同上)。

1970年に新経済政策（NEP）が施行されて以来長い時間を経て，1990年代半ばになってやっと，部分的にではあれ華人優位の経済構造の是正の効果が実感されるようになったのだが，そのような状況において，高等教育の民間化すなわち英語化がマレー人にとって経済的に不利に働く新たな要因として浮上したのである。もちろん，過度な一般化は避けなければならない。国立大学では非マレー人も学んでいるし，マレー人にも様々な奨学金制度で海外留学する者は多い。特にマレー人のエリート層・ミドルクラス上層は英米豪の留学経験者が多く，英語力は高い。また，国立大学以外の高等教育機関に通うマレー人も増加した。さらには，国立大学においても実用英会話教育が積極的に行われ，英語が使える人材の育成を重視する動きが活発化している。しかしながら，英語による高等教育を国内で安く受けることを可能にした民間の高等教育制度が，教育の機会を平等化するという当初の目標とは裏腹に，結果として，エスニックな格差を促進している側面を否定することはできない。高等教育の民間化は英語化であり，非マレー人，特に，華人の多言語資本を再生産していると言うことができる。

　ポスト複合社会マレーシアにおいて，1960年代にはエスニック・ディバイドが顕在化したが，それは植民地主義によって構造化された社会経済の溝であった。その後，1970年代以降エスニック関係の改善を目指した新経済政策の結果，英植民地時代から続いたエスニック別分業に変化の兆しが現れた。1980年代は政策の行き過ぎのため，華人の不満が高まって緊張が生じたり，華人の海外移住が増加したが，80年代後半になると経済成長に伴って，社会の広い範囲でミドルクラス化が進み，マレー人の文化の中心性を強調する政策は緩和された。同時に，経済優先の路線が採用された。このような状況で1990年代以降展開したエスニック・ディバイドは，より開かれた社会経済における職の機会をめぐる競争から生じたものだと言える。

3) エスニシティを論じる場合の注意点

　以上，マレー人と非マレー人のエスニックな溝について論じたが，次の2点に注意する必要がある。第1に，エスニック・ディバイドとして表出している

現象に関して，社会的特性をより正確に理解することが肝要である。特に，地域（都市／地方）と階級の変数を十分に考慮する必要がある。民間の高等教育機関は都市に集中しているので，それを享受できるのは都市の住民である。従って，本質主義的にエスニシティの問題としてとらえることに対して注意すべきである。都市の住民には，エスニシティに関わりなく，経済資本，文化資本に恵まれた社会層の存在が顕著である。民間の高等教育機関に通えるのはこのような社会層である。次節で論じるように，子供の進学先として民間の高等教育を選択するマレー人のミドルクラスの上層部は増加傾向にある。しかしながら，都市住民としての華人，非都市住民としてのマレー人という複合社会的構図が基本的に残存しているため，民間の高等教育機関における華人の比率が高くなるのも事実である。また，筆者の調査で浮かび上がったもう1つの傾向は，非マレー人，特に華人のミドルクラス下層出身者が英語とコミュニケーション・スキルを身につけて上昇移動する機会を民間の高等教育が創出している点である。これも，現代マレーシアのエスニック・ディバイドを考える上で重要な点の1つである。

　第2に，マレー人，華人，インド系のそれぞれを一枚岩として語ることは避けなければならない。それぞれのエスニシティの中に，英語との関わりにおいて多様なバリエーションがある。社会的階層，地域，世代，教育，家庭環境，交友ネットワークなどの社会言語的背景によって多様な状況を呈している。単純化した議論になるが，マレーシアで一般的に語られる主な差異について概説的に記述してみよう。

　まずマレー人であるが，世代的に，1955年頃以前の生まれ（2010年時点で約55歳以上）の中流階級のマレーシア人はエスニシティにかかわらず，教育言語がマレー語になる前の「古い世代」に属していて，英語能力は総じて高い。この世代のマレー人で都市居住者の大多数は英植民地主義の文化を継承し，英語によるコミュニケーションが日常的に行われている。これに対して，30歳代，40歳代のマレー人はマレー語による教育を受けた者が圧倒的に多い。また，マレー語を教育言語とする国立大学の中でも，たとえば英語使用の必要のないパハン州のような地方と多言語的環境にあるペナンのような都市とでは，英語

力の程度は著しく異なる。クアラルンプール郊外のMARA工科大学のように英語で授業をする大学もある。さらには，海外留学者の中でも，ほぼネイティブ並みの英語を話す者もいれば，MARA工科大学からアメリカ中西部の中小都市の大学に送り出された留学生に多く見られるように，留学中もマレー人同士のつきあいに終始するため，英語能力が低い者など，状況は多様で一般化はできない。

次に華人であるが，世代に加えて，育った地域や通った学校，教育経路などによって差がある。かなり単純化されているが，華人の間でしばしば語られる分類について紹介すると，まず，国民小学校（マレー語使用）から国民中等学校（マレー語使用）に進学し，修了後STPMを受けて民間の高等教育機関（英語使用）に行くタイプは，都会の子供で家庭では英語を使い国際的な傾向が強いのに対して，国民型小学校（華語使用）から国民中等学校に行く学生はそれほど英語志向ではないことが多い。また，国民型小学校から華文独立中学（華語使用）に行った学生のほとんどは華語話者で，以前は台湾に留学する者が多かったという[7]。

3　マレー人の中の変化

既に述べたように，民間の高等教育を受ける学生のエスニック別比率はノン・ブミ（その大多数は華人）が圧倒的に高い。従って，高等教育の英語化は，華人の言語資本を相対的に増大させ，華人の就職市場における機会に対して有利に働いてきたと言えよう。しかしながら，マレー人というエスニシティの中で起こっている変化にも目を向けることが肝要である。なぜなら，民間の機関（あるいは英語媒体の私立大学）で高等教育を受けるマレー人（あるいはブミ）の学生が増えているからである。これまで国立大学志向だったマレー人の中にも，民間の制度を選択する事例が増えてきたのである[8]。これは，何を意味するの

---

[7] 華文独立中学卒業生の台湾留学については，杉村（2000：148）参照。
[8] マレーシア全体の民間の高等教育機関におけるブミとノン・ブミの割合の変化を統計的

だろうか。

　この問いを探るために，ノン・ブミが設立した民間の高等教育機関で学ぶ（学んだ）マレー人（あるいはブミ）の学生またはその家族あるいはその両方に聞き取りを行った。そこで示された5つの傾向について次に述べる。そして，こうした変化の方向性を象徴的に表す事例をいくつか紹介する。なお，各事例の中には複数の傾向が混在している。

　第1に，マレー語を教育言語とする国立大学よりも，英語使用と国際性を重視する民間の高等教育を好むマレー人が増えた。これは，どの事例にも共通する理由である。特に，民間企業への就職には英語とコミュニケーション・スキルを求められることが背景にある。第2に，国立大学を志望した場合，専攻分野は基本的に国家によって割り振られるため，学生が専攻したい学問分野と一致するとは限らない。文系を希望していても，理系に割り振られることもある。従来は，学びたい科目とミスマッチが生じてもそのまま続けたが，民間の高等教育の出現により，経済的な余裕さえあればやり直すことが可能になった（事例1，2）。第3に，英語使用と国際性は重要だが，子供が海外留学して西洋化するのはムスリムの親にとって心配である。できれば親元に置いて行動を見守りたいと考えるマレー人にとって，いながらにして西洋の学位が取得できる民間の高等教育が好まれる（事例3）。第4に，服装や行動様式が必ずしもイスラーム文化に同調的ではないと判断された場合，適応の観点から，伝統的なマレー人の家庭で育った学生が多く通う国立大学よりも多文化的な民間の高等教育が好まれる傾向にある（事例4，5）。第5に，経済成長に伴ってマレー人のプロフェッショナルな社会層が現れると，政府のアファーマティブ・アクションを受けるのは良心に反する，経済的に余裕のある自分たちの子供たちが奨学金を受けるのは間違っている，真に必要な人の機会を奪いたくないと考えるマレー人が登場した。既にミドルクラスになったマレー人はアファーマティブ・アクションの対象外になるべきである，新経済政策のブミプトラ優先措置は既にその使命を終えたと考える社会層の中で，自費で子供を民間の高等教育機関

　　に示すことは難しい。高等教育庁は民間の機関からそのようなデータを集めていないとのことである（高等教育庁長官への聞き取り，2013年8月16日）。

に通わせる例が増えている（事例6）。これは，マレーシアのエスニック関係をめぐる新しい流れを考える上で非常に重要なポイントである。

事例1：経済的余裕と進路選択の自由（聞き取り：学生L. A.［女性］および両親，2011年12月15日，2012年1月13日，8月24日）

　この事例については詳しく記述したい。なぜなら，マレー人の変化を示す複数の変数がまとまって含まれているからである。親の職業がプロフェッショナル，高収入，都市の住民，国際的であることに加えて，ムスリムの文化とどう向き合うかなど，いくつかの重要なポイントが含まれている。

　INTI国際大学のアメリカ学位プログラムの授業を使って履修生にグループ・インタビューを行った際に目を引いたのがL. A. である（2011年6月15日）。ちょうどその日の朝，彼女は父親への説得が成功し，父親が望む理科系ではなく，彼女自身が希望していた人文学（国際関係論）に進路を変更することが決まったばかりであった。

　SPMを終えた後，奨学生としてアメリカに留学することになっていたが，SPMの成績が若干足りなかったために断念し，中央委員会（Central Board）に4つの進学先希望を書いて申請した。第1希望はマレーシア国際イスラーム大学（International Islamic University Malaysia：IIUM）の人文学の基礎課程（大学入学準備コース［foundation course］），第2希望はマラヤ大学の科学の基礎課程，第3・第4希望はMARA工科大学の科学の基礎課程と微生物学のディプロマ課程である。中央委員会から割り当てられたのはMARA工科大学の科学の基礎課程であった。しかし，アメリカ留学があきらめきれず，INTI国際大学のアメリカ学位プログラムに入学した。

　L. A. の父親はマラッカ出身の心臓外科医で国内最大の心臓病専門医療機関に勤めている。母親は眼科医で東南アジア有数の国際眼科センターに勤めている。父親とはマラヤ大学の学生時代に出会った。母方の祖母は教師，祖父は作家で，L. A. が寝る時によく英語の話を聞かせてくれた。そうした家庭環境で英語が得意になった。加えて，家族と共に1年間メルボルンで過ごした。メルボルンが大好きで戻ってきたくなかった，海外留学が頭から離れなくなった，という。

ダマンサラの高級住宅地にある自宅を訪ねた際，父親は夕方のモスクでの祈りからまだ帰っておらず，トゥドン（ムスリムのヘッド・スカーフ）をかぶった母親が迎えてくれた。その後帰宅した父親は，「モスクに行く父親とトゥドンをかぶる母親を見てびっくりしたでしょう。娘は率直でずけずけものを言うし，個人主義的で，英語がうまくて，トゥドンをかぶらないから。トゥドンは心の問題で形の問題ではないから，娘には強制しません」と語った。

　高校時代の友人のほとんどは華人で，父親の場合も同じだったという。また，彼女の反骨精神が強いのも父親似だという。まわりに流されないで個人主義的である。L. A. はいわゆる都会っ子が集まるプタリン・ジャヤの学校に通った。断食明けのハリラヤのオープン・ハウスで高校時代の友人たちと会う機会があったが，華人が大多数でマレー人は少数であった。L. A. 同様，友人たちもイギリス，アメリカ留学を目前にひかえていた。

　L. A. が 2012 年 2 月の時点で候補としてあげていたアメリカの大学はタフツ大学，ボストン大学，ジョージ・ワシントン大学で，最終的にボストン大学教養学部の国際関係論専攻に決まり，2013 年 8 月に渡米した。マレーシアの INTI 国際大学に 1 年間在籍して取得した単位を移行する形で，2 年目からの入学が認められた。

　事例 2：マレー人の進学先としての国立大学という通念を乗り越える（聞き取り：学生 J. B., 2012 年 2 月 17 日）

　J. B. は中等教育 SPM 修了後，クアラルンプール郊外の民間のカレッジで大学入学準備の pre-U コースを履修していた。両親は兄弟親戚のように弁護士や医者になるのを期待していたが，SPM の成績が若干足りなかったので，別の進路を模索することになった。本人は民間のカレッジにいながらにしてイギリスの大学の学位が取得可能なコースを希望したが，父親は「そんなわけのわからないカレッジなんかではなく，ちゃんとしたマレー人が通う国立大学に行くべきだ」「マレー人の環境で学ぶべきだ」と強く押し切り，J. B. は意に反して国立大学で英語を学ぶこととなった。既に子供の頃から英語話者であった J. B. は，英語が下手な講師から英語を学ぶことに反発し，大学を自主退学する。そして，当初の希望であった民間のカレッジにおけるイギリスの大学の学位取

得コースに入学し，卒業する。その後海外の大学院で修士号をとり，現在もコンサルタントとして充実したキャリアを送っている。

事例3：親の目の届くところに置きながら英語環境で国際的に育てたい（聞き取り：母親H教授，2012年8月28日）

母親は有数の国立大学の教授で，初等・中等教育は英語使用の学校に通い，アメリカで学士号と修士号，その後オーストラリアで博士号を取得した。ビジネスマンの父親も留学経験者である。クアラルンプールの都会に住むコスモポリタンな家庭である。

長女はマレー語の小中高に通ったが，家庭で英語を話すので，バイリンガルである。そんな都会っ子の彼女が，国立大学のような雰囲気の中でやっていけるはずがない。娘の希望は海外留学であったが，父親が娘を近くに置いておきたかった（監視したかった）ため認めず，HELPのアメリカ学位プログラムに入学した。友人関係がうまくいかなかったため，セギ大学のアメリカ学位プログラムに移籍してアッパー・アイオワ大学のコースに入ることにした[9]。最終年だけアメリカに行くつもりだったが，娘は1人ではやっていけないと思ったので，すべてをマレーシアで行うことになった。しかし，学位記にはアッパー・アイオワ大学と記してあるだけなので，どこで取ったかはわからないという。「家族にとっていろいろな選択肢ができたのは良いことです。昔はマレー人だったら国立大学に行かなければならなかったのですから」。学費は国立大学の4倍ぐらいかかるが，問題はないという。

国立大学の教授であるのに，娘を民間の大学に通わせることに矛盾を感じなかったのかという質問に対して，「それは解消できない矛盾」で，国立大学の国際化を推進することに努力していると語った。

事例4：ムスリムの文化に適応的でない学生（聞き取り：学生Z，2012年2月16日）

---

9) 後述するように，民間のカレッジがユニバーシティ・カレッジに昇格する際に，海外単位移行やトゥイニング・プログラムを段階的にやめることを条件付けられた。セギ大学はアッパー・アイオワ大学の海外キャンパス（off-shore campus）の扱いになっており，この形態でなら海外大学の学位コースの続行が可能である。

母親はシングル・マザーで，都会的である。コンサルタントとして働く。全寮制の中学・高校に入れられたところ，ほとんどがマレー人の環境で不適応を起こした。ミニスカートをはいて，アメリカの映画ばかりを見ている。もし，国立大学に行ったら，自分らしさを失うことになるので，民間の高等教育機関に来たという。

事例 5：個人主義的個性を生かし，オープンなコミュニケーション・スキルを磨く（聞き取り：父親 M 教授，2013 年 8 月 16 日）

父親は大学教授で，高等教育省の高官でもある。サバ州出身のブミプトラである。息子 2 人とも民間の高等教育機関に入れた。長男は性格がオープンで独立心が高いので，国立大学の環境で無理させるよりは，民間の機関で伸び伸びと自由にさせる方が本人の能力をのばすであろうと判断した。よりコスモポリタンな教育を受けさせたいと思い，民間の機関に入れた。次男は，引っ込み思案だったが，民間の機関に入れたら，まわりの影響で積極的になったという。

事例 6：ポスト新経済政策世代（聞き取り：学生［女性］の両親 R & S，2011 年 8 月 5 日）

両親は建築家である。クアラルンプールから約 25 km 西にあるシャー・アラムの自宅兼アトリエに家族で住む。父親は中等教育の最終年度（フォーム 5）に 5. 13 の民族暴動を経験した。1969 年のことである。翌年，テクニカル・カレッジに入れられた[10]。新経済政策の一環として大勢のブミが入った最初の年だったという。前年までは，華人とインド系ばかりで，マレー人は 1 割もいなかった。大学入学準備コース（当時は preliminary course と呼ばれた）を済ませて，イギリスに送られた。アバディーン大学とハル大学で建築学を学んだ。母親は父親よりも 1 世代若い。1970 年代後半，16 歳の時にボーディング・スクール（新経済政策の方針でマレー人を変革するため選抜された生徒のための学校）に入学。A レベルからイギリスに送り出されて，ロンドンに 7 年間留学した。

娘は，民間のリムコクウィン大学（Limkokwing University of Creative Technology）でデザインを学んだ。国立大学なら MARA 工科大学でデザインを専攻で

---

10) このテクニカル・カレッジはその後マレーシア工科大学（Universiti Teknologi Malaysia : UTM）になる。

きるが，ぜひ行けとはプッシュしなかった。なぜなら，リムコクウィンの方が国際的だし，（オーストラリアの）カーティン大学とのトゥイニング・プログラムがある。「私たちは5.13の落とし子なのです」と言う。その世代の大多数が奨学金メンタリティを持っているが，「私たちにはそんなメンタリティはない，経済的に余裕があるから，奨学金は真に必要な他の人々にあげるべきで，他の人々の機会を奪うべきではない」。「子供たちには他の民族とともに生きてほしい」とも語った。

以上見たようなマレー人の中の変化は，マレーシア社会の編成にどのような影響を与えるのであろうか。それについては，本章の第5節および第7章で考えることにして，次に民間の高等教育をめぐる国家と民間の関係について見てみよう。

4 民間の高等教育に対する国家の反応
――エスニック間の駆け引き――

民間の高等教育が始まった当初から1990年代半ばまでは，それに対する国家の態度は積極的ではなかったものの，民間の高等教育はおおむねマレーシア政府の政策に見合う形で発展し成功を収めた。それに対して，国家は段階的に様々な反応を見せたが，それには大きく2つの側面がある。第1に，外貨と人材の流出を減らす政策的要請の中で，マレーシア政府は国内で高等教育が受けられる民間の制度の役割を評価する方向性を示した。すでに1985年に，マレーシア人が海外留学することにより年間12億米ドル相当のコストがかかると試算されていたのだが（Dhanarajan 1987：39），大きく姿勢を変えたのは1990年代半ばだった。そしてこうした変化に呼応するかのように，マレーシアで学ぶ留学生も1997年の5,635名から98年の11,733名に倍増した。そのほとんどが民間のトランスナショナルなコースあるいは新しい私立大学で学ぶ留学生である（Lee 1999）（私立大学の定義については，第2章参照）。それまで高等教育の輸入国であったマレーシアを輸出国に転換する方向性が示されたのである。第2

に，1990年代半ばには，マレーシアの経済発展，サービス産業やハイテク産業の成長による産業構造の転換の必要性から，技術者，熟練労働者の不足が表面化していたが，こうした産業の要請に対応した人材の供給を確保するために高等教育制度の充実が国家的課題として浮上したのである。これらの理由から，民間が創造した制度は，次第に国立大学を補完する制度として認められるようになった。「もう1つの高等教育」として定着する政治経済的枠組みが整ったのである。

1) 国家に公式化される民間の高等教育

このようにマレーシア政府は民間の高等教育が果たす役割を承認したが，他方，ネーションの文化的再生産を市場に任せることには懸念を抱いていた。そのため，国立大学以外の高等教育機関が増え続ける状況に対応して，それを行政の中で位置づけるために，高等教育の自由化・民営化に伴う規制の枠組みを明らかにした。具体的には，1996年に次の3つの関連法案が提出された。

1. 私立（民間）高等教育制度法（Private Higher Education Institutions Act 1996）
2. 国立認定機構法（National Accreditation Board = Lembaga Akreditasi Negara [LAN] Act 1996）[11]
3. 高等教育に関する国立協議会法（National Council on Higher Education Act 1996）

加えて，前年には既存法の改定がなされていた（Tan 2002：94-103）。

4. 教育法・1995年改定（The Education Act 1995 amendment）
5. 大学およびユニバーシティ・カレッジ法・1995年改定（Universities and University Colleges Act 1995 amendment）

1995年教育法の前文には「教育は経済発展，社会正義，精神的・道徳的・倫理的な力において完全に発展したネーションの地位に到達するという国のビジョンを達成する上で重要な役割を果たす」と記されている（quoted in McBurnie and Ziguras 2001：93）。一方，政府が抱く懸念は，英語の使用は社会的分裂を

---

11) 国立認定機構（LAN）法は2007年からはマレーシア認証評価機構（Malaysian Qualifications Agency：MQA）に引き継がれていく（第7章参照）。

増幅させる，民間・私立の教育は職業教育を重視するので道徳的・倫理的教育を求める国家の意向に沿わない，外国の大学の教育内容はネーションの需要に応えるとは限らない，などである（ibid.：94-95；Ismail 1997；Leigh 1997）。私立（民間）高等教育制度法はこれらの問題意識を反映している。

この法は，それまで比較的自由に発展してきた民間の高等教育を国家（文部省）が規制・管理するためのものである（Lee 2000）。同時に制定された国立認定機構（LAN）法も，民間の高等教育機関の教員，経営，教育環境などの質の維持を目的として，教育内容に介入するものである。これら新法令の施行により，民間が創造した高等教育は国家の公式の制度に組み込まれた[12]。これは，民間が知恵と資源を動員して創出した制度が公（official）の承認を得たことを意味するが，それと引き換えに，民間は活動の自由を大幅に失うことになった。

第1に，民間のアクターが市場原理を通して高等教育の公共性を高める中でグローバル化の一翼を担ったのに対して，国家（文部省およびその後身の高等教育省）は共同性を重視して，ナショナル・アイデンティティの保持を重んじる政策を導入した[13]。ナショナル・アイデンティティの維持・促進を最も象徴的に示す手段として，マレーシア研究（すべての学生対象），イスラーム研究（ムスリムの学生のみ対象），道徳研究（ムスリム以外の学生対象）の3つの必修科目が導入された（Tan 2002：104）。

第2は，民間の高等教育の根幹に関わる規制である。私立（民間）高等教育制度法の施行時に，民間のカレッジのうち有力なものをユニバーシティ・カレッジ，さらには大学に昇格させることが発表された[14]。しかし，ユニバーシティ・カレッジ昇格の際に，英米豪などの海外の大学の学位取得につながる単位移行やトゥイニングなどのトランスナショナル・プログラムを段階的に廃止し，

---

12) G. マクバーニーと C. ジグラスによれば，「教育が国際的に交易可能なサービスであるという事実は適切な規制に関して様々な問題を提起する」と述べ，「東南アジアは学生からの高需要とプロバイダー間の激しい競争があるため，トランスナショナル教育の展開と規制の実験場のようなものだ」と論じる（McBurnie and Ziguras 2001：86, 88）。
13) この場合の公共とは，英語によるリテラシーを備えた人々である。従って，社会層は限定される。
14) 2003年改定で，具体的な施行に踏み出した。

自前の学位課程を用意することが要請された。これは，民間の高等教育の成立基盤そのものに対する挑戦である。実際，有力なカレッジ（たとえばHELPインスティテュート，テイラーズ・カレッジ，サンウェイ・カレッジ）がユニバーシティ・カレッジに昇格され始めた2006年代半ばから問題が表面化した。こうした状況に対して，主要な民間のユニバーシティ・カレッジの学長は次のように語る。

《聞き取り：2006年3月24日》
政府の政策にはいつも悩まされています。われわれがイノベーションに成功したモデルをやめろというのはどう考えてもばかげています。考えてもみてください。われわれが創ったモデルをわれわれから取り上げることによって，シンガポールが成功するのを手助けすることになるのです。マレーシアに来ている多くの学生たちが最終学年はシンガポールに行って履修するということになるからです。ニュー・サウス・ウェールズ大学はシンガポールでも運営していますから。全くばかげています。それから，われわれのようにユニバーシティ・カレッジになるとトランスナショナル・プログラムはできなくなりますが，評判が良くなくてたいしたことのないカレッジは3+0ができるのですよ。今までは，ディプロマなどを運営した経験がないと3+0は許可されなかったのに，無名のカレッジができるようになるなんて，ばかげています。

当初，トランスナショナル・プログラムの廃止は5年以内の達成が要請されたが，民間の高等教育機関と高等教育省との折衝を経て10年以内の達成に変更された。その折衝の中で高等教育省から，政府はユニバーシティ・カレッジあるいは大学は自前の学位を授与すべきだと言っているだけで，トランスナショナル・プログラムの完全な廃止を指示しているわけではない，系列の別組織が外国の学位プログラムを行うことは妨げないと，口頭による説明がなされたという。これを受けて，たとえば，HELPユニバーシティ・カレッジはHELPアカデミー，テイラーズ・ユニバーシティ・カレッジはテイラーズ・カレッジといった別組織を設けて，外国の大学との提携プログラムを継続する制度的枠組みを作った。しかしながら，現実はそれですべてうまく行くほど簡単ではな

い。別組織ということは別の施設（建物）や別の人事編成が必要であるため，経済的には相当の負担になる。大学の運営自体がかなりの労力を必要とするので，次第にトランスナショナル・プログラムは相対的に縮小し，自前の学位に力を注ぐようになった。それでも，海外の学位は魅力があるため，多くの民間のユニバーシティ・カレッジやユニバーシティ（大学）では，自前の学位と海外の提携大学の学位を組み合わせた二重学位制（dual degree）を模索しているが，割高になるため，希望する学生は必ずしも多くはない。他方，ユニバーシティ・カレッジやユニバーシティ（大学）に昇格した民間の機関は既に広く認知されるようになったため，それらの自前の学位で満足する学生が国内外に増えた点も指摘しておくべきであろう。

2）民間の国家への取り込み，エスニシティ間の取引

　以上，民間の高等教育に対する国家による承認と引き換えに，民間の高等教育機関が大幅に自由を喪失した点について述べた。この場合の国家とは，主に文部省およびその後身の高等教育省を指すが，官僚，国家公務員のほとんどはマレー人である。つまり，民間の高等教育が主に非マレー人の活動領域であるのに対して，国家はマレー人の活動領域なのである。従って，国家と民間の関係はエスニシティ間の調整・取引の側面を色濃く持つ。

　民間の高等教育の国家による承認は，また別の意味でもエスニシティ間の取引であった。すなわち，それまではノン・ブミの領域であった民間の高等教育にブミの進出が見られるようになったのである。2000年代半ば以降，民間の高等教育に参加するマレー人のスタッフや学生の増加が目立った。それはなぜだろうか。

　第1に，政府・高等教育省による許認可をより円滑に進めるため，マレー人スタッフの採用が積極的に行われるようになったということがある。また，ユニバーシティ（大学）に昇格した際には，副総長（Vice-Chancellor）を設置する必要がある（イギリス式の大学において，Chancellor は儀礼的名誉職であり王室や政治家などがなるのに対して，Vice-Chancellor は実際の大学長である）が，大学副総長になるためには研究歴と大学の行政職歴のあることが資格要件となってい

ブミプトラ学業奨励金

ブミプトラの学生よ！
さあ，テイラーズで 30％の学業奨励金と 0％利子の学業貸付金をゲットしよう。
私立・民間の高等教育機関で学ぶ学生により多くの機会を提供しようとする政府の呼びかけに応じる形で，テイラーズ・ユニバーシティ・カレッジでは 2006 年にブミプトラ学業奨励金を設立しました。同奨励金はブミプトラの学生のために限定的に創設されたものであり，テイラーズの適用対象のコースの授業料を 30％免除するものです。これまで，数千名のブミプトラの学生がこの奨励金の恩恵を得て，テイラーズの学生と卒業生というエリート集団の仲間入りを果たしました。
現在，テイラーズのブミプトラ学業奨励金は 2010 年度入学生を対象に支給中です。

図 4-1　テイラーズ・ユニバーシティ・カレッジ学生募集の広告の一部

出所：http://www.taylors.edu.my/en/university/students/bumiputera_students/bumiputera_study_grant, accessed 28 August 2010.

る。国立大学の行政職は通常マレー人によって占められているので，副総長は外国の大学からリクルートしない限り必然的にマレー人になる公算が高い。たとえば，テイラーズ・ユニバーシティ・カレッジは，副総長として前高等教育省長官（前職はマレーシア科学大学の学務担当副総長代理［Deputy Vice Chancellor］）を採用した。

　第 2 に，民間の高等教育機関においてブミの学生が増加した要因の 1 つとして，公共サービス局（JPA）が，2000 年代半ばから公費支給生を民間の高等教育機関にも送るようになったことがあげられる。以前は直接アメリカの大学に送り出したり MARA のような国立大学に割り当てていたが，INTI, HELP, テイラーズなど主な民間の高等教育機関にも送るようになったのである。

　いま 1 つの要因として，いくつかの民間の高等教育機関でブミの一般学生を対象に授業料の減額が始まった点に注目したい。たとえば，テイラーズ・ユニバーシティ・カレッジではブミプトラ学業奨励金として授業料が 30％免除されるようになった。ノン・ブミは同様の減額の対象にはならない。同カレッジの学生募集広告を見てみよう（図 4-1）。

　これに対するノン・ブミの親の反応を紹介したい。同校に娘を通わせている母親（華人・大学准教授）は自分の印象を次のように語った。

《聞き取り：華人の母親，2010年8月9日》
　娘が持って帰ったビラを見てびっくりしました。ブミプトラの学生だけ30%も減額するというのです。それもブミなら全員一律に。彼らの親たちは高額所得者で外車を乗り回しているのに。私の娘は成績がトップ10に入るくらい優秀ですが，華人の彼女は自動的に減額とはなりません。不公平です。民間のカレッジはブミプトラ優先のアファーマティブ・アクションを受けられない学生のためにできたのに，これでまたふりだしに戻ってしまいました。

　第3章で民間の高等教育モデルの原型であるトランスナショナルな単位移行やトゥイニング・プログラムを先駆的に創造したテリー・ヒュー女史への聞き取りを詳しく紹介した。その彼女に，当時民間で高等教育を始めた動機について「（ブミプトラ政策下における）華人の親としての個人的な思い入れがあったのですか」と尋ねたことがある。この質問に対して彼女は「（政府の援助がもらえず）親の資金によって学ぼうとする学生を対象にしたのですよ」と答えた（聞き取り，2005年8月11日）。民間が，アファーマティブ・アクションの対象にならない学生のために試行錯誤を通して高等教育制度を創出してから30年が経過したときに，その民間においてもブミプトラ優先措置が再生産されるようになった点は注目に値する。

5　ポスト複合社会を考える視点

　本章の結びとして，現代マレーシアのエスニック関係をめぐるいくつかの課題についてまとめておきたい。
　第1に，これまでは主にノン・ブミの領域であった民間の高等教育機関にブミの進出が目立つようになった。それ自体は，ブミの階層上昇移動を助けたり，エスニック・ディバイドを改善させる効果を持つであろう。しかし，それは民間においてもブミプトラ優遇措置を再生産するようになったことも意味していた。
　第2に，民間の高等教育機関に通えるマレー人の大多数は経済的に余裕のあ

る富裕層である。すなわち，都市在住の英語使用の裕福な家族，既に言語資本を有しているグループである。この社会層が民間の高等教育機関に子供を通わせるのは，その社会経済的地位の再生産を意味する。他方，大多数のマレー人にはそのような余裕はなく，経済的な援助を得て国立大学に行くか，マレー人が運営する私立大学またはカレッジ（その多くは職業訓練校）に通う。マレー人というエスニシティの内部の階級差が見逃せないテーマとして浮上している。

第3に，1990年代後半からマレー人所有の民間・私立高等教育機関に公的資金が投入された。2002年までに186校のマレー人所有の大学およびカレッジの多くが政府の省庁との有機的な関係を築き，様々な資金によって，相対的に恵まれないマレー人が高等教育を受けられるような措置の適用を受けた。2002年時点でマレー系カレッジへ通う学生の90％がマレー人であり，国立高等教育基金法人（National Higher Education Fund Corporation = Perbadanan Tabun Pendidikan Tinggi Nasional : PTPTN）やMARAから財政援助を受けている。従って，これらのカレッジは公的援助なしには存続しえない（Lee Hock Guan 2013 : 254-255）。しかも，これらのマレー人による私立大学やカレッジは国内の国立大学に外部委託をする傾向にある。その際，国立大学のプログラムがフランチャイズされる。たとえば，マレーシア・プトラ大学やMARA工科大学のディプロマや学位のコースは25校のマレー系私立カレッジにフランチャイズされているのである。既述の通り，これらの機関における学生のほとんどはマレー人であるのに対して，華人系の民間の高等教育機関の大多数の学生が華人である。このような事態を見てリー・ホッグアンは，民間・私立セクターの中においてもエスニックの溝が作られてしまったと論じている（ibid.: 256）。

第4に，こうした流れと反対の方向性を持つ新しい動きにも注目しなければならない。経済成長に伴って成長したマレー・ミドルクラスの中の意識の変化である。新経済政策のブミプトラ政策の恩恵を受けたマレー人，特に都市在住のプロフェッショナルな階層の中で，ブミプトラという理由で一様にアファーマティブ・アクションを受けるのはフェアではない，ブミ，ノン・ブミに関わらず経済的に恵まれない真に必要な人々の機会を奪いたくないと考える人たちの存在である。社会正義，市民社会に敏感なマレー人のミドルクラスの成長が

見られるのであり,これは多民族社会の中で注目すべき潮流である。
　以上の議論から浮かび上がってきたのは,一方では,エスニック集団間の駆け引きが続く中,他方では,マレー人のエスニシティの中において階層差が顕著になりつつあり,それと同時に一部のミドルクラスに社会正義への新たな感覚が生まれている点である。この変化は,ポスト複合社会マレーシアの展開を考える上で1つの重要な視座となるであろう。

第5章

留学生の国際移動とマルチエスニックな文化仲介者
——中継地としての「英語国」マレーシア——

1 はじめに

　これまで見てきたように，トランスナショナルな高等教育のマレーシア・モデルはマレーシアの民間の知恵の産物として成立した。民間の高等教育は，営利事業として提供されるサービスであり，政府からの補助金は一切ない。教育産業として展開するためには，消費者としての学生の獲得が不可欠であるが，国内は限定的であるため，海外の留学生市場が積極的に開拓されるようになった。かくして，マレーシアの民間の高等教育機関は，国内の学生だけではなく，他のアジア諸国の学生に対しても，トランスナショナルな高等教育の提供者としての役割を果たすようになった。高等教育のマレーシア・モデル創造のキー・パーソンであるテリー・ヒュー女史は次のように語る。

《聞き取り：テリー・ヒュー女史，2002年4月4日》
　　国内のパイに依存するのはもうやめよう，アジアという地域に目を向けてもっと大きなパイを手に入れよう，と考え始めました。入国管理が緩和され，学生獲得が始まりました。ちょうど，中国の門戸が開放されたところで，完璧なタイミングでした。中国では英語による教育が求められていたので，多くのカレッジが中国に向かいました。また，インドネシアでは1998年に大暴動がありました。インドネシア華人の学生は既にシンガポールに逃げてきていたので，マレーシアに

も来てくれるように考えました。

　この発言も示しているように，マレーシアの民間のカレッジがまず注目したのが，中華人民共和国の中国人，そしてインドネシアの華人である。実際，多くの民間のカレッジにおいて，中国とインドネシア出身の留学生比率は圧倒的に高い状態が続いた。たとえば，特に中国市場を重視していた INTI カレッジでは，2002 年時点で学生の約 2 割を占める留学生のうち，中国人とインドネシア人は各々 4 割に近かった[1]。2000 年代半ばに中国人留学生は 6 割を占めたとする報告もある（Morshidi 2008：86）。その後，中国国内の高等教育制度の国際化に伴い，中国人留学生の移動のパターンは変化し，2000 年代半ばにはマレーシアへの留学は減少に転じた。一方，2001 年以降，中近東，アフリカなどのムスリムの留学生が次第に増加した[2]。

　全体として見ると，2002 年から 10 年の間にマレーシアの高等教育機関への留学生は急増した。そのうち，2010 年時点での留学生の数は国立大学が 24,214 名であるのに対して，民間・私立大学は 62,705 名である（表 5-1）。

　本章の目的は，第 1 に，マレーシアの民間のトランスナショナルな高等教育の成立が留学生の国際移動に与えた影響を考察することにある。まず，中国人留学生，インドネシア人留学生，中近東とアフリカのムスリムの留学生，アジアのムスリム国としてモルディブの留学生の事例をそれぞれ紹介する。これらは，マレーシアの民間の高等教育における留学生の主な出身国およびその推移を表している。これらの国のマレーシアへの留学生，留学経験者，および留学斡旋業者，マレーシア側の民間の高等教育機関の担当者などへの聞き取りを通して，留学生の移動経路に影響を与える諸変数，さらにはマレーシアの民間の高等教育の国際市場開拓に大きな役割を果たすアクターに関しての理解を試み

---

1) INTI カレッジにおける担当者への聞き取り，2002 年 8 月 23 日。
2) 2006 年時点で，マレーシアの高等教育機関には 55,000 名の留学生が在籍したが，これは国際的な留学生市場の約 2 ％にあたる（Verbik and Lasanows 2007：9）。ただし，この数字には，高等教育機関やプログラムの種類が明記されていない。ポリテクニックや教員養成カレッジも含まれるのか，また大学入学準備やディプロマのコースも含まれるのかは明らかでない。

表 5-1　国立大学と民間・私立大学における留学生数の推移

	国　立	民間・私立
2002	5,045	22,827
2003	5,239	25,158
2004	5,735	25,939
2005	6,622	33,903
2006	7,941	36,449
2007*	14,324	33,604
2008	18,486	50,679
2009	22,456	58,294
2010	24,214	62,705

出所：Ministry of Higher Education, *Statistics on Higher Education in Malaysia*, 2009, 2010, cited in Tham (2013：80).
注：国立大学の学部レベルにおける留学生の割合は5％とされているが，これを下回ることが多かった。しかしながら，大学の国際ランキングを意識した結果，国立大学の留学生数が2007年に2倍に急増している。この年は民間・私立大学から国立大学に学生が流れたようである（Tham 2013：80）。

る。第2に，英語化するグローバル社会に留学生を結びつける社会的媒体に注目したい。すなわち，英語による高等教育市場で活躍する文化仲介者である。マレーシアのマルチエスニシティを資源として活動する文化仲介者の役割とその波及効果について考察する。第6章でも述べるように，彼らはトランスナショナルな高等教育のマレーシア・モデルを伝播させる上でも中心的な役割を演じており，アジアの英語化のキー・プレーヤーである。

　ここで本章の研究方法について述べておこう。マレーシアの民間の高等教育機関の留学生に関する統計的資料は，単純な総数に関するものを除いては，不備もしくは入手不可能である。マレーシア文部省（高等教育省）からの入手を複数のルートを使って数回試みたが，「そのような統計は存在しない」「統計の処理ができるスタッフが辞めたばかりで用意ができない」などの理由で，結局得ることができなかった。その後，元高等教育省長官への聞き取りにおいて，学生数の統計の外部への開示は原則不可である点を確認した（2008年8月29日）。また，民間の高等教育機関にとっては学生の数と内訳は企業秘密であるので，彼らからも部分的なものを除いて入手は困難であった。このように数量的なデータの入手が不可能な場合，いくつかの選択的事例の考察を通して状況

を質的に理解することが肝要である。本章で採用したのは，このような質的アプローチである。

2　民間の高等教育機関の留学生
―――中継地としてのマレーシア―――

1) 中華人民共和国

　2000年初頭に留学生の最も主要な供給源であった中国市場の状況を見ることから始めよう。中国では2001年世界貿易機関（WTO）への加入に伴い，グローバル化と国際貿易に対応するため，様々な分野において英語で人材を育成する必要性が認識された。そうした状況の中で，マレーシアは英語留学の1つの選択肢として急浮上した[3]。しかし，これは2000年代後半には減少に転じた（表5-2参照）。その背景は，中国国内でマレーシア・モデルを応用したトランスナショナルな高等教育が開設されたり，海外大学の支部キャンパスの設立が許可されたりして，国内で英米豪などの海外の学位を取得することが可能になったからである。

　①調査方法

　調査方法は次の通りである。第1に，2002年から07年にかけて主な民間の高等教育機関（INTIカレッジ，HELPインスティテュート，テイラーズ・カレッジ，サンウェイ・カレッジ，スタムフォード・カレッジなど）の首脳陣および国際市場担当者に聞き取りを行った（多数につき，日時などの詳細は省略）。第2に，中国からの留学生を特に多く集めていたINTIカレッジにおいて聞き取り調査を，中国人留学生が多いクラスではディスカッションを行った（2002年4月2日）。第3に，INTIカレッジ北京校である北京INTIマネジメント・カレッジにおける現地調査と校長に対する聞き取りを行った（2003年9月25日）。

　これらの聞き取りを通して得た情報を基にすると，中国人留学生に関する傾向を以下のようにまとめることができる。なお，中国人留学生市場におけるマ

---

　3) 就労目的で入国する留学生も多い。この事例についてはここでは触れない。

表 5-2　マレーシアの民間・私立の高等教育機関における中華人民共和国からの留学生

	2001	2002	2003	2004	2005	2006	2007
留学生数	4,725	10,731	10,230	9,075	9,035	6,937	5,308

出所：Ministry of Higher Education, http://www.mohe.gov.my/statistik_v4/stat3.php, accessed 19 December 2007 and http://www.mohe.gov.my/web_statistik/#data_macro, accessed 15 November 2011.

レーシア人仲介者の役割については，本章の後半で論じる。

②マレーシアの戦略と留学斡旋

1990年代の終わりから2000年代の初頭にかけて，民間のカレッジとそのエージェント（留学斡旋業者）は留学生の獲得を目指して中国で活発に動いた。その結果，マレーシアに留学する中国人留学生は急増した。こうした展開に対して，マレーシア政府も自国をアジアの教育ハブ（regional educational hub）として位置づける政策を打ち出した。留学生拡大政策に伴い，中国国籍保持者に対しても学生ビザが容易に発給されるようになった。留学生の獲得は国策として位置づけられるようになり，文部省（後に高等教育省）もスタディ・イン・マレーシア・キャンペーンの一翼を担うようになった。その後，政府はマレーシア教育センター（Malaysia Education Centre）を，中国をはじめとして，インドネシア，ベトナム，アラブ首長国連邦に設置した[4]。中国は儲かる市場として注目され，官民一体となって中国からの留学生獲得に乗り出したのである。

マレーシアのセールスポイントとして次の点が強調された。第1に，マレーシア留学は，マレーシアの教育を受けるためではなく，英米豪などの西洋の学位取得のためであること。第2に，ビザ取得の手続きが比較的簡単であること（実際，中国のビザで容易に留学できる国はきわめて限られており，中国を出国できること自体に意味があった）。第3に，生活費，授業料が比較的安価であること。第4に，西洋英語国への中継地としてのマレーシアの位置づけである。すなわち，トゥイニングや単位移行を通して，たとえば2+1の場合，マレーシアにおいて大学生活のはじめの2年間を過ごすことにより，教育コストの節約が可能になり，さらなる教育投資に使える。また，3+0を選択してマレーシアで

---

4) その後，マレーシア教育促進センター（Malaysia Education Promotion Centre）と名称変更した。

学ぶ時間が増えれば，西洋英語国の大学で修士課程に進む経済的余裕ができる点などが指摘された。

以上のような実利的・経済的な利点に加えて，マレーシア社会の特徴も強調された。すなわち，第5に，「英語国」としてのマレーシアが強調されたこと（この点に関しては後述する）。第6に，マレーシアは多言語社会であり，言語的に魅力的な社会であること。英語に加えて，華語（中国語）も通じる利点が中国側に対して強調された。第7に，多文化社会のマレーシアでは様々な文化を経験できること。従って，英語能力の向上と同時に異文化理解の促進が望めるので，グローバル企業への就職に有利であること，また西洋英語国に渡るための準備地として最適であること，などが示された。

③留学生の選択

マレーシアに留学する中国人のほとんどは裕福な家庭の出身で，親は主にプロフェッショナルと呼ばれるような専門職の従事者または企業の所有者などである。中国人が留学を希望するようになった背景は，次の通りである。第1に，中国において，英語が成功の条件として強調される反面，教授法が文法と読解中心であるため，実用会話が身につかず，日常生活でも英語を実際に使う機会がないこと，第2に，中国国内の大学入試の競争が激しい一方で，開放政策や経済成長などに伴い，海外留学という新しい大学教育の選択肢が可能となったこと，第3に，海外留学すること自体が社会的威信を高め，就職の際に有利な条件となること，第4に，留学先における就職やパートナーとの出会いなどを通して海外移住の可能性が期待できること，などがあげられる。

それでは，なぜ，マレーシアが留学先として好まれるようになったのか。英語が日常生活の中で使われることに加えて，中国語（華語）が通用することを指摘する留学生は多い。また，シンガポールやオーストラリアやアメリカなどと比較して学費・生活費が安いなどの理由もあげられる[5]。こうした経済的理由に加えて，中国人が西洋諸国のビザを直接取得することが困難であるため，まずマレーシアに来て，そこから移動するという戦略的な判断もあった。実際，

---

5) ヴィヴィアン・タン（Vivian Tan）氏の情報提供に感謝する。

中国の留学生の多くはマレーシアを「西洋」諸国への中継地と見なしており，1＋2方式や2＋1方式に従って，マレーシアで1年もしくは2年履修した後，実際に学位を授与する提携先の西洋英語国の大学に進級することを好む傾向にあった。ただし，経済的に余裕のない場合は，民間のカレッジの3＋0方式や海外大学のマレーシア・キャンパスにおいて海外の大学の学位を取得している。

2) インドネシア

インドネシアは2000年代初頭以降，中国とならんで，マレーシアの民間の高等教育機関への留学生送り出し国として注目されてきた。インドネシアでは，従来オーストラリアやアメリカなどの西洋英語国が留学先として好まれていた。しかし，1997年のアジア金融危機に際して，インドネシア・ルピアがアメリカ・ドルに対して急落したため，海外留学が困難になった。そこに，留学の選択肢としてマレーシアの民間の高等教育が急速に浮上してきた。加えて，1998年5月にインドネシア各地で暴動が起こり，華人と華人の商業施設が攻撃の対象となった。そのため，華人の国外脱出が急増し，マレーシアの民間の高等教育は彼らの手ごろな留学先として好まれるようになった。当初は華人の留学生が圧倒的多数を占めたが，その後，華人以外のインドネシア人も徐々に増えるようになった。

①調査方法

マレーシアの民間の高等教育機関（INTIカレッジ，HELPインスティテュート）に学生を集めて送るジャカルタの留学斡旋業者であるMEC，マルティマティックス（Multimatics），ファリンド（Falindo），フォートラスト（Fortrust），ホープ（Hope）の経営陣とスタッフを対象に聞き取りを行った（2007年9月18〜20日，2008年3月18〜19日，2010年11月1日，12月12日［以上は於ジャカルタ］，2013年8月24日［電話］）。加えて，在ジャカルタ・マレーシア教育センターにおいて担当スタッフおよびセンター長を対象に聞き取りを行った（2009年6月8日，7月6日）。同センターはマレーシア高等教育省の出先機関である。

②留学斡旋業者

マレーシアの民間の高等教育機関を通して英米豪の大学の学位を取得する方

法がインドネシアで知られるようになったのは，インドネシア華人の留学斡旋業者や留学コンサルタントが積極的に留学生市場の開拓を行ったからである。留学斡旋業者の数は，1997年のアジア金融危機と1998年の暴動直後に急増したという。当初は，海外脱出するインドネシア華人をインドネシア華人の斡旋業者がマレーシア華人の民間カレッジに送り出すという構図があったが，その後，華人以外のインドネシア人も留学斡旋業に参加するようになった。また，華人以外のインドネシア人の留学も増えたが，その多くはマレーシアの国立大学へ留学する学生である。

以下の聞き取りは，他に先駆けてジャカルタで留学斡旋業を始めたインドネシア華人の例である。英米豪に行くことなしにマレーシアで英米豪の学位取得を可能にしたマレーシア方式が，海外の学生や保護者に認知されていく様子がよく表れているので，詳しく記述したい。

《聞き取り：アウディ，MEC，2011年12月12日，2013年8月24日，於ジャカルタ》

◇留学斡旋業者の役割

　実は，私の妻がマレーシア人の同僚から，マレーシアには外国に行かなくても外国の学位が取れる仕組みがあるので，いっしょに仕事をしないかと誘われたのがきっかけです。マレーシアの物価は比較的安価だから，学生を送る仕事をしたらきっと成功するだろうということになりました。そして，妻は1996年8月から9月にかけてHELP，テイラーズ，INTI，メトロポリタンなどのカレッジに研修に行きました。そこで，すべてのプログラムを経験したので，なんでもわかるようになりました。

　それまでは，インドネシアの学生がマレーシアの民間のカレッジに行くということはほとんど聞いたことがありませんでした。インドネシアの国立大学とマレーシアの国立大学の交換協定のような関係を使って留学するということはあったかもしれませんが。

　1996年に妻はマレーシア人のパートナーとともに，インドネシアの学生をマレーシアに送る留学斡旋の会社を始め，マレーシアの民間の高等教育をインドネシアに知らせるパイオニアになりました。1997年1月に最初のグループを送り出し

た後に，マレーシア人のパートナーがやめるというので，会社を完全に買収して，私もコンピュータの仕事をやめて，2人で今の会社（MEC）を立ち上げました。MECとはMalaysia Education Centreの略で，当初はマレーシア大使館から認められていましたが，その後マレーシア政府が同名の組織を創ったので，われわれはMECの略称でいくことにしました。

　マレーシアのシステムはインドネシアでは知られていなかったので，まず高校に手紙を出し，それから出向いてプレゼンテーションをしました。はじめは生徒も親も半信半疑でした。オーストラリアやアメリカに行かないでマレーシアでそれらの国の学位が本当にもらえるのか，という驚きの声が多かったのですが，それに対して誠実に答え，信じてもらうのにそれほど時間はかかりませんでした。

　うまくいった理由の1つは，その頃われわれはHELPインスティテュートのプログラムを中心に扱っていて，それが柔軟だったので，はじめからどこに行くかを決める必要がなかったことにあります。当時のHELPでは，1年次がHELP独自のディプロマ（ビジネス・スタディーズ），2年次がロンドン大学の学外学位プログラムあるいはイースト・ロンドン大学のトゥイニング・プログラムで，3年目からオーストラリアにもイギリスにも移行できる柔軟な仕組みでした。

　1997年にはHELPに15名から20名を送りました。その後，金融危機と暴動を経て1998年には250名をHELPに送りました。1998年は7月だけで80名を送りました。その後は，テイラーズ・カレッジやリムコクウィン（Limkokwing）やセダヤ（Sedaya）などのカレッジ，サラワク州にあるカーティン大学やスウィンバーン工科大学の支部キャンパスも含めて平均130〜140名といった水準が続きました。

③留学生の選択

　インドネシアの学生がマレーシアの民間の高等教育機関を好むようになった理由は，次の通りである。第1に，経済的理由。マレーシアへの留学はオーストラリアやシンガポールと比較しても安価である。イギリスやオーストラリアの大学の学位をトゥイニング・プログラムを通して取得することができるし，しかも修了年限は3年であるため，アメリカ留学と比較するとかなり経済的である。第2に，文化的・言語的理由。文化が似ているので，生活面の心配が少ない。また言語的にも安心である。すなわち，マレーシアでは英語が通用語であるから日常的に学ぶことができるし，インドネシア語・マレー語も通じるか

ら必要時にはコミュニケーション上の問題がない。第3に，地理的に近い。特に，スマトラからペナン，カリマンタンからサラワクは至近距離である。従って，家族と離れて子供を自立させることができると同時に，子供の生活や行動に目を光らせることも可能である。第4に，インドネシアでも，企業，特に多国籍企業が従業員採用の際に，留学経験者と英語話者を求めるようになった点が，マレーシアのトランスナショナル・プログラムに人気が出た背景として指摘できる。

　マレーシアの民間のトランスナショナルな高等教育を好む社会層としては，家族経営の中小企業経営者のような中流階級の下層が多い点は，聞き取りをしたすべての留学斡旋業者が語っていた。プロフェッショナルや大企業に勤めるビジネスマンは，子供を英米豪に留学させられる経済力を持つ。従って，マレーシアのトランスナショナルな高等教育が今後中流階級下層の上昇移動にどのような影響を及ぼしていくかを考察することは興味深い。調査修了時点（2013年8月）では，この命題を検証するための十分なデータは集まらなかった。

3）ムスリムの留学生

　既述の通り，2000年代半ば以降，それまで圧倒的な数であった中国人の留学生は減少に転じた。それに代わって，2001年9月11日のテロおよびイラク進攻以降のアメリカ合衆国と中東諸国との緊張関係，加えて同地域での政治経済状況の悪化，さらには政治的イスラーム主義や伝統的価値の高まりの中で，より安全でより安価な高等教育を求める中近東の学生の需要が高まった（Sedgwick 2004）。アメリカの学生ビザ取得が困難になったことも一因となった[6]。

①調査方法

　第1に，2002年から07年にかけて，マレーシアの民間の高等教育機関の国際学生担当のスタッフを対象に聞き取りを行った（多数につき，機関名，日時などの詳細は省略）。第2に，中近東，アフリカからのムスリムの留学生を対象に

---

6) 2001年F-1ビザの拒否率は23％，2002年は27％であった（Verbik and Lasanows 2007：5）。

グループ・インタビューを行った（2007年12月5日，於HELPユニバーシティ・カレッジ）。第3に，モルディブにおいて聞き取りなどを行ったが，これは別途後述する。第4に，ホーチミン・シティのマレーシア教育センターにおいて，ベトナムのムスリムの学生のマレーシアへの留学の傾向について聞き取りを行った（2007年12月29日）。

聞き取りに加えて，ムスリムの留学生に関しては，マレーシアのトランスナショナルな高等教育の波及効果が研究者の間で注目されるようになった後の展開なので，いくつかの論文があり，これらも参考にした（e.g. Morshidi 2008; Sedgwick 2004）。

②マレーシアの戦略

9.11以降，アメリカ留学が困難になった中近東の学生の新たな受け入れ先としてマレーシアが名乗りをあげた。マレーシア政府は中近東をはじめとするムスリム学生の募集キャンペーンを展開し，民間セクターも市場開拓を進めた[7]。その際，マレーシアがムスリムの国であることがアピールされ，マレー人の存在が前面に押し出された。そして，マレー・エスニシティの宗教性とマレー人（ムスリム）の生活様式が強調された。

マレーシアの留学斡旋業者や政府の宣伝の結果，アラブ首長国連邦，オマーン，イエメン，サウジアラビア，レバノンなどの中近東諸国や，スーダン，タンザニアなどのアフリカ諸国に加えて，バングラデシュ，モルディブなどのムスリム諸国からの留学生が増加した[8]（図5-1参照）。英語とアラビア語を使う国際イスラーム大学や国立大学の大学院において特に増加が目立つ（国立大学も大学院においては英語使用が認められている）[9]が，民間の高等教育機関におい

---

[7] 中東からマレーシアへの留学生は確かに増えたが，長期的には続かないとする見方はある。アラブ世界においてアメリカ型の大学の人気が急増しているからである。ベイルート・アメリカン大学やカイロ・アメリカン大学においては，2000年代初頭に学生数が急増した。また，同様の大学がサウジアラビアやクウェートなどの湾岸国において新設されると報告されている（Sedgwick 2004; Morshidi 2008: 87-90）。

[8] さらには，ベトナムの少数民族のムスリムもマレーシアで学んでいる（在ホーチミン・シティのマレーシア教育センターへの聞き取り，2007年12月29日）。

[9] より正確に言えば，国家の政策というよりは，高等教育省の現場の官僚・国家公務員や大学の事務局の判断の結果，ムスリムの留学生が増加している。

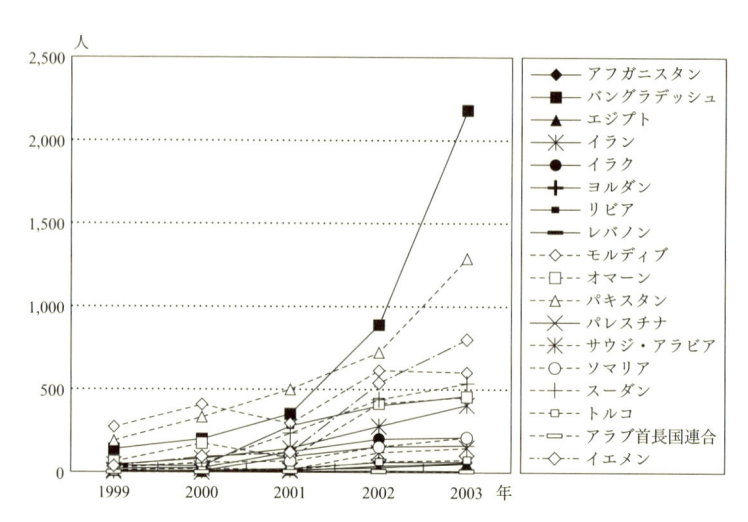

図 5-1 マレーシアの民間・私立の高等教育機関におけるムスリム諸国からの留学生

出所：'Statistik', Department of Private Education, Ministry of Education, Malaysia（http://www.mohe.gov.my/statistik_v4/stat3.php, accessed 19 December 2007）を基に作成。

ても着実に増えた。

③留学生の選択

　なぜ，マレーシアの民間の高等教育が選ばれるようになったのか，ムスリムの留学生の声を要約してみよう。第1に，マレーシアはムスリムの国なので，西洋化の影響を受ける心配が少なく，親にとって安心である。学生が女性の場合は特にそうである。第2に，中近東，アフリカ出身者の場合，英米のビザ取得が困難な場合が多い。第3に，本来は英米豪に行きたかったが，その代わりとして英米豪の学位が取得できるマレーシアが選ばれた。第4に，宗教文化を含む生活様式が似ている。たとえば，食生活でハラル食品の入手は問題ないし，ラマダンの断食をする環境もある。第5に，マレーシアの高等教育の情報を業者から入手したり，マレーシア留学経験者の友人や親戚を通して得ている。口コミでマレーシアの認知度が高まったことにより，ムスリムの留学生が徐々に増えた背景がうかがえる。

ムスリムの学生を対象に行ったグループ・インタビューから，スーダン，サウジアラビア，タンザニアの学生の声を紹介してみよう。

○スーダンからの留学生（女性）（聞き取り：2007年12月5日，於HELPユニバーシティ・カレッジ，以下同）
　ずっと昔からマレーシアに来たかったのです。父に話したら，即座に同意してくれました。私はスーダン人ですが，生まれも育ちもアラブ首長国連邦のドバイ。父の赴任の関係で，中学・高校はアメリカで過ごしましたが，父は私がアメリカやヨーロッパの大学に行くことを許してくれませんでした。ドバイの業者に連絡してここ（マレーシア）に来られるように手配しました。現在，HELPユニバーシティ・カレッジでイースト・ロンドン大学の3＋0プログラムを受講する2年生です。父は，アメリカ生まれでアメリカ市民の弟も，アメリカではなくマレーシアに行かせると言っています。

○サウジアラビアからの留学生（男性）
　ほんとうはイギリスに行きたかったのですが，両親がムスリムの国マレーシアに行くようにと言ったので来ました。まずマレーシアに来ていろいろな大学を見て決めました。友人がサンウェイに行ったけれど，あそこはアラブ人が多すぎて，環境に甘えると思ったので，ここにしました。ここは，いろいろと自分の国と似ているので，やりやすいです。経営管理学の単位移行プログラムでメルボルンかモナッシュに行きたいです。

○タンザニアからの留学生（男性）
　いとこがここに来ていました。イギリスに行くはずでしたが，イギリスの学位を安く得る方法があると聞いてここに来ました。タンザニア人はどこに行くにしてもビザが大変ですから。マレーシアの生活はいいですよ。環境はいいし，天気も食事も自分の国と似ています。カレッジの環境もいいです。イースト・ロンドン大学の3＋0で経営管理学専攻。現在は1年間の基礎課程を終えて学位課程の1学期目です。

4) モルディブ
　モルディブ共和国は，インド洋のインドとスリランカの南西に位置する島国

である。人口のほぼ100％がムスリムのイスラーム国家であるが，インド文明圏に属する社会としての特徴も前面に出ているので，他のムスリム社会とは別個に考える必要がある。多民族社会マレーシアで生まれたモデルが，多様な地域に広まっていく様子がよく表れているからである（第5節参照）。

①調査方法

第1に，民間の高等教育機関のモルディブ担当のスタッフに聞き取りを行った（2007年12月5日，於HELPユニバーシティ・カレッジ）。第2に，モルディブ人を含むムスリムの留学生を対象にグループ・インタビューを行った（2007年12月5日，於HELPユニバーシティ・カレッジ）。第3に，モルディブにおいてマレーシア留学経験者にグループ・インタビューを行った。加えて，多くの留学生奨学金を出しているヴィラ財団（Villa Foundation）の理事長モヘメド・ハメド（Mohemed Hameed）氏に聞き取りを行った（2008年8月7日）。

②奨学生派遣事業

2007年にヴィラ・カレッジ（Villa College）が設立される前は，自国の高等教育機関はなく，伝統的にスリランカ，インドに留学することで高等教育をまかなっていた。また，政府の奨学生は，主にイギリスやオーストラリアに行く傾向にあった。1997年にモルディブ政府が留学フェアを主催し，そこにオーストラリア，イギリス，シンガポール，マレーシアなどから留学斡旋業者が参加した。そのイベントを契機に，マレーシアはモルディブ人の留学先として急浮上した。それまでイギリスかオーストラリアに1名送り出していた分を，マレーシアなら2名か3名に回せるので経済的である点に気がついたという。その後は，マレーシア側は毎年留学フェアを行い，マレーシアの高等教育はモルディブで広く知られるようになった。

モルディブの場合，ほとんどの留学は奨学生派遣の形をとるため，奨学財団の方針が，学生が留学先を決める際の主な要因になるようである。マレーシアに送り出すようになった背景を，ヴィラ財団理事長のモヘメド・ハメド氏は次のように語る。

《聞き取り：モヘメド・ハメド，ヴィラ財団理事長，2008年8月7日，於モルディ

ブ》

1997年にM氏というインド系マレーシア人がモルディブを訪れて，その時はじめてマレーシアの高等教育のことを知りました。彼は，ミドルセックス大学の地域責任者をやっていると言っていました。

アジアではマレーシアがベストだと思います。外に対して非常にオープンですし，英米豪のカリキュラムが1カ所に集まっています。だから，われわれの財団では，送り先をマレーシアに集中するようになりました。1999〜2000年に奨学金事業を始めて，奨学生の大多数がマレーシアに留学しています。20の機関，15学部，5大学院に送っています。テイラーズやHELPのような民間の機関もあれば，マラヤ大学のような国立にも送り出しています。

③留学生の選択

マレーシアが好まれるようになった背景は，第1に，他の選択肢と比べて経済的である点，第2に，それが理由で，政府や奨学財団が送り出し先として指定するようになった点があげられる。聞き取りの中では，食文化や天候が似ているなど生活環境の近似性についての言及はあったが，マレーシアがムスリム社会である点はそれほど強調されなかった。

留学の形態は，2+1方式で最後の1年をオーストラリアの大学で学ぶ場合もあるが，大多数が3+0を選ぶ。奨学金を出している財団ができるだけ多くの学生に機会が回るように，より経済的な3+0を選ぶからである。学部生の留学先には民間の高等教育機関が選ばれるが，大学院生は国立大学に留学する（既述の通り，マレーシアの国立大学の学部教育はマレー語でなされるのに対して，大学院は英語使用が認められているため）。

3 留学生の移動経路と「半周辺」としてのマレーシア

以上の議論から，3つの注目すべき傾向と考察すべきテーマが浮かび上がってきた。

1）留学生の移動経路

　第1に，既に明らかなように，マレーシアにおける高等教育の英語化は留学生の国際移動パターンに影響を与えている。当初，中国人，インドネシア華人などの留学生の多くはマレーシアを「西洋」諸国への中継地と見なしており，2+1方式に従って，マレーシアで2年間履修の後，西洋英語国の大学への進級が好まれた。こうした需要に対して，マレーシア政府も一時，アジアの教育ハブとして自国を位置づける政策を打ち出した。3+0を選ばない限りマレーシアは中継地なのであった（その後，3+0を好む留学生が増え，マレーシア政府も自国を中核的教育拠点［centre for educational excellence］と位置づけるように変化が見られた）。

　従来の留学生研究では，送り出し国と受け入れ国という二分法的な図式が想定されており，これは「英語国」対「非英語国」の図式に対応していた。だが，留学生の移動における中継地の設定は，脱領域化していく英語教育，英語圏高等教育の傾向を象徴的に表すものである。これはポストコロニアルな世界における留学生の移動パターンを考える上でますます重要な視点になると思われる。そこでは，留学生受け入れの意味の変容に注目することが肝要である。目的国に行って戻るという従来の往復型の海外留学ではなく，複数の次の行き先を可能にしてくれるハブ（中継地）の発想は，準英語国である多くの旧植民地諸国の大学にとって様々な可能性を示している。

　ここでは詳しく述べないが，一部の留学生にとってはオーストラリアもアメリカへの留学の中継地と見なされている。たとえば，中国→マレーシア→オーストラリア→アメリカという流れは多くの中国人留学生が想定している経路である。オーストラリアへの入国審査が厳しくなると，ニュージーランドが中継地として脚光を浴びるようになった。ニュージーランドに一定期間住むことにより，オーストラリアに移住する権利を獲得することができるからである。常に変化するグローバルな政治経済状況の中で，比較的容易に行ける「アジアの中の英語圏の大学」の出現は，一時逗留してスタンバイすることを可能にしてくれる中継地として注目されるようになったのである[10]。

2）マレーシア——「英語国」としての表象

　第2に，留学生の中継地としてのマレーシアは，英語を話す国として表象されるようになっている。他のアジア諸国から留学生を誘致する上で，英語を日常的に話す国として宣伝することが重要な戦略となる。第1章で述べたように，1980年代に進行したマレー語化への反動として，1990年代以降，再英語化が国家的プロジェクトとして進んできた。1980年代にはマレー語が国民文化の重要な構成要素として強調されたが，2000年代前半のマスメディアではマレーシア英語の現状と理想が頻繁に取り上げられるようになっていた。ナショナル・アイデンティティの表象の仕方に変化が見られるようになったのである。英語は，ショッピングや他の公の場のみならず，多くの家庭内でも日常的に話されている。こうした英語使用をめぐるローカルな現実に理論的バックボーンを与える社会的カテゴリーとして，アジア英語のコンサルタントとして活躍する言語学者，英語教育者などの存在が注目されるが，この集団については次節で論じる。

3）英語化の構図と「半周辺」

　第3に，ここで描写した展開は，英語帝国主義論が想定したような「中心的」な「英語国」としてのイギリスやオーストラリアと，「周辺的」な「準英語国」との従属関係ではとらえきれない。もはや，英語化は「英語の所有者，英語の標準性の保護者，教育上の規格の管理者」（Jenkins 2000 : 5）であるネイティブ・スピーカー中心のプロジェクトとしてはとらえられない。英語圏の「半周辺」であるマレーシアにおいては，民間の起業者，民間企業，政府や地方自治体など様々な制度・団体間の相互作用の産物として民間の高等教育機関が成立し，海外の大学との提携関係を経済的利益を追求する事業として推進する形で展開した。これはポストコロニアルなアジアにおいて英語化が展開する1つの構図を示している。この点に関しては，第7章でさらに論じる。

10）マレーシアの事例は，グローバル化時代の大学のあり方を考える上で示唆する点が多い。「英語移動圏」に属していない日本の大学は，留学生にとってのハブになりえないので，その市場は自ずから範囲が限定されてしまう。

4 英語による高等教育市場における文化仲介者

　マレーシアの民間で展開した英語によるトランスナショナルな高等教育が，留学生の国際移動のフローに対して影響を及ぼしている様子が浮かび上がってきた。グローバル化がもたらす新しい環境の下での人間と社会のあり方を理解するためには，グローバルな場における個人の動き（ミクロ・レベル）に注目し，個人がグローバルな場で英語使用の環境に戦略的に身を置きながら様々な組織や制度と接合することによって生活を創っていく過程（メゾ・レベル）の理解を目指すことが重要である。本書の内容に即して言えば，英語による高等教育という舞台において，留学生個人が戦略的に動きながら組織や制度との接合によって生活を創造していく中間レベルの過程の理解が肝要である。そのためには，個人と社会を結びつける社会的媒体に注目することが大切である。

1) 文化仲介者──中国市場を対象にした場合

　まず，文化仲介者と呼ぶべき社会的媒体が，トランスナショナルな民間の高等教育制度の運営において中心的な役割を担っている[11]。この文化仲介者には2つのタイプがある。第1は，従来知識人が独占していた思想をより広い社会層に伝達する仲介的役割を果たす「新しい知識人」である（Bourdieu 1992: 370-371）。M. フェザーストーンは，現代社会の文化領域でますます重要な役割を果たす文化仲介者の存在に注目した。たとえば，マーケティング，広告，コンサルタント，カウンセラーやソーシャル・ワーカーといった援助的職業に見られるように，シンボリックな財とサービスの配給に従事する人々である。彼らは「新しい形の知の大衆化にとって最適な聴衆，伝達者，仲介者」であるという（Featherstone 1991: 91）。一方，文化仲介者の第2のタイプは，異なる文化の間を取り持つ仲介者である。異文化間コミュニケーションを専門にする仲介者と言ってもよい。言うまでもなく，第1のタイプと第2のそれは実際の活

---

11) 文化仲介者の概念に関しては，次を参照されたい。吉野（1997: 第9章），Yoshino（1999）。

動においては混在している。

　中国市場を例にとって考えてみよう。民間の高等教育で働くマレーシア華人の中には，事業家として経済的な活動に従事するだけでなく，コンサルタントとして中国人向けのカリキュラムを作ったり，教育カウンセラーとしてマレーシアで学ぶ中国人留学生の面倒を見たりする者が多い。実際，民間の高等教育を成り立たせるためには，留学生のための英語力向上のコースを充実させる必要がある。その際，マレーシア華人の英語教員は，既にマレーシア国内においてマレーシアの学生を対象にしたローカルな英語教授法を創り出しているので，その経験に基づいて，中国人に英語を教えるコツは自分たちが誰にもまして把握していると認識している。そして，それがマレーシア華人がアジア（この場合は中国）の高等教育に介在する理由として強調される。華人の英語教育者たちは，英米の応用言語学の権威から解放されローカル化された言語学の成果を広い社会層に伝達する文化仲介者として自らの役割を認識している。具体的には，マレーシアの民間のカレッジの中国進出に伴い，マレーシア産の英語教育プログラムの作成と輸出に携わったり，中国にオーストラリアやイギリスの大学が進出する際の英語教育のコンサルタントとしての活動などを担ってきた[12]。

　次に，異文化の間を取り持つ文化仲介者の役割について，トランスナショナルな高等教育産業で活躍している華人の活動に言及しながら考察してみたい。

---

12) あるマレーシア華人の英語学者（K教授）は，香港の大学の民営部門において英語の教育プログラム作成のコンサルタントとして採用された。イギリス人のリーダーが求めていたコンサルタントの条件は，アジア地域の人々の気持ちが理解できて，イギリス的な大学教育を受け，「コロニアルな英語」を話すアジア人の英語学者であった。K教授はマレーシアにおいて英語媒体の中等教育を受け，当時はまだ英語が使われていたマレーシアの大学を卒業後，イギリスの大学院に留学した。彼女の英語はイギリス英語を基調としてネイティブ・スピーカー並みであるが，マレーシアらしさを堂々と出す話し方をする。このようなK教授の「コロニアルな英語」の話し方が，イギリス人のリーダーに気に入られて採用されたという。これは，イギリス人が持っているオリエンタリズムを表現していると同時に，イギリス的および英植民地的な諸前提を共有している他者が想定されているのであって，それゆえ受け入れられたのだと言う（K教授への聞き取り，2014年2月11日）。なお，香港も英植民地であったが，中国語の存在が大きく，英語はそれほど普及していなかった。英語はほとんどの香港人にとっては外国語であり，マレーシアのように国内コミュニケーションの道具ではない。

これは，マレーシアのマルチエスニシティと多文化をめぐる展開を考える上で重要な視点である。

2）多文化的・多言語的なマレーシア華人

これまでの章で見てきたように，マレーシアにおける民間の高等教育は，より開かれた教育機会を模索する中で，市場原理を最大限活用することを通して成立した制度である。一方には，新たな高等教育の試みを商業的事業として定着させたマレーシア国内の企業の存在があり，他方には，高等教育をめぐる新自由主義的なグローバル市場の展開があった。1980年代以降「英語国」を中心に起こった学術資本主義（アカデミック・キャピタリズム）の中で，大学は市場における財源と学生獲得の競争を余儀なくされ，マレーシアのカレッジとの連携は，西洋英語諸国の教育輸出の活路の1つとして展開した。

このようなマレーシア国内の経済活動とグローバル市場の展開とを結びつける方法を構築したのは，非マレー人の起業者たちであった。彼らは，多文化・多言語資源を駆使して，グローバル市場におけるネットワーク形成で積極的な役割を演じた。グローバルな展開の初期に中国に進出した際に活躍したマレーシア華人の活動を例にして考えてみよう。2000年代初頭の中国の市場開放に伴い，中国でも海外留学への強い関心が起こった。しかし，既述の通り，中国人にとってビザの取得は容易ではなく，またより安価な高等教育が求められて，今までとは異なる海外学位の取得の方法が模索された。そこでマレーシアの民間の高等教育のアクターたちが，中国市場において仲介者となった。彼らは，英米豪などの大学との事業提携経験を通して蓄積したノウハウと人脈を持っている。しかも，多言語話者で多文化資源を持つ華人の仲介者は，中国側とは華語（中国語）で，英米豪とは英語で協議や交渉をする。さらには，西洋的（特にイギリス的）制度文化と中国的・中華的商業文化の両方に通じている。特に，イギリスや英連邦の大学入学準備に関する制度文化は独特であるため，その文化の中で教育を受けた経験がないと理解しにくい。マレーシアの教養層は（マレー人，非マレー人に関わらず）イギリス流の教育制度文化を内面化している。イギリス流の慣習法についても同様である。また，華人は中国的・華僑的商業

文化も内面化している。ある華人の仲介者は「1人の人物の中で中国・中華的世界と西洋的世界を行ったり来たりする」と表現した。異なる文化を持つ社会制度・組織の間を取り持つ文化仲介者は，グローバルな人の流れにおけるキー・プレーヤーである。西洋英語圏と中国（中華圏）との間において，経済的な仲介者（ミドルマン）の役割にとどまらず，文化的な仲介者としての役割を果たしてきた点が重要である。こうした点は，マレーシアの名門私立カレッジの学長が語る次の言葉によく表れている。

《聞き取り：クー・スー・ペン（Khoo Soo Peng）氏，テイラーズ・カレッジ，2002年8月22日》
　われわれの役割はむしろ「コミュニケーションの導管（つなぎ役）」(communication conduit) であると思います。なぜなら，われわれは，英連邦の一部として，イギリス式のシステムのもとでやってきたので，いわばオーストラリアの大学と同じ言葉を話すのです。これはラッキーなことです。彼ら（オーストラリア）のシステムはわれわれのシステムとよく似ています。実際，コミュニケーション・スタイルの面では，われわれは他のアジアの，たとえば日本の大学よりもオーストラリアの大学の方に近いのです。オーストラリアがどのような行動に出るかとか，彼らの構造がどうなっているかの方がよく理解できます。加えて，われわれはアジア人だから，架け橋になれるのです。全く異なるシステムの中で育った中国のビジネス・パートナーはこうしたことをできるはずがありません。われわれだってはじめのうちはいろいろな苦労があったのですから。でも，もう過去のことだし，今はわれわれの経験を中国人に伝えていくのです。

　トランスナショナルな高等教育の事業方法に関するマレーシアの事業者の文化仲介者としての知恵と技術，さらには西洋英語圏と中華圏とを結びつける人的ネットワーク力が「商品」として輸出されることになったのである。このようにして，マレーシアの民間の高等教育は輸出産業になったのである。

3）ナショナルなエスニシティとトランスナショナルなつながり──華人の場合
　マレーシアにおける英語を媒体とした民間の高等教育制度は，中国市場の拡大とともに発展した。この過程の中で，マレーシア華人と中国人の結びつきが

促進されている点を上に見た。同様の結びつきは，マレーシア華人とインドネシア華人の間でも見られた。こうした結びつきは，マレーシア国内における様々な場面でも観察されるようになり，たとえば，中国人留学生相手の旅行代理店や不動産屋ではマレーシア華人が中国語・華語で留学生に対するサービスを提供している。

　アジアの高等教育の英語化は，マレーシア国内の華人と中国の中国人とのつながりを促進していると言うことができるが，この連繋をトランスナショナルなエスニシティと呼ぶことが可能であろう。アクター自身もエスニックなつながりであることを認識している。その意味において，H. J. ガンスの「シンボリックなエスニシティ」の概念が思い起こされる[13]。日常生活における実際の関係というよりは，母国の文化に対する郷愁的忠誠によるシンボリックな絆を意味する概念である。しかしながら，本章で見た事例においては，既存の情動主義的・個別主義的社会関係や同郷ネットワークが動員されたわけではなく，手段的な関係として成立している点が重要である。教育産業の事業展開に関する社会的技術の需要・供給をめぐる手段的な連繋である。

　これを単純に経済的な華僑コネクションであるとか遠隔地ナショナリズムであるとして片づけてしまうことは避けなければならない。たとえば，アイワ・オングは，華人・華僑の企業家たちの血縁関係（血と擬制的兄弟愛）を基盤に成立するとされる「兄弟的資本主義」(fraternal capitalism) について言及している (Ong 1999 : 139-157)[14]が，本章の事例で浮かび上がってきたのは，華人・華僑の経済的資本ではなく彼らの有している文化仲介的技術・能力であり，それはシンボリックな資本である。

　英語化の過程がマレーシア華人と中国人の社会的相互関係とアイデンティティの編成・再編成に対して及ぼす作用は，潜在的に非常に重要な意味を持つ社

---

13) ガンスによれば，シンボリックなエスニシティとは「移民世代の文化，すなわち母国 (old country) の文化に対する郷愁的な忠誠，あるいは，日常行動には組み込まれる必要はないが，感じることのできる伝統に対する愛情と誇りによって特徴づけられる」(Gans 1979 : 9)。

14) オングは，別の箇所では，シンボリックな資本についても言及している (Ong 1999 : 18)。

会的現象である。その結びつきの形態，反復性，持続性などの変化はしばらく時間をかけて見守っていくべきものであろう。

5　マルチエスニックなマレーシアの文化仲介者

　前節では，中国をめぐる留学生市場の考察からいくつかの理論的な命題を導き出し，中国人の留学生市場で文化仲介者として活躍するマレーシア華人に注目して，華人のエスニシティが中国人や海外華人を対象とした市場で重要な資源として作用した点を指摘した。これらの命題は，他の地域でどの程度当てはまるだろうか。

1）仲介者役割を学習するマレー人──ムスリム市場を対象にした場合
　トランスナショナルな高等教育のマレーシア・モデルの成功は，マレーシアのポストコロニアル的状況の活用，すなわち多文化・多言語の活用の結果であった。それを駆使できたのは主に華人であった。だが，興味深いのは，民間の成功を目のあたりにして，国家の担い手（マレー人の政治家，官僚）も華人の経験から学習するようになったことである。繰り返し述べているように，マレーシア政府は，9.11 以降，アメリカ留学が難しくなった中近東の学生の受け入れ先として名乗りをあげた。中国市場の場合はマレーシア華人の英語，華語と華人文化が資源として活用されたが，中近東市場の場合，マレーシアは英語を使うイスラーム社会として表象され，ムスリムであるマレー人の宗教性が強調される。マレー人が文化仲介者としての役割を果たすのである。マレーシアのマルチエスニシティがトランスナショナルな接合点において資源として使われたもう1つの形である。

　ムスリムの留学生に対しては，ムスリムであるマレー人が文化的仲介者の役割を果たす場合が多いわけだが，民間のカレッジの育ての親でもありカレッジの役員を務めるある企業家は，中近東の学生の受け入れに関して，「私たちのカレッジでもマレー人を校長とするセンターがあります。なぜなら，中近東の

学生は，ムスリム（マレー人）が運営するセンターの方がなにかと落ち着くからです」と紹介した上で，「私たちは自分たちの歴史的背景——すなわち，英語とマルチエスニックな背景——をいかに活用するかを知っています。ここで，（マレーシアの）複合社会，多民族社会が活かされるのです」と述べている（テリー・ヒュー女史への聞き取り，2002年8月6日）。マレーシアのマルチエスニシティがトランスナショナルな教育産業の資源として使われている恰好の事例として指摘できるであろう。マレーシアのマルチエスニシティは貴重な経済的資源であり，エスニシティがトランスナショナルなつながりに発展するのは華人の事例に限られない。

ムスリムの留学生にとってマレー人の存在は大きな意味を持つ。そして，ムスリムであるマレー人の存在は対外的に強調される。しかしながら，マレーシア人であればエスニシティにかかわらずイスラームの知識がありムスリムの生活様式に慣れているため，他のエスニック集団が代替することも可能である。この点は，中国や海外華人市場を対象とする際に仲介的役割の遂行者がマレーシア華人に限定される場合とは異なる。

2) 資源としてのハイブリッドなマルチエスニシティ

マルチエスニックなマレーシアの文化的仲介者を考える上でモルディブの事例は興味深い。モルディブは人口のほぼ100％がムスリムである。他方，インド文明圏の一部でもあり，外見的にはスリランカやインド南部の人々とほぼ変わらない（マレーシアのインド系の大多数はこれらの地域からの移住民とその子供や孫である）。エスニシティは文脈によって使われる側面が異なる点を考えると，マレーシアを構成するエスニシティのうち，宗教あるいは「人種」のいずれの側面も動員しうる[15]。

さて，モルディブを留学生市場として先駆的に開拓した民間のカレッジはHELPインスティテュートである。そこのモルディブ担当者として活躍してい

---

15) 人種とは，「生まれつきで変えることのできない身体的特徴のために，他の集団とは異なると自・他に認識される人間の集合体」と定義する。すなわち，社会的に構築されたカテゴリーである（吉野 1997：第6章参照）。

るマレーシア人は，マレー人（ムスリム）ではなく，インド系（ムスリムではない）の女性である。すなわち，この場合は宗教ではなく「人種」が手段的に使われているのである。前述のようにマレーシア人はエスニシティに関係なくムスリムの文化に精通しているので，必ずしもマレー人でなくてもモルディブ市場において仲介者の役割を遂行できる。従って，「人種」的共感を呼ぶインド系の担当者の選択は仲介的役割において合理的であると言えよう。モルディブの事例は，マレーシアのマルチエスニシティが資源として用いられる様子を象徴的に表している。

6 トランスナショナルな「多文化主義」

　既述の通り，多民族社会マレーシアにおいて，エスニック集団間の文化的差異は常に積極的に表象されてきたわけではない。実際，1970年代から80年代の国民文化政策の時代は，マレー文化を中心とした同化主義的路線が基調であった。1969年の民族暴動の苦い経験を経てから1990年代初頭までは，公の場でエスニック文化の差異に触れることさえ許されていなかった。ところが，1990年代に1997年まで続いた高度経済成長がエスニックな境界を越えてマレー人と非マレー人の両者に恩恵を与え，ニュー・ミドルクラスの成長を促進すると，エスニック関係の緊張が緩和し，その中で「多文化主義」を認める動きが現れた（第1章参照）。

　多文化主義とは，1つの「社会」の中の複数の文化の共生を積極的に評価する理念である。通常は「国民国家」の同義語としての「社会」が想定され，視野も「ナショナルな多文化主義」に閉じている。しかし，現代マレーシアの「多文化主義」の展開で興味深いのは，それがマレーシアを取り巻くアジア，そしてその先の世界につながっている点である。アイデンティティや社会関係は幾重にも複雑に層を成している。公式的なカテゴリーに限定すると，第1に，マレー人，華人，インド系などの国内のエスニックな次元，第2に，マレーシアというナショナル・アイデンティティに関する次元，第3に，マレーシアを

取り巻くイスラーム文明，中国・華人文明，インド文明などのトランスナショナルな次元がある。これらが人為的に構築された範疇であるのは言うまでもないが，こうした公式的なカテゴリーが人々の日常生活や世界観を規定しているのも社会的事実である。本章で検討した，華人エスニシティと中国・華人文明，マレー人エスニシティとイスラーム文明の連繋の展開に見られるように，マレーシアのナショナルな次元とアジアのトランスナショナルな文明の次元は連動している。高等教育の英語化は，マレーシア国内のマルチエスニシティとマレーシアを取り巻くトランスナショナルな民族性や宗教性を結びつける連繋を活性化させているのである。

第6章

トランスナショナルな高等教育モデルの国際伝播
—— アジア途上国から先進英語国まで ——

1 はじめに

　トランスナショナルな単位移行やトゥイニングを通して高等教育を成り立たせるマレーシア・モデルは，中国や他のアジア諸国（その多くはベトナム，インドネシアなどの途上国）によって，比較的安価に英語による英米流の高等教育を導入する方式として，その技術が移転されたり，模倣されている。多くの開発途上国にとっては輸入代替に相当する役割を果たしていると言えよう。それに加えて，グローバル経済および英語圏の「中心」であるイギリスにおいてもこのモデルの仕組みが採用されている点にも注視したい。アジアの国で内発的に創造・開発された社会経済モデルが国際的模倣の対象になるのはきわめて珍しいので，それを記録すること自体，意義は大きいと言えよう。

　本章では，トランスナショナルな高等教育のマレーシア・モデルが国際的に伝播される例をいくつか紹介したい。具体的には，中国，ベトナム，インドネシアの事例を取り上げる。加えて，イギリスにおける同モデルの応用についても触れたい。技術伝播の経路は，マレーシアのプロジェクトである場合，マレーシアと現地との合弁である場合，現地のプロジェクトである場合と理念型的に分類できるが，現実には厳密に境界線を引くのは難しい。また，技術移転や模倣の理由は国によって異なるので，それぞれの社会の事情を理解しながら議

論を進めていくことにする。

　前章で見たように，高等教育のマレーシア・モデルは，学生とその保護者の観点からすると，英米豪などへの留学には手が届かず中間的ステップを必要とする他のアジア諸国の中間層にとって魅力的な制度として活用されていた。それでは，マレーシア・モデルを採用する社会的担い手，そしてそれを政策に結びつける国家の観点からは，どのように位置づけられているのであろうか。この点についても，比較をしながら論じていきたい。

2　中　　国

　1990年代半ば，いくつかのマレーシアの民間のカレッジは，中国においてトランスナショナルな単位移行とトゥイニングを用いた高等教育を行うカレッジの設立を試みた。中国と西洋英語国を，マレーシアを経由して結ぶトランスナショナルな高等教育の構築を目指したのである。現実には，ほとんどのマレーシアのカレッジの試みは失敗に終わった。しかし，成功した例もある。両方の事例を紹介することにより，中国での状況を探ってみたい。さらには，マレーシア人による現地化の試みが難しい状況の中で，中国におけるトランスナショナルな高等教育は，中国の国立大学，民営大学，企業などを主体として推進されるようになった。この点についても論じよう。具体的な調査方法としては，マレーシアのカレッジの成功と失敗の背景に関して事業者を対象に聞き取りを行った（2010年8月26日および2012年8月29日）。また，1990年代後半から2000年代前半に中国市場を最も積極的に開拓していたINTIカレッジの北京校において現地調査と聞き取りを行った（2003年9月25日）。

1）マレーシアの民間のカレッジの現地化の難航例

　INTIカレッジは1990年代初頭から中国市場に進出し，北京INTIマネジメント・カレッジ（北京英迪経貿学院）を1993年に設立した。同学院を紹介するガイドブックによると，北京市機械局教育センターとの共同事業として北京市

教育委員会（北京市教委批准）の認可を得て，第6学期（semester）修了後に同学院から高等ディプロマ（higher diploma）が授与される制度を作ったという。同ディプロマは海外の提携大学に認められており，ハートフォードシャー大学，コヴェントリー大学における学士課程の最終学年，あるいはオークランド工科大学の第3学年に編入できるとされている。

2003年に北京市郊外の同学院で聞き取りを行った際には，そのような構想が進行中で，高校の建物の一部を借りて，英語コースと基礎課程が教えられていた（2003年9月25日）。しかしながら，それ以上の展開はなく2009年に閉校となった。INTI同様，マレーシアの他のいくつかの民間のカレッジも同様の試みを行ったが，中国における運営は難航した。

中国における失敗について，INTI国際大学の副学長（聞き取り時点）リー・ファー・オン（Lee Fah Onn）教授は次のように分析した。

《聞き取り：リー・ファー・オン教授，INTI国際大学の副学長，2010年8月26日》

　失敗の第1の理由は，中国政府が新たな規則を導入したことにあります。それに従うと，大学設置に際して，土地と建物に莫大な投資が要請されました。わずかな資金を元に経済的利益を得て，うまくいかなくなったら簡単に撤退する，いわゆる夜逃げ（fly-by-night）をさせないためです。しかしコストがあまりにも高すぎるため，投資ができなくなりました。中国で土地を購入しても所有はできない，土地を使用する権利を得るだけなので，あきらめざるをえなかったのです。1993年に北京で開校してから，何とかやってきましたが，2009年には免許の更新を願い出ることはしませんでした。中国で2年間（英語のプログラム1年に加えてもう1年）学んだ後に，3年目からマレーシアに来るという仕組みで，大勢の学生が来ました。そのうちの多くがアデレードやクイーンズランド工科大学に進み，またニュージーランドやイギリスに進んだ者もいました。中国人が西洋英語国に移住するための手段となりました。

　第2の理由は，中国の大学が，政府から許可をもらって，傍らに民営のセクションを設けたことです。「計画外（计划外）」と呼ばれ，そこに学生を入学させて比較的高い授業料を課すことができるのです。「計画内」は中央政府の統制下なの

で，中国語で型通りの教育しかできないのに対して，「計画外」は比較的自由で，英語を教育言語として使えるし，海外の大学と提携することもできました。もちろん，この制度では，海外の大学の学位を授与できるわけではありません。しかし，柔軟性があったため，いくつかの科目は海外の大学のものを提供することが可能でした。従って，それを使って海外の大学に単位の移行ができることになりました。しかも，これらの科目は英語で教えることが許可されました。大学の本体では英語で教えることができないので，民営部門を作って，学生を海外の大学に単位移行・編入させるという方法は，マレーシアで行われたことの応用です。これが最大の競争相手になりました。

この事例が典型的に示すように，マレーシアのカレッジのトランスナショナルなプログラムの中国における現地化は難航した。これに対して，この聞き取りにもあったように，中国の大学や団体がマレーシア流のトランスナショナルな高等教育の応用を推進した結果，同様のプログラムが増加した。詳細については後述する。

2) マレーシア華人のプロジェクトの成功例——GIST 国際カレッジ（蘇州）

マレーシア華人のプロジェクトは，ほとんどが失敗であったが，成功した例もある。以下に紹介する事例では，マレーシア華人が香港の大学の民営部門との合弁事業を通して，中国にトランスナショナルな教育を行うカレッジを開設する足がかりを築いた。その経緯に関して，GIST 国際カレッジの CEO 兼 GEM グループ（GEM Group Corporate）の副会長である E. K. チョン（Eng Keat Chong）博士に聞き取りを行った（2012 年 8 月 29 日）。その後，聞き取りの書き起こしに対する追加・修正がメールにより行われた（2013 年 10 月 23 日）。チョン氏はペナン出身，マレーシア科学大学の化学講師を経て，インテルに長年勤め，2002 年の退職時はインテル（Intel's Worldwide Board and Systems Operations）の副社長兼ジェネラル・マネージャーであった。退職後，インテル時代の上司でありその後モトローラ（中国）（Motorola [China] Electronics Ltd.）の社長に就任した P. Y. ライ氏から教育マネジメントの仕事に誘われ GEM グループを設立，2004 年からペナンの民間のディステッド・カレッジ（Disted College）の学

長として経営に携わった。同時に，中国におけるトランスナショナルな高等教育事業を模索し，従事するようになった。

《聞き取り：E. K. チョン博士，GIST 国際カレッジ CEO 兼 GEM グループ副会長，2012 年 8 月 29 日［2013 年 10 月 23 日メールにより追加・修正］》

　製造業や他の経済部門と違って，教育産業は管理された部門です。潜在的に国の安全や保安に大きな意味を持つし，既存の教育機関にとって脅威になります。ですから，中国の教育部門は開放される最後のセクターで，それもゆっくりと注意深く行われます。中国人所有のカレッジは増えましたが，外国人が所有または管理する教育機関の認可は非常に厳しくローカル・パートナーが必要です。外国との提携に対する免許の認可は，ディプロマのレベルか学位レベルかによっても異なりますが，地方政府と教育部（Ministry of Education）の両方によって精査されます。認可の申請は山積みになるのに，教育部による認可はほんの一握りしかありません。

　私たちは GEM（Global Edu-tech Management）というマレーシアの教育マネジメント・グループを設立しました。設立してから 10 年の間に，中国でディプロマを授与するカレッジの免許を 2 つもらうことに成功しました。

　GEM は高等教育機関ではなくマネジメント・グループでしたから，カレッジを始める免許を取るためにパートナーを探しました。そして，香港大学の民営部門である SPACE（School of Professional and Continuing Education）との合弁事業として，蘇州に香港大学 SPACE グローバル・カレッジ（Hong Kong University SPACE Global College ＝ 蘇州港大思培科技職業學院）の設立を計画し，2004 年に免許を取ることができました。この事業は地方レベルのものであったため，香港大学 SPACE のディプロマと準学士号のみを授与することができました。ビジネス，ロジスティックス，ホスピタリティといった分野においてです。修了した学生は SPACE が提携していたイギリスやオーストラリアの大学に進んで学位を取ることができました。いわゆる 2+2 です。

　その後，私たち自身のカレッジを持ちたいと思うようになりました。さて，GEM グループの会長であるライ氏は，2002 年に引退するまでモトローラ（中国）の社長をしていました。彼は，中国滞在の 8 年の間に，現地の会社に対する技術移転，国営企業の上層幹部の教育訓練，中国の内陸部の省に対する投資と成長に

図 6-1　GIST 国際カレッジのホームページ

出所：http://www.gem-intl.edu.cn/programmes/computing-a-technology.html, accessed 7 May 2013.

　おいてリーダーシップを発揮しました。当時はほとんどの投資が沿海部の省に向けられていましたから，画期的なことでした。このような時間をかけた努力が実って，地方および中央政府の指導者と強い絆を築くことができました。モトローラ（中国）を引退後，中国の成長を支える人材需要に応えるために，外国の大学との提携づくりを支援することが期待されるようになりました。
　2006 年には，マイクロソフト（中国）とチームを組むようになりました。マイクロソフトの社長はライ氏の友人です。ライ氏は，その地域（蘇州工業区）が中国におけるソフトウェア業務委託業の中心になろうとする勢いを後押しする形で，ソフトウェア教育を行うカレッジの免許申請をしました。こうした諸事情のおかげで，私たちのカレッジである Global Institute of Software Technology（GIST）は 2007 年に迅速な認可を得ることができました。2009 年にはイギリスの大学と提携してフランチャイズされたプログラムを提供するようになりました。アジアの他の地域からの留学生も受け入れるようになりました。マレーシアで行われていたのと同じモデルです。
　振り返ってみれば，2004～09 年に GEM の仕事としてマレーシアのペナンでディステッド・カレッジを運営・経営した経験が，中国蘇州でわれわれのカレッジ

の国際プログラムを成功裏に始動させる上で特に役立ちました。イギリスの提携大学と数年かけて築き上げたリンケージ，ネットワーク，信頼，そして彼らのプログラムとそれに関して何が要求されているかについての私たちの理解があったおかげで，中国において彼らのプログラムをフランチャイズする上で必要な承認を比較的スムーズに得ることができたのです。

3）中国におけるトランスナショナルなプログラム

　中国では，1990年代にトランスナショナルな高等教育が増加した。1995年には国家教育委員会（1998年より教育部に名称変更）が制定した「中外合作弁学前提条例」によってそれが公式に認められた（黄2006：J-33）。2002年時点で，657の機関が何らかのトランスナショナルな高等教育を行い，そのうち67の機関と72の共同プログラムでは海外や香港の大学の学位の授与が認められるようになっていた[1]。こうした公式の学位プログラムでは，中国および海外の機関の両者が学位授与資格を持っていることが要請された。

　中国においてトランスナショナルな単位移行やトゥイニング・プログラムが広まっていく上で注目すべきは，前述した事例の聞き取りの中で語られた「計画外」という制度である。中国のトランスナショナルな高等教育について研究している黄福濤によれば，計画外という制度はその後も拡大し，現在も引き続き行われている。各大学の計画内の正規の学生募集定員は国によって決められているが，これに加えて計画外で各大学が自由に募集できる枠が設けられているのである（ただし，一定の割合を超えてはいけない）。そして，計画外では高額の学費を徴収することが認められている。これは，民弁（民办）すなわち民営の大学とは異なり，国立大学の枠組みの中で民営の方式で学生を募集する方法である。正規学生を募集すると同時に，入学のための全国統一試験には合格していないが経済力のある親を持つ学生を対象に募集活動を行うことができるのである。これは学生と大学の双方にとって利点がある。計画外の学生が入学時

---

[1] 黄は「学部または部門レベルで提携し提供される共同プログラムの主要形態であるトランスナショナル高等教育はむしろ，単に中国高等教育機関のカリキュラムを補完するものとして認識されているに過ぎない」と述べる（黄2006：J-37）。

点で 4 年制の学生の資格を満たしていないときには, とりあえず短期大学生として扱われ, たとえば, まず語学や外国の大学の基礎科目を履修した上で, 3 年目に正規生になる場合や海外の大学に単位移行する場合がある。このような計画外の学生は, チェック体制が昔ほど厳しくなくなったので増加し, 現在もこの制度は盛んに行われているという。また, こうした国立大学の計画外に加えて, 民弁 (民営) (2002 年末時点で 131 校)[2], 企業, 社会団体 (非営利団体) もトランスナショナルな高等教育の担い手になっていることを忘れてはならない (黄福濤氏への聞き取り, 2013 年 12 月 3 日)[3]。

3 ベトナム

次に見るベトナムでは, トランスナショナルな高等教育のマレーシア・モデルが積極的に採用されてきた。ベトナムの高等教育の状況を簡単に概観した上で[4], 先駆的にマレーシア・モデルを取り入れたベトナム国家大学国際学校の事例を紹介したい。代替的高等教育の方法が複数ある中で, マレーシア・モデルが合理的な選択肢として採用された過程を見ていく。調査の方法としては, 同校において行った数回の聞き取りが中心である (具体的な日時, 詳細については後述) が, それに加えて, ハノイの教育訓練省 (Ministry of Education and Training) の国際協力副局長ファム・チ・クゥオン (Pham Chi Cuong) 氏に対しても聞き取りを行った (2013 年 7 月 3 日)。

1) ベトナム高等教育におけるトゥイニング・プログラム

ベトナムの高等教育機関には大学が 93 校 (公立 71 校, 私立 22 校) とカレッジが 137 校 (公立 130 校, 私立 7 校) ある (2004〜05 年時点) (Do 2011 ; Runckel n.

---

2) 民弁大学に関しては楊 (2006) を参照。
3) 中国のトランスナショナルな教育に関して貴重な情報とコメントをいただいた。感謝する。
4) ベトナムの高等教育政策に関して有意義なコメントと貴重な資料を提供していただいた廣里恭史氏に感謝する。

d.)[5]。その中でも，ベトナム国家大学（在ハノイとホーチミンシティ）は中心的な存在である。これらに加えて，海外の大学の支部キャンパス（たとえば，ホーチミン市の RMIT 国際大学ベトナム［RMIT International University Vietnam］，RMIT 大学ベトナムハノイ校［RMIT University Vietnam-Hanoi Campus］など）や，英・独・仏との共同事業としてそれぞれ設立されたベトナム・ブリティッシュ大学（British University Vietnam），ベトナム・ドイツ大学（Vietnamese-German University），ハノイ科学工科大学（University of Science and Technology of Hanoi = Université des Sciences et des Technologies de Hanoi）がある。外国の団体や個人が100％外資で大学を設立・運営することも認められている。

　ベトナムでは経済発展のために人的資源開発を目的とした高等教育の改善・充実が政府の重大な課題となっている。高等教育を改善・充実させる政策としては，第 1 に，プロジェクト 911 というベトナム政府奨学金プロジェクトがあり，それによると，2020 年までに 23,000 名の博士号の取得者を目指す（そのうち 10,000 名は国内で，10,000 名は海外で，3,000 名はサンドイッチ・プログラムで養成する）という（Vang 2012）。第 2 に，カリキュラムをアメリカやイギリスなどの一流大学から購入するアドバンス・プログラムと呼ばれる制度があり，そこでは選抜された学生が学び，学費は政府から援助される。第 3 が，トゥイニングである。ベトナムにおいて，トゥイニング・プログラムは高等教育を改善・充実させる 1 つの方法として位置づけられている。第 4 に，世界銀行やアジア開発銀行から資金を借りて図書館などの施設を充実させている（ファム氏への聞き取り，2013 年 7 月 3 日）。

　2011 年時点で，ベトナムの大学やカレッジは志願者の約 25％しか受け入れる枠がなかった。また，海外留学する学生数は約 40,000 名であるが，自費留

---

5) 世界銀行の「高等教育政策プログラム（First Operation）」のデータによると，2007〜08 年時点のベトナムの高等教育機関数は 369 校で，大学が 160 校（公立 120 校，私立 40 校）でカレッジが 209 校（公立 185 校，私立 24 校）（World Bank 2009：9）となっている。また，教育訓練省の報告書では，2009 年 9 月時点のデータとして，高等教育機関数が 376 校で，その内，私立大学が 44 校，私立カレッジが 37 校とあるが，公立の高等教育機関の大学とカレッジの内訳の記載はない（Ministry of Education and Training［Vietnam］2009：2）。

学する経済的余裕のある学生は多くなかった（Do 2011）。このような状況で，大学やカレッジにおいて，海外の大学と提携した「トゥイニング」プログラムが行われるようになった。ベトナムで使われるトゥイニングの概念はマレーシアの場合より広義であり，単位移行を含んだ学位分割プログラム（split degree program）一般のことを指すようである。教育訓練省のファム氏によると，トゥイニングとは，購入した外国の大学のプログラム，ベトナムの大学が開発したプログラム，共同開発したプログラムの組み合わせのいずれもが可能な概念であり，ベトナム全土で約400件のトゥイニング・プログラムがあるという（2013年時点）。場合によっては，サンドイッチ・プログラムと呼ばれることもある。公立，準公立，私立のいずれの高等教育機関も外国の大学とトゥイニングを行うことが認められている。

　ベトナムでは中等教育課程を修了した後，卒業試験と入学試験がある。ベトナムの大学に進学するには，この2種類の試験に成功しなければならず，トゥイニング・プログラムに行くためには，卒業試験に合格した上にTOEFL（Test of English as a Foreign Language）あるいはIELTS（International English Language Testing System）の基準点を超えなければならない。トゥイニング・プログラムで取得できる学位は，海外の大学の学位，ベトナムの大学の学位，二重学位の3つの可能性があるが，最も人気があるのは，就職に有利な海外，特にアメリカの学位であるという（ファム氏への聞き取り，2013年7月3日）。

　トゥイニング・プログラムを選ぶ社会層は都市の中流階級である。典型的な社会経済カテゴリーの1つとして，工業地区の立ち退き料で財を成したニュー・リッチの例があげられた。トランスナショナルなプログラムを選ぶ理由としては，英語を習得できる，親元に置いておける，西洋留学に比べて費用がそれほど高くない，などが指摘された。

2）マレーシア・モデルの積極的導入——ベトナム国家大学国際学校

　次に，トランスナショナルな高等教育のマレーシア・モデルを先駆的に導入した例として，ベトナム国家大学国際学校（Vietnam National University-International School：VNU-IS）の事例を取り上げよう。その理由は，同校はマレ

ーシア・モデルの導入を最も意識的かつ積極的に行っていることに加えて，それをベトナムの歴史的・地政学的な状況に合わせて応用し展開させたことにある。同校の校長ゾー・グウェン・トゥロン（Do Nguyễn Trọng）教授および首脳陣を対象とした聞き取りを3年おきに3回行った（2007年11月1日，2010年11月16日，2013年7月3日）。加えて，同校とマレーシアのHELPユニバーシティ・カレッジの仲介代理業者であるグローバル・ビジネス・マネジメント社（在ハノイ）への視察（2007年11月1日，2010年11月16日）および同社の理事長でマレーシア人のコック・ウィー・ティアン（Kok Wee Tian）氏に対する聞き取りを行った。

　ハノイのベトナム国家大学はインドシナ大学として1906年に設立された。教育研究拠点として政府によって直接運営され，他の省庁と同等の地位を占める特殊な存在である[6]。国際学校は同大学の一部局として2002年に開設された。設立当初はロシア語による教育に特化していたが，2003年以来，英語，フランス語，中国語と多言語化を進めた。以下，主にゾー教授と首脳陣への聞き取りの内容を要約しながら，マレーシア・モデルを導入した経緯およびその後の展開について紹介する。

　2003年にゾー教授が校長として就任したとき，ロシアの大学と共同開発したロシア語によるコースのみが行われていた。同年，ゾー教授が教育訓練省に行った際，偶然マレーシア人のコック氏を紹介されて，マレーシアの民間のカレッジが行っていたトランスナショナルなプログラムの存在を知った。具体的には，マレーシアの主要な民間の高等教育機関の1つであるHELPユニバーシティ・カレッジのことを聞いたという。英語によるプログラムを始める計画があったので，強い関心を抱き，話は進んで，翌年にはベトナム国家大学国際学校とHELPユニバーシティ・カレッジとの提携が実現した[7]。

---

6) ベトナム国家大学は教育訓練省や他の省が所管する大学と比べて人事，教育研究，財政，国際関係などの側面で高い自治度を与えられている。教育訓練省が学長を任命する他の公立大学と違い，首相が国家大学の学長を任命する（Ngo 2006：236）。
7) 筆者が2004年にHELPユニバーシティ・カレッジを訪問したときは，ちょうどベトナム国家大学国際学校との締結式終了後であり，両校の首脳陣が出席する昼食会に誘われたことが，同校を調査するきっかけとなった。

英語による国際プログラムを始めるにあたってマレーシアに注目した理由は，以下の通りだという。第1に，ベトナムと英語国の大学とのつながりは薄かった。従って，海外の大学，特にイギリスやオーストラリアの大学と直接接触するのは難しかった。なぜなら，イギリス圏の大学の仕組み，特に入学資格は理解しにくく，どのようなプログラムが可能であるかもわからなかったからである。一方，HELPユニバーシティ・カレッジは既に世界中の大学160校と提携関係にあり，英豪とも強いパイプを持っていたので，HELPを通して国際化するのが最も合理的な選択であった。第2に，イギリスなどの西洋の国と比較して，ベトナムとマレーシアでは発展の段階があまり変わらない。従って，マレーシア・モデルをそのまま採用することに対して懸念がなかった。学ぶべき手本として，東南アジアでは，シンガポールを除いてマレーシアに匹敵する国はない。第3に，直接西洋の大学と提携した場合に比べて，マレーシアの国際プログラムの価格は安い。

　ベトナム国家大学が実質的に教育訓練省の管轄外にあるという自由度に加えて，国際学校の国際性を背景に，高等教育のマレーシア・モデルの積極的導入を即断することができたという。2004年にHELPユニバーシティ・カレッジと提携関係を結び，HELPの英米豪の大学とのトゥイニング・プログラムおよびトランスナショナルな単位移行プログラムを利用して，様々なトランスナショナルなプログラムの組み合わせが可能になった。具体的には，最初の1年あるいは2年をハノイのベトナム国家大学国際学校，その後の1年あるいは2年をクアラルンプールのHELPユニバーシティ・カレッジ，そして最終の1年あるいは2年を英米豪の提携大学において学ぶ仕組みが構築された。次にその内容を詳しく見てみよう（図6-2）。

　提携プログラムの最初の段階は，ベトナムで履修させることにより，英語を習得して外国の教育システムに慣れる移行期間として位置づけられる。また，これによって生活費と学費の節約ができる。そのため，この方式はベトナムの中流層から積極的な支持を得ているという。しかしそれでも，1人当たりのGDPが640米ドル（2005年時点）であることを考えると，学費は高く，裕福な家庭にしか手が届かない。そうした現状はあるが，ベトナムの年間経済成長率

1. 学位は HELP あるいは HELP の海外提携大学から授与される。両大学から二重学位を授与されることも可能である。
2. 教育言語は英語とする。ベトナム国家大学国際学校（VNU-IS）は履修生が基礎課程学年（foundation year）に入学する前の大学入学準備（pre-U）の英語プログラムを提供する。
3. HELP のフランチャイズ・プログラムに関して，HELP はカリキュラムと教材を提供し，VNU-IS は HELP の定めた手続きに従って監督する。
4. 質の保証に関して，教育および試験における HELP の役割（省略）。
5. モデルの柔軟性：ベトナム国家大学国際学校，HELP ユニバーシティ・カレッジおよび海外の提携大学の 3 者間の協力により，柔軟な組み合わせが可能である。
0+4 モデル：英語プログラムを修了し，IELTS のスコアが 6.0 の学生は HELP あるいは HELP の（海外）提携大学において 4 学位課程学年（4 degree years）学ぶ。
1+3 モデル：VNU-IS において基礎課程学年学び，その後 3 学位課程学年のすべてを HELP で学ぶか，一定の期間 HELP において学んだ後に残りの期間を HELP の海外提携大学で学ぶ。
2+2 モデル：初めの 2 年間を VNU-IS で学び，残りの 2 年間を HELP で学ぶ，あるいは残りの 2 年間のうち 1 年間を HELP そして最終年を海外提携大学において学ぶ。
3+1 モデル：3 年間 VNU-IS で学び，最終年を HELP で学ぶ。
4+0 モデル：全プログラムがベトナムで行われる。修了生は HELP の学位 1 つが授与される場合と HELP および HELP/VNU-IS の提携校の 2 つの学位が授与される場合がある。

図 6-2　ベトナム国家大学国際学校と HELP ユニバーシティ・カレッジとの提携モデル

出所：Do Nguyễn Trọng（2011）'International School-Vietnam National University (Hanoi) and Help Unversity College Cooperation Models'.

が 8 ％であることを考えれば，同プログラムの需要は成長するであろうと予測された。実際，2004 年には 60 名であったのが，2005 年に 105 名，2006 年に 268 名，2007 年に約 400 名と順調に増えたという（Do 2011）。

マレーシア・モデルの移転を通して，トランスナショナルな高等教育プログラムを構築する技術を能動的に学習し，自らが直接海外の大学とのトランスナショナルなプログラムを構築するようになったわけだが，注目に値するのは，同モデルの適用が英語圏にとどまらず，フランスや中国にも応用されるようになった点である（図 6-3）。2007 年 11 月 1 日時点で，海外の大学約 30 校と提携関係を築いていた。代表的な提携校は以下の通りである。

　オーストラリア：エディス・コーワン大学（直接の提携），チャールズ・スタート大学（HELP を通した提携），クイーンズランド大学（HELP を通した提携）

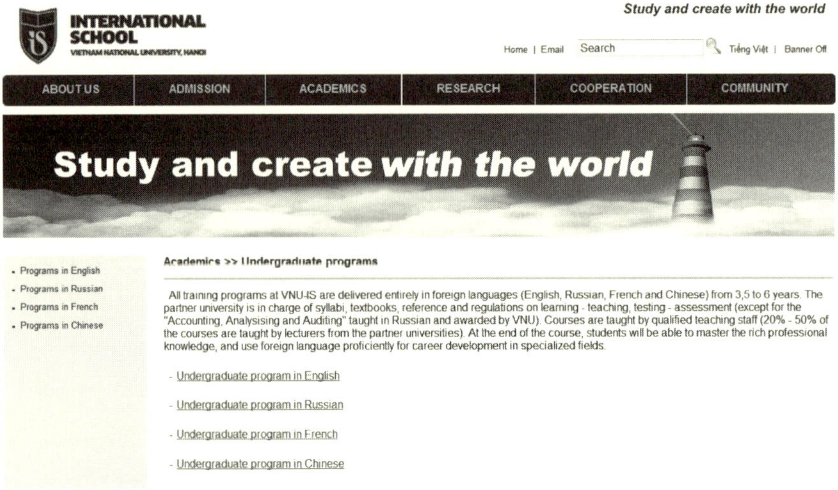

図 6-3　ベトナム国家大学国際学校のホームページ
出所：http://khoaquocte.vn/Article/Index/256, accessed 7 May 2013

　イギリス：イースト・ロンドン大学
　アメリカ：ベミジ州立大学，南ニュー・ハンプシャー大学
　フランス：パリ第 11 大学，リヨン第 2 大学，ナント大学（歯学博士 3＋2＋1　［ベトナム＋フランス＋ベトナム］）
　中国：中央財経大学，広州中医薬大学，湖北中医薬大学，広東工業大学，重慶交通大学，南京師範大学
　ベトナム国家大学国際学校の例は，開発途上国のオルタナティブな高等教育としてマレーシア・モデルの技術が積極的に採用される過程を象徴的に示していると言えよう。英語圏が圧倒的に重要であるが，フランス，中国の大学をも対象にするといった言語的多様性も示されている。

4　インドネシア

　インドネシアにおいても，トランスナショナルな高等教育モデルは広く採用されている。しかし，社会における位置づけと役割はマレーシアやベトナムの場合と同じではないので，比較しながら記述する。調査方法としては，ジャカルタにおいて民間のカレッジと大学への聞き取りを行った。具体的には，マレーシアの INTI カレッジのジャカルタ校の現地化の展開，および国際化を全面的に展開させている民間のビヌス大学の戦略を中心に話を聞いた。前者への聞き取りは 2010 月 11 月 1 日，2013 年 7 月 16 日，後者は 2013 年 7 月 16 日であった。加えて，全体像を理解するために，教育学者で教育文化省高等教育委員会主事を兼任しているニザム（Nizam）教授に聞き取りを行った（2013 年 7 月 17 日）。

1）インドネシアにおけるトゥイニング・プログラム

　2009 年現在のインドネシアの高等教育機関数（国家教育省管轄）は 2,975 校であり，そのうち 2,892 校が私立である。高等教育機関は，総合大学（インドネシア語で universitas），インスティテュート，単科大学（sekolah tinggi），アカデミー，ポリテクニークから成る。総合大学は国立 48 校，私立 393 校，また私立で最も多いのが単科大学で 1,391 校ある。2009 年現在，高等教育機関に在籍する学生数（大学院を含む）は約 428 万人である。加えて，宗教省管轄の機関（総合大学，インスティテュート，単科大学）も計 557 校ある（服部 2010：42-43）。このように，政策的見地からすると，十分な数の高等教育機関があるインドネシアは，国立大学に入学できる学生の数が少なくその代替的制度として民間のカレッジがトランスナショナルな高等教育を始めたマレーシアの状況や，同様に大学の数が少なく急速に高等教育を拡充する必要があったベトナムなどの状況とは異なる。

　インドネシアにおいては，マレーシア・モデルの導入は国際化するための学習の過程として位置づけられていた。ニザム教授によると，トランスナショナ

ルなモデルの導入は，学生の国際化の推進，留学生との交流による大学の雰囲気の改善，国際的移動性の向上などの，政府の高等教育国際化政策の一環として促進されており，ASEAN 単位移行システムに並ぶ重要な制度である（ニザム氏への聞き取り，2013 年 7 月 17 日）。

さて，そのインドネシアでトランスナショナルな高等教育のマレーシア・モデルはかなり伝播している。インドネシア大学のような名門の国立大学をはじめとして，比較的新しい私立（民間）大学，あるいは単科大学（すなわち，カレッジ）のいずれもが単位移行プログラムやトゥイニング・プログラムを行っている。マレーシアのようにナショナルな国立大学とグローバルな民間の大学の棲み分けがあるわけではなく，インドネシアの国立大学では通常のプログラムとトランスナショナルなプログラムが併存している。

公式的には，1999 年に文部省によって単位移行とトゥイニングが認められた。また，2004 年の新規則により単位移行とトゥイニングに加えて二重学位と交換が認められた。しかしながら，文部省のコントロールは弱く，すべてが文部省に報告されているわけではないので，実際にどの程度普及しているのか知るのはきわめて難しい。

インドネシアの親にとって第 1 の選択肢は名門大学の通常のコース，第 2 は名門大学の国際（トランスナショナル）プログラム，そして第 3 が私立（民間）機関のトランスナショナルなプログラムであり，マレーシアほど所得レベルが高くないため，トランスナショナルなプログラムに対する需要はそれほど高くないという。また，マレーシアのようにエスニックな断絶は現時点ではない。

以下では，第 1 に，インドネシアにおいてマレーシアのカレッジが現地化していく事例，第 2 に，マレーシア流のトランスナショナルな高等教育がインドネシアの私立（民間）大学のプロジェクトとして展開した事例を紹介したい。

2) マレーシアのカレッジの現地化——INTI カレッジ・インドネシア

ジャカルタの INTI カレッジ・インドネシアは，マレーシアの INTI カレッジの海外分校として始まった。2001 年からトランスナショナルなプログラムが行われている。2013 年現在では，オーストラリア学位プログラム，アメリカ

大学プログラムが開講されている。オーストラリア学位プログラムのビジネス・スタディーズ・プログラムでは，2年目または3年目にオーストラリアの大学に単位移行することができる。なお，オーストラリアのいくつかの大学は必ずしもオーストラリアにあるわけではなく，マレーシア，シンガポール，ドバイ，南アフリカなどのキャンパスに単位移行することが可能である。提携大学は次の通りである。

　モナッシュ大学（メルボルン，マレーシア），カーティン大学（パース，シンガポール，マレーシア），クイーンズランド工科大学（ブリズベン），スウィンバーン工科大学（メルボルン），グリフィス大学（ブリズベン），エディス・コーワン大学（パース），ブルーマウンテン国際ホテル・マネジメント・スクール，南クイーンズランド大学，ウーロンゴン大学（ニュー・サウス・ウェールズ，ドバイ，マレーシア）

　以上に加えて，南クイーンズランド大学プログラムがあり，INTIカレッジ・インドネシアにおける在学のみで学位取得が可能である。最初の2年間はINTIカレッジ・インドネシアの責任で教育を行うが，最終学年は南クイーンズランド大学によって管理される。

　アメリカ大学プログラムは，ジャカルタで2年間学んだ後に，3年目にアメリカの提携大学154校のいずれかに単位移行するというものである。

　これらのトランスナショナルなプログラムは，当初はマレーシア本校からのプログラムを受け身的に運営する形で始まったが，次第に現地化していった。その様子を次の聞き取りの中で確認してみよう。聞き取り相手のスディノ・リム氏（Sudino Lim, インドネシア人）はインドネシアのカリマンタンのポンティアナ（マレーシアのサラワク州との国境の町）で英語の教師をしていた1991年に，インドネシアに近いINTIカレッジのクチン校のエージェントとして働き始めた。1994年には常勤スタッフを経て，1999年からINTIカレッジ・インドネシアのマネージャーを任された。

《聞き取り：スディノ・リム氏，INTIカレッジ・インドネシア前マネージャー，2010月11月1日，2013年7月16日》

2001年にINTIカレッジ・インドネシアとしてトランスナショナルな単位移行やトゥイニング・プログラムを始めました。当時、このような試みは始まったばかりで、いろいろな意味でグレー・ゾーンだったので、インドネシア政府はテスト・ケースとして観察していたようです。2004年になると、こうしたトランスナショナルなプログラムは奨励されるようになりました。はじめの頃はスカラーシップ・プログラムの延長としてとらえられていて、サンドイッチ・プログラムと呼ばれていました。

　ジャカルタで2年間履修した後にマレーシアのINTIまたはオーストラリアのウォロンゴン大学で1年間在籍する2+1、あるいはウォロンゴン大学や南クイーンズランド大学との3+1を行いました。こうしたプログラムの一環として毎学期2科目2週間だけINTIマレーシアのサラワク・キャンパスにおける集中講義（block lecturing）に学生を送ったりしました。さらには、オーストラリアの約10大学と単位移行を通して、1+2や1.5+1.5などのプログラムを行いました。

　このようなトランスナショナルなプログラムを始めた最初の2年間だけはマレーシアのINTI本校を通して海外との提携をしていましたが、その後は海外の大学との交渉のすべてを直接行えるようになりました。そして、経営面でも独立しました。

　2000年代初頭には、セダヤ、セギ、HELPなどの多くのマレーシアのカレッジがここに進出していましたが、今ではみんないなくなってしまいました。マレーシア側からの直接の経営だったのがいけなかったのでしょう。われわれの場合は経営の現地化がうまくいきました。私のバックグラウンドはインドネシアの高等教育ですから、インドネシア社会の抱えていた課題は理解していたのです。われわれのカレッジが生き残ったのは、現地の経営だったからです。

リム氏は2012年にINTIから独立し、INTI時代に学んだ高等教育の運営の仕方を活用して、自らが企画・運営する単科大学を設立した。

3）インドネシアの私立（民間）大学の国際化

　ビヌス大学（BINUS University）はインドネシアの代表的な私立大学の1つである。その前身は1981年に設立されたコンピュータ・テクニック・アカデミー（Akademi Teknik Komputer）で、1986年にビナ・ヌサンタラ大学（Universitas

Bina Nusantara）に昇格し，その後 2011 年にビヌス大学に名称変更した。国際化を積極的に進めている大学として評判は高い。2001 年から中流階級を対象としたマレーシア流のトランスナショナルなプログラムを開始した。その背景には，1997 年の金融危機以降，学生たちの海外留学が困難になったという事情があり，その経済的負担の軽減が目指されていた。

「トゥイニング」という言葉を使っているが，ビヌス大学のカリキュラムと単位が提携校に認められていることから見て，トランスナショナルな単位移行の意味で使われているようである。3 年間はビヌス大学が用意したプログラムを学び，提携大学に単位移行して最終学年のみを海外で学ぶ 3＋1 が最も人気のある形態であるという。

オーストラリアの大学（カーティン大学，マッコーリー大学，クイーンズランド工科大学，ウォロンゴン大学，ラトローブ大学，マードック大学，RMIT 大学，ニュー・サウス・ウェールズ大学），ニュージーランドの大学（オークランド工科大学，ヴィクトリア大学ウェリントン），イギリスの大学（ボーンマス大学，ノーサンブリア大学，ノッティンガム大学），ドイツ（ケルン・ビジネス・スクール）などとトゥイニング提携を結び，海外の大学の学位あるいは二重学位が授与されるようになった（2013 年 6 月 10 日現在）。

5 　先進英語国における応用

興味深いのは，高等教育のマレーシア・モデルは，途上国に限定されず，形を変えながら先進英語国でも採用されるようになった点である。たとえば，イギリスの私立のカレッジはイギリスの 4 年制の国立大学とのトゥイニングを通して，カレッジに在学することによって提携大学の学位が取得できる方法を構築した。マレーシアで創られたトゥイニングの国内版に相当する。イギリスでは，前者は後者の協力カレッジ（associate college）であると表現される。

この制度を通して，たとえば，学生はロンドンにいながらにしてイギリスの地方の大学の学位を取得することが可能になった。ロンドンという都市空間に

図6-4　ロンドン・スクール・オブ・コマースのホームページ

出所：http://www.lsclondon.co.uk/BA-business-and-management.php, accessed 26 September 2013.

表6-1　ロンドン・スクール・オブ・コマースで取得可能なカーディフ・メトロポリタン大学の学位と取得までの年数

学位の種類	科　目	年　数
MBA	経営学	1年（または16カ月）
管理職のためのMBA	経営学	18カ月パートタイム
学士（優等過程）	ビジネス・スタディーズ	2年フルタイム
修士	情報技術	12カ月
修士	国際ホスピタリティ・マネジメント	1年
修士	国際ツーリズム・マネジメント	1年
学士（優等過程）	コンピューティング	2年
博士／プロフェッショナルな博士		3年

出所：http://www.lsclondon.co.uk/, accessed 26 September 2013.

　住んで働きながら学位の取得ができるため，中国人やインド人をはじめとして外国人の間で人気が高い。イギリスでは，フルタイムの外国人学生であっても週20時間まで働くことが認められているし，就労だけではなく様々な機会があるロンドンに住むことはそれ自体が魅力を持つ。

　たとえば，ロンドン・スクール・オブ・コマースというカレッジはウェールズのカーディフ・メトロポリタン大学の学位をロンドンにいながらにして取得

> **ロンドンにある同大学の提携カレッジ**
>
> 皆さんの中にはロンドンが大好きで，職業選択のためにロンドンで学びたいと思っている方がいるでしょう。そういう人が始めるのにもってこいの場所がここにあります。私たちはパートナーと共に専門分野のコースを提供します。アングリア・ラスキン大学の学生として，専門的な施設とロンドン中心部というロケーションを巧みに利用することができるのです。
>
> 下記のリンクを使って，どこで学べるか調べてみてください。
>
> ・アミティ大学（ロンドン）
> ・カプラン・ホルボーン・カレッジ（ロンドン）
> ・LCA ビジネス・スクール（ロンドン）
> ・ロンドン・スクール・オブ・マーケティング
> ・ロンドン・スクール・オブ・オスティオパシー（整骨）

図 6-5　アングリア・ラスキン大学のホームページ

出所：http://www.anglia.ac.uk/ruskin/en/home/your_university/anglia_ruskin_campuses/london_associates.html, accessed 26 September 2013.

できる方式を構築した（図 6-4 参照）。表 6-1 が示しているように，実用的な科目の学士号と修士号が取得できる。ほとんどの学生が留学生である。

　同様の提携関係はいくつもある。たとえば，イングランド東部にあるアングリア・ラスキン大学は，自らのホームページで，ロンドンに複数の提携カレッジがあり，そこで学ぶことを推奨している（図 6-5 参照）。

　また，ウェスト・ロンドン・カレッジはエジンバラにあるヘリオット・ワット大学の協力キャンパス（associate campus）として，後者のビジネス・マーケティング・ファイナンス，情報工学，ホテル・ツーリズム経営，ファッション・デザインなどの科目の学位が取得できる仕組みを用意している[8]。このような協力カレッジはロンドンだけに限られるわけではない。たとえば，イングランド北西部にあるブラックバーン・カレッジは，ランカスター大学，中央ランカシャー大学，南ウェールズ大学とカンブリア大学が認証（validate）あるいはフランチャイズするコースを提供している[9]。

---

8) http://www.westlondoncollege.com/about/heriot-watt-university.php, accessed 13 December 2013.

9) http://www.blackburn.ac.uk/university/why-choose-ucbc/16214-2/, accessed 13 December

イギリス政府の推定によると，私立の高等教育機関は674校あり，その多くがビジネス，経営，会計，情報技術などの実用的科目，および音楽，ドラマ，ダンスなどの文芸的科目の学位を授与している。ビジネス・イノベーション技能省（Department for Business, Innovation and Skills）によると，2012年秋の入学生に対する学費の平均は国立大学では8,300ポンドであるのに対して，私立の高等教育機関では3,000〜6,000ポンド，最高額を平均しても5,050ポンドであった。大学・科学担当大臣（Minister for Universities and Science）であるデイヴィッド・ウィレッツ（David Willetts）は，これは学生に対する魅力的な選択肢であり，ワールドクラスの経験を提供するイギリスの大学の評判にとって評価されるべきであると述べている（Paton 2013）。

このような国内版トゥイニング・プログラムが展開するのは，カレッジと大学の双方にとって利益が大きいからである。私立のカレッジにとっての利点は，設備や教授陣に対する多額の投資をしなくても高等教育のサービスが提供できる，ロンドンの魅力を活かして学生獲得が容易である，などがある。また，国立大学にとっては，フランチャイズ料や認証に伴う料金が入るという大きな経済的メリットがある（なお，提携関係には，大学からフランチャイズされたプログラムをカレッジが行う場合と，カレッジが作ったプログラムを大学の認証を受けて行う場合がある）。加えて，カレッジの介在により，大学の学位を取得する学生数，特に留学生数が大幅に増えるため，大学のランキングが上がり評価が高まるなどのメリットもある。

このようなイギリスにおけるトゥイニング・プログラムが，マレーシア・モデルの直接の模倣によるものなのか，マレーシア・モデルが様々な経路を経て国際的に普及した結果その延長線上にあるものなのか，いずれであるかを証明するのは難しい。前者の可能性を示す根拠としては，1980年代にマレーシアの民間のカレッジとのトゥイニング・プログラム創設に深く関わったイギリスの大学教授が，大学定年後も，当時の経験や人脈を活かして，イギリス国内で留学生を集めようとしていた私立のカレッジのためにイギリスの大学との提携

2013．

という同様の制度を構築したと語った事例をあげることができる（Ｄ氏への聞き取り，2009 年[10]）。

　もちろん，こうしたプログラムが導入された当初は学生の間に不安もあった。たとえば，ステューデント・ルームというイギリスのウェブ掲示板に，カレッジと学位に関するスレッドがあり，次のような投書と反応が掲載された。

> duttster：私はブラックプール・アンド・ザ・ファイルド・カレッジからコンピュータ・サイエンスの学位（首席）を取得しました。ずっと聞かされていたのは，ランカスター大学が認証するから，ランカスター大学の学位取得のために（ここで）学んでいるということでした。以下はカレッジのウェブサイトからの引用です。
> 　「ランカスター大学の協力カレッジとして，われわれの学位は同大学の厳しい要件に応えるべく最高度の水準にあります。われわれのカレッジの卒業生は世界水準の大学の価値ある学位を有しているのです」。
> これは本当でしょうか。私の主な心配は，就活の時に，カレッジではなくてランカスター大学の学位と言っていいのか，そうしたら不正になってしまうのか，ということです。私の学位はランカスターのものと同じ価値がありますか。雇い主はカレッジの卒業生と大学の卒業生を区別するでしょうか。……（2011.11.17）
> nulli tertius：あなたの学位記は明らかにランカスター大学の証書ですよね。だとしたら同大学の学位です。あなたの履歴書にちゃんとランカスター大学の学位を持っていることを書き，その大学に通っていたと書かなければ，だいじょうぶです。もし，学位記に別のことが書いてあったら，説明が必要になってくるかもしれません。（2011.11.18）。
> duttster：ありがとう，nulli tertius. 学位記にはランカスター大学の紋章があって，その下にしっかりと「ランカスター大学」と書いてあります。でも，その下には小さめのフォントでブラックプール・アンド・ザ・ファイルド・カレッジとあります。カレッジの校長の署名に加えてランカスター大学の副総長（VC）の署名もあります。一風変わったカレッジと大学のハイブリッドな証書とでも言いましょ

---

10) このカレッジの海外支部において調査した際に，企業情報の公開に関して慎重であったので，匿名とするのが妥当と判断した。

図 6-6　ウェストミンスター・インターナショナル・カレッジのホームページ
出所：http://www.westminster.edu.my/, accessed on 2 October 2013.

うか。ということで，基本的には，履歴書にはランカスター大学に行ったとは言わずに，単に「ランカスター大学（首席）」と書くことにします……（2011.11.18）。(http://www.thestudentroom.co.uk/showthread.php?t=1840626, accessed 18 December 2013)

　マレーシアにおいて塾や専門学校のような存在であった民間のカレッジに通うことで海外大学の学位取得を可能にした3＋0型のトゥイニング・プログラムが始まった1990年代後半，あるいはインドネシアなどでそのような高等教育のマレーシア・モデルが普及し始めた2000年代初頭，それらの地域の学生や親が，ローカルに取得できる海外学位（foreign degrees done locally）の価値やイメージについて同様の懸念を抱いていたのが思い起こされる。マレーシアの小さなカレッジに通ってほんとうに英米豪の大学の学位が取れるのか，学位記

にどう表記されるのか，マレーシアで学位を取ったことがわかると就職の際に低い評価を受けるのではないか，などの声が聞かれたが，制度が社会的に認知されるようになってからは，次第にその懸念が払拭されていったことは記憶に新しい。

以上，イギリスの私立のカレッジで学ぶことによってイギリスの大学の学位が取得できる制度（トゥイニング）について紹介した。1980年代にマレーシアで生まれたモデルの興味深い応用例である。しかし，話はここで終わらない。上に例としてあげたカーディフ・メトロポリタン大学の協力カレッジであるロンドン・スクール・オブ・コマース自体が，クアラルンプールに分校（division）としてウェストミンスター・インターナショナル・カレッジを開校したのである（図6-6参照）。たとえば，ビジネス・スタディーズ（優等課程）を専攻した場合，クアラルンプールで3年間学んでカーディフ・メトロポリタン大学の学位を取得することが可能であり（3+0），最終学年をロンドンで行う2+1を選ぶこともできるという。

マレーシアで生まれたトゥイニング・プログラムが，イギリスを経由して，イギリスのカレッジ主体のプログラムとしてあらためてマレーシア市場に進出している点が興味深い。

6　結　び

1980年代のマレーシアで創造されたトランスナショナルな単位移行とトゥイニング・プログラムを基調とする高等教育モデルは，30年経った現在，様々な経路を伝わって世界各地に伝播した[11]。前章では，このモデルが留学生個人にとって持つ意味を中心に考察し，西洋英語国の高等教育を受けるために中間的ステップを必要とするアジアの，特に途上国の学生にとって魅力的な手段となりえる点を確認した。本章では，それぞれの社会にとっての観点からこ

---

11) 多くの場合，伝播経路の厳密な特定は，既に容易ではなくなっている。

のモデルの意味をあらためて考察した。まず，国家の教育政策にとっての位置づけを要約してみよう。マレーシアで生まれた高等教育モデルの採用は，途上国においては，たとえばベトナムの場合がそうであるように，高等教育が十分に整備されていない段階での代替的制度であり，高等教育の方法を学習するための効率的な手段として受け入れられている。また，インドネシアの場合がそうであるように，高等教育のグローバル化を大衆的なレベルで進めていく上で効率的な方法でもある。

次に，市場のプレーヤーの観点からは何が言えるであろうか。マレーシア・モデルを採用するカレッジにとっての経済的利点は，施設や教員に多額の投資をしなくても高等教育をビジネスとして運営できる点にある。そして，西洋英語国の大学にとってはフランチャイズ料やその他の収入が入るので，（ほとんどの場合）学位授与資格のないカレッジと組むことは経済的に合理的な選択である。さらには，留学生の数が大学ランキングの重要な指標であるため，留学生の増加が大学の評価にプラスに働くので，トゥイニングはグローバルな学術資本主義(アカデミック・キャピタリズム)の中にある大学の指針に合致した制度でもある。このように，マレーシアという「半周辺」で生まれた高等教育モデルは，グローバル資本主義に組み込まれて，「周辺」と「中心」における様々なプレーヤーにとって，それぞれの立ち位置において利益がもたらされるシステムになったと言うことができるであろう。

第 7 章

英語化とポスト複合社会の行方

1 はじめに

　マレーシアは英植民地主義の産物として成立し，その遺産を継承・展開したポストコロニアル社会として現在に至っている。そのようなマレーシア社会の展開に深い影響を与えた植民地主義の遺産の1つが英語使用，もう1つがポスト複合社会のマルチエスニシティである。本書では，この2つの遺産が絡み合ったポストコロニアルな文脈の中で，民間から生まれた英語を媒体とするトランスナショナルな高等教育制度，およびその国内的・国際的波及について考察してきた。本章では，以上の2点について補足的な議論を行った上で，国家と市場の観点からあらためて考察を加えたい。なぜなら，R. W. ヘフナーが言うように，マレーシアにおける「民族的・宗教的多元主義の新たな局面を理解するためには，新旧の社会的な溝に対して，市場形成とネーション・ビルディングが及ぼす影響を吟味しなければならない」からである（Hefner 2001：8）。

2 英語化とグローバル資本主義
──「半周辺」としてのマレーシア──

　まず，英語化を理解する上で，本書が目指したことを再確認しておきたい。

本書の基本的接近法は，個人の動き（ミクロ・レベル）と，個人が戦略的に身を置きながら様々な組織や制度と接合することにより生活を創っていく過程（メゾ・レベル）から，英語化を理解するというものであった。英語化をめぐる従来の議論や問題設定の限界を超えることを目指したためである。第1に，中心としての「英語国」と周辺としての「非英語国」という区別に拘束されていた言語帝国主義論者の多くは，その図式ではとらえきれない興味深い現象を見逃してしまっており，他方，それに反対する立場の論者たちは「中心―周辺」図式の限界を指摘していながら，実際にマルチナショナルな人々が動き回る枠組みや仕組みを考えることを放棄していた。第2に，これまで研究対象とされたほぼ唯一の社会的関係は，英語の促進者（英米豪などの「英語国」）とその「犠牲者」との関係であった。英語化は，様々な種類の関係者の社会的位置に基づきつつ，そうした関係者間の社会的相互作用や社会的ネットワークの中で進行しているはずであるが，そこまでの考察の拡がりは従来見られなかった。第3に，ローカルな英語を論じる言語学者たちは，ローカルな英語がいかなる文脈でいかなる社会集団の実践的な活動に結びつけられ，その結果，社会編成にいかなる作用を及ぼしているのかという，社会的リアリティの分析の視点を欠いていた。本書では，これらの議論の限界を超え，実践的な活動，社会編成の動態の分析を通して，ポストコロニアルな状況において英語化が引き起こす重層的な社会的インタラクションやネットワークの展開を分析の対象にしてきたのである。

　トランスナショナルな高等教育のマレーシア・モデルは，英米豪などの英語国の教育制度とつながることによって可能となった。そして，本書の議論が示してきたように，ミクロ・レベル，メゾ・レベルから見ると，マレーシアの様々なアクターは，トランスナショナルな制度の構築を通して，マレーシアおよび他の国のある社会層に対して高等教育の機会を開放したことになる。この展開は，英語化をめぐるグローバル社会経済というマクロな視点から見ると何を映し出しているのであろうか。グローバル社会経済のマクロな分析は本書の射程外であるが，ここで何らかの示唆を導き出しておきたい。

　そのためにまず，補助線を引いておこう。すなわち，トランスナショナルな

高等教育のマレーシア・モデルは,「半周辺」のマレーシアで創造された制度だということである。マレーシアは2つの意味で半周辺であると言える。第1に,英語使用における半周辺である。英語圏の「中心」とされる英米豪などの西洋英語圏（B. B. カチルの言う「内円」）と,「周辺」すなわち英語が歴史的に公式のコミュニケーションの道具としての役割を果たしてこなかった諸国・諸地域（「拡大円」）との,中間に位置する「外円」に相当する（序章注1参照）。これは,英語が植民地主義あるいは英米の統治下で共通語または通用語として定着した地域である[1]。第2に,世界システム論的な意味での半周辺である。すなわち,周辺の中でも発展の度合いが高く,他の地域を周辺化することで自らの相対的中心性を高め,中心（あるいは,中核）への仲間入りを達成しようとする諸国としての半周辺である[2]。それでは,半周辺のマレーシアから生まれたトランスナショナルな高等教育モデルは,グローバル経済の国際分業の視点から見るとどのような役割を演じてきたのであろうか。この問いを考えるために,2つの事例を検討しながら議論を進めていこう。

1) 西洋の輸出産業に寄与するトランスナショナルなプログラム

2004年,マレーシアの民間の高等教育は国際展開において最高潮を経験していた。本書の中でしばしば触れたINTIカレッジはアメリカの大学プログラムを得意としていたが,当時,INTIからの単位移行を通してアメリカに行く学生数は,他のすべての民間カレッジの単位移行訪米留学生の合計とほぼ同じであったという。INTIのこのような功績に対しては,アメリカ大使館からアメリカの貿易の促進に貢献したという趣旨の感謝状も贈られた。INTIで国際担当だったリョン氏によると,第1に,アメリカの大学における留学生の増加

---

[1] 英語化が展開する上で半周辺の存在は重要である。半周辺のほとんどが英米豪などとは異質の環境を有しているため,英語学習の留学先として付加価値が付く。また,生活費が比較的安価である場合が多い。たとえば,英語留学先として日本人にも人気のフィジーは南太平洋,またマルタはイタリアに近いヨーロッパ大陸の雰囲気の中で学ぶことができる。

[2] I. ウォーラーステインの世界システム論では,「中核」（core）の概念が使われているが,本書では「中心」を用いる（Wallerstein 1979）。

に貢献した点，第2に，留学生はアメリカ的価値を吸収して帰るため，親アメリカ的志向を卒業後の仕事の中で発揮し，その結果アメリカの貿易に貢献する点，に対するアメリカ側の評価であったという（リョン・サット・シン［Leong Sat Sing］氏への聞き取り，2004年8月4日）。

この例が端的に示すように，マレーシアの民間カレッジが用意したアメリカの大学への単位移行プログラムは，マレーシアという半周辺における仲介的役割を通して，アメリカの高等教育（のみならずアメリカ的価値の）拡大に貢献したと言うことが可能である。

ただし，この例においては，アメリカ留学が最終目的であるので，従来型の国際的高等教育に近いが，トゥイニング・プログラム（特に3＋0）の場合は，国際的というよりもトランスナショナルの概念で表現されるべきものである。ユネスコと欧州評議会の規約によれば，トランスナショナルな高等教育とは，「学習者が授与機関とは異なる国に位置する高等教育学習プログラム，または学習コース群あるいは教育サービスのすべての形」を指し（UNESCO/ Council of Europe 2000 : 2, quoted in Naidoo 2008 : 5），トランスナショナルな高等教育プログラムとは，それが提供される国とは異なる国の教育システムのものか，いかなる国のシステムとも独立に提供されるものだ，とされる（ibid.）。

要するに，トランスナショナルな高等教育の要はリンケージでありネットワークなのだが[3]，西洋英語圏と非英語圏との間，また先進国と途上国との間にリンケージとネットワークを築く上で，マレーシアの半周辺性は貴重な資源なのである。これを西洋英語国の視点から見ると，従来のように留学生の受け入れを通して経済的利益を得るというよりは，トランスナショナルなリンケージそのものが経済的利益の源となっているのである。

以上の意味で，マレーシアの民間カレッジが創造したトランスナショナルなプログラムは，英米豪などの英語国の高等教育を拡大する役割を演じたことになる。マレーシアという半周辺における仲介的役割によって，英語化の裾野が広がったと言えるのである。

3）ネットワーク社会に関しては，Castells（1996）参照。

この点について，いま 1 つの事例を取り上げて，さらに考えを進めてみよう。

2）グローバル化の一環としての品質保証

2003 年頃にマレーシア政府が新たな方針を打ち出したことで，マレーシアの民間のカレッジが 3 + 0 でトゥイニングを行う場合は，その全学年において，提携先の英豪の大学が直接フランチャイズする教育プログラムを使用しなければならなくなった。それまでの 3 + 0 トゥイニング・プログラムでは，第 1・2 学年の間はマレーシアのカレッジが自ら作成した教育プログラムの使用が認められていたが[4]，この変更の結果，多額の資金がフランチャイズ料として英豪の大学に移行することになったのである。前述の INTI カレッジのリョン氏によると，学費の約 20％がフランチャイズその他諸々の料金として海外の大学に支払われることになったという（リョン氏への聞き取り，2003 年 9 月 4 日）。リョン氏は「お金は外に出ていくし，われわれの作った知的財産は無駄になるし，今まで積み上げてきたものが台無しになってしまった」と語った（聞き取り，2004 年 8 月 4 日）。

ここで興味深いのは，この変更がマレーシア政府の要求によって実行されたという点である。マレーシアのカレッジに対して自らの政府が課したこの変更により，英豪の大学が財政的に潤うことになったというのは不思議なようだが，この点は，聞き取りを行った英豪の大学関係者すべてが同意した。あるオーストラリアの大学教授は「何もしなくてもお金が入ってくる，笑いがとまらない」とさえ語っていた（聞き取り，2011 年 5 月 11 日）。これは，英豪の大学がマレーシアのカレッジの用意した 3 + 0 プログラムによる提携を積極的に推進するようになった理由の 1 つでもある。

この政策変更は，直接的にはマレーシア国内の国家と民間とのやりとりの結果であるが，その背景には実はグローバルな潮流があった。まずそれについて確認しておきたい。高等教育のグローバル化をめぐる重要な特徴は市場主義と

---

[4] 2 + 1 の場合は第 1・2 学年の間は自前のプログラムを使うことが依然可能であるが，その場合も外部評価（moderation）手数料，途中編入に伴う手数料などは西洋英語国の大学に支払うという（リョン氏への聞き取り，2003 年 9 月 4 日）。

経営主義であり，そこで強調されるのは，品質，効率性と有効性を確保するための教育機関間の競争，および厳格な規則と評価活動である（Mok 2000 : 152）。そのため，品質保証，達成目標，効率，説明責任などの語彙が多くの政府や高等教育機関の間で流行するようになった。経営主義の潮流は世界銀行や欧州経済協力機構（OECD）などの国際機関によって促進され，特に品質保証（quality assurance）の考え方はグローバル化の一環として多くの国に広まった。国民国家も国際競争を促進する立場から教育の品質保証を重要視して教育行政の主要領域と位置づけた。グローバル化は「国家の退場」を促すどころか，国家は新自由主義的なグローバル化の促進者となったのである[5]。

　マレーシアにおいても，グローバル化の波の中で高等教育の品質管理の発想が伝播し浸透した。既述の通り，民間・私立の高等教育機関は国立認定機構法（1996年成立）によって同機構（LAN）の管轄下に入り，高等教育機関の設立・運営には同機構の承認を得ることが義務づけられた（第4章参照）。他方，国立大学の品質保証については，2002年に文部省内に品質保証局（Quality Assurance Division : QAD）が設置された。そして，2007年には，LANとQADが統合され，マレーシア認証評価機構（Malaysian Qualifications Agency : MQA）が文部省によって設立された。同機構が掲げた重要課題の1つが国際化の強化・推進である（Malaysian Qualifications Agency 2014）。

　これまでに見たように，マレーシアの民間の教育産業は，市場の原理に則って自由な発想でトランスナショナルな制度の構築に成功した。それは半周辺から生まれた制度であった。他方，国家は新自由主義的なグローバル化の波に押されて，近年，高等教育の標準化を進めようとしてきた。市田良彦の言葉を借りると，新自由主義の特徴は「ルールと審判だけを設けてゲームの展開には立ち入らない。ルールと審判を作るには権力が必要」ということになるが（市田・小倉 2005 : 68），マレーシア国家は，品質保証に関するグローバルなルールに忠実であろうとして，そのルールを作った英米豪のプログラムの使用を民間に余儀なくさせることになった。その結果，西洋英語国が利益を得やすい環境

---

5) この点を早くから指摘したものとして，Weiss（1999）。

を創り出すことになってしまったと考えられるのである。

3）半周辺の増殖と英語化の構図

　マレーシア政府の方針によって，3+0 を行う際に自前のプログラムが使えなくなった INTI カレッジの事例に，再び立ち戻ってみよう。リヨン氏によると，民間は「それでもしたたかに動く」という。具体的には，INTI カレッジの海外校（在ジャカルタ，北京，香港，バンコク）を活用し 2+1 形式によって海外校で 2 年間 INTI のプログラムを用いたコースを終了後，単位移行を通して英豪の学位を取得する方途を見いだしたのである[6]。なぜなら，マレーシアのカレッジの自前のプログラムの使用は，マレーシア政府によって国内的には使用不可とされたが，英豪の大学によって了承済みであったため，海外校では使用可能であったからである。

　ここで浮き彫りになったのは，マレーシアの民間の高等教育モデルの本質がトランスナショナルだということである。既述のように，高等教育が成立するために必要な条件は，大学という組織ではなく，トランスナショナルなリンケージやネットワークであった。リンケージは組み換えが自由であるので，中心と半周辺とのリンケージを，半周辺と周辺との関係において再生産することは比較的容易である。それが，上記の「したたか」な動き方だったのである。

　以上見たように，マレーシアの民間はトランスナショナルなモデルを構築したが，自らの政府による要求のためにその運営が困難になった。加えて，自前の学位を授与するようにというさらなる要求を受けて，マレーシアの民間の高等教育機関は国内的にはトランスナショナルな高等教育の提供者としての役割を卒業していく。これらは「グローバル・スタンダード」に見合った高等教育構築のための学習過程であったと言うこともできる。しかし，こうした国内の展開と同時に，第 6 章でも見たように，高等教育のマレーシア・モデルは途上国に伝播している。そして，これは，周辺の半周辺化を意味する。周辺を半周辺化して仲介的役割を移譲することによって，西洋英語国の経済的利益が促進

---

6) 2014 年時点で，ジャカルタ校のみ残る。

されるネットワークをさらに拡大再生産していったのである。これも英語化が進展する1つの重要な構図であると言えよう。

3 ポスト複合社会とマルチエスニシティの展開

　ところで，ポスト〇〇社会という場合，〇〇社会が新たな形で再生産される社会を指す場合と，その状況を脱して次の段階に到達する社会，すなわち脱〇〇社会を意味する場合とがある。本書で言うポスト複合社会の場合も同様に，2つの正反対の方向性を抱えている。この2つは相互に矛盾した緊張関係にある。

　ここで，英植民地主義の産物である複合社会のその後の展開についてまとめておくことにしよう。1969年の民族暴動後に施行された新経済政策（NEP）（1970〜90年）の主な目的は，貧困の撲滅とエスニック間の富と収入に関する不平等の是正であった。特に，ブミプトラ政策（アファーマティブ・アクション）を通してマレー人を都市の経済生活に参加させ，マレー人（ブミ）と非マレー人（ノン・ブミ）を混在させることによって複合社会的状況を脱することに主眼があった。新経済政策とそれを継続する政策（すなわち，国民開発政策[1991〜2000年]，国民構想政策[2001〜10年]）はブミプトラ政策の性格を色濃く有していた。

　この新経済政策・ブミプトラ政策の有効性をめぐる議論が，マレーシアが経済不況に続いて世界金融危機への対応を迫られた2009年に始まった。まず，同政策の効果に関する議論を整理してみよう[7]。1969年の民族暴動直後に50％近くあった貧困率は2009年には3.8％にまで下がった（Malaysia 2010: 149, cited in Gomez, Saravanamuttu and Maznah 2013: 3）。また，自己資本（equity）所有に関しては，1969年にはイギリス系企業だけで62％であったのが，2008年に

---

7) E.T. ゴメスと J. サラヴァナムットゥ編『マレーシアの新経済政策——アファーマティブ・アクション，エスニックな不平等，社会正義』(2013) は，同政策をさまざまな角度から考察している（Gomez and Saravanamuttu eds 2013）。

は外国所有は 37.9 ％にまで減少した。それに対して，華人は 22.8 ％（1969 年）から 34.9 ％に，インド系は 0.9 ％から 1.6 ％に，ブミプトラおよび政府信託機関（government trust agencies）は 1.5 ％から 21.9 ％にまで伸びた（Malaysia 2010：403, cited in Gomez, Saravanamuttu and Maznah 2013：3）。

　不平等を是正する上で教育は要となるため，新経済政策の当初の関心は貧しい子供たちに質の高い教育を提供することに向けられた。特にブミプトラの子供のためにその枠組みが用意された。特別に選抜されたブミの生徒のみが学べるレジデンシャル・スクール（全寮制の学校）に始まって，大学入学時の優遇措置や割り当て制度，また海外留学のための奨学金制度などの充実が図られた（Gomez, Saravanamuttu and Maznah 2013：8）。その結果，マレー人の一部の上層移動が見られ，経済的余裕のある社会層が増えた。それは，第 1 章で論じたニュー・マレー・ミドルクラスの台頭として表れた。すなわち，それまで非都市住民であったマレー人が都市に定住し，ニュー・ミドルクラスとして登場したのである。新しい教養層やビジネス・エリートないしプロフェッショナルとして活動する新しいマレー人である。

　次に，新経済政策の効果に対する否定的な見方を要約しておこう。同政策は，エスニック集団間の距離を縮めるという当初の目的とは裏腹に，エスニック集団間の溝の再生産を促してしまった[8]。それが顕著に表れた 1 つの領域が教育，特に高等教育である。

　リー・ホッグアンによると，高等教育におけるマレー人の比率が低いことについては，既に英植民地時代にカー・ソンダーズ委員会（Carr-Saunders Commission）によって指摘されていた。しかしながら，それは民族差別に起因するとはされず，マレー人の貧困および非都市部の住民の比率が華人と比べて高い事実が指摘され，マレー人にとって不利益であったこの経済学的・地理学的事実に対処するために，能力と達成度から見て資格のあるマレー人を高等教育機関に優先的に入学させるという提案がなされただけであった（Carr-Saunders Com-

---

[8] その他の否定的な評価として，頭脳の海外流出，国内企業の経済投資への意欲喪失，公的制度の質の低下，真の起業家精神の欠如などが指摘されている（Gomez, Saravanamuttu and Maznah 2013：3）。

mission 1949, cited in Lee Hock Guan 2013：240-241)。これに対してマレーシア政府は，1969年の民族暴動を経て，マレー人の高等教育における比率を引き上げるためのより総合的な戦略を打ち出し，マジッド委員会（Majid Committee）の提案を受けて，高等教育のエスニック比率は人口比率を反映すべきであるとした（Lee Hock Guan 2013：241）。このアファーマティブ・アクションの結果，マレー人の国立大学入学者は増加した。1990年時点でマレー人・ブミプトラ59.7％，華人32.1％，インド系6.3％となったのである（ibid.：243）。さらに，リーによると，1990年代半ばから政府はマジッド委員会の人口比率案を廃し，マレー人の比率をさらに増加させた。そして，2005年には国立大学のエスニック比率は，マレー人・ブミプトラ69.9％，華人21.9％，インド系5.1％となった（ibid.：247-248）。

　ブミプトラ政策の問題は，比率自体というよりは，その不公平さに対する不満である。システムに対する信頼喪失は様々な場面で見られ，ゴメスらによると，国立大学におけるエスニック集団間の関係は悪化したという（Gomez, Saravanamuttu and Maznah 2013：11）。エスニック・グループごとに固まって行動する国立大学生は，エスニック・グループ間の距離を象徴する例としてしばしば問題にされた。

　加えて，第4章でも述べたように，トランスナショナルな民間の高等教育の成立により，マレー語使用の国立大学に通うマレー人と英語使用の民間の高等教育機関を選ぶ非マレー人（華人）という棲み分けが促進され，エスニック集団間の溝が深まった。1990年代半ばには民間・私立の高等教育機関におけるマレー人の比率は10.3％に過ぎず，その後現在に至るまで増加してきたものの，それは政府関連企業が所有する私立大学やマレー人所有のカレッジが増えたからであり，エスニックな棲み分け（ethnic segmentation）の構図は変わっていない（Lee Hock Guan 2013：248）。

　さらに，新経済政策・ブミプトラ政策はマレー人の中の格差も拡大した（Gomez, Saravanamuttu and Maznah 2013：10）。特に，都市と地方の格差は悪化した。マズナの考察によると，政府の新自由主義的な経済政策は，巨大インフラ・プロジェクトの民営化や重工業分野の工業化に重点が置かれたため，受益者の間

に地域差が生まれた。都市の大企業が優遇される一方，地方の企業や貧困層は無視される結果となった（Maznah 2013）。ブミプトラ企業に対する優遇措置は，政府に選抜されたグループによって不均衡に活用された。富裕層の一部は政治的な権力も握ったため，経済的にますます強力な存在となったが，地方のインフラの不備は明らかで，質の高い教育には手が届かなかった。

　大学教育は総じて富裕層に偏った恩恵を与えて格差を助長した。メーメットとイップの調査によると，1983年時点で，大学卒業生の11.9％，奨学生の12.3％のみが貧困層の出身であった。大学の奨学生の大多数がマレー人であることを考えれば，これはマレー人の中の格差が大きいことを意味する（Mehmet and Yip 1986：142）。実際，マレー人の貧困層は華人やインド系の貧困層と比較して大学に進学する率が低い。また，奨学金で通った大学の卒業生（そのほとんどがブミ）の5人に4人が公的セクターに就職するのは，国立大学の教育が不十分であり，民間企業で働くためのニーズに応えられないからだという（Gomez, Saravanamuttu and Maznah 2013：10）。こうした状況は現在も変わっていない。

　以上に見たように，社会を分断する基軸としてエスニシティに加えて階級が公然と強調されるようになったのは，新しい傾向である。ここでさらに，エスニシティの枠組みを超える他の兆しについても指摘しておこう。第1に，1980年代以降進んだ都市におけるミドルクラスの成長に伴って，市民の連携からなる非政府組織や非営利団体が登場し，いわゆる市民社会の兆しが見えてきた。第2に，政党政治においてエスニシティを超える連帯が現れるようになった。従来は，UMNO，MCA，MICのように各エスニック・グループを代表する政党から政治は構成され，タン・チー・ベンが言うように，エスニシティを基盤にする政治構造がエスニックの溝を拡げてきた（Tan 1988：155）。これに対して2000年代前半に，エスニシティの線を越えて政党を組織する動きが出現した[9]。

---

9) マルチエスニックな代表から構成される人民正義党（Parti Kealilan Raykyat：PKR）が結成された。同党は，イスラム法に基づく国家の設立を目標とする全マレーシア・イスラーム党（Parti Islam Se-Malaysia：PAS）および華人の利害とアイデンティティの保護・促進を目的とする民主行動党（Democratic Action Party：DAP）と野党連合を形成し2008年の総選挙時に躍進した。

これらの変化が一時的な現象なのか，あるいは社会と政治経済を変えていく持続的な方向性なのか，今後の展開を見守る必要がある。実際，市民社会的な動きは，エスニシティを基軸にする強い政治勢力の前に萎縮する面もあるし，新たにできた政党も次第にエスニシティ・ベースに回帰する傾向は否めない。本質主義的な見方は避けなければならないが，エスニシティが政治の基軸である状況は依然として変わっていないと言えるだろう。

4　ポストコロニアル社会における国家と市場

　本書では，ポスト複合社会マレーシアにおける社会的ダイナミズムのいくつかの側面を考察の対象にしてきた。第1に，ブミ（主にマレー人）とノン・ブミ（主に華人）との間の対立・競合・調整の側面である。第2に，国家と民間の対立・競合・調整の側面であり，既に論じた通り，これは第1の側面とほぼ重なる。

　このように本書では，主として民間を国家と対立する概念として用いてきた。その位置づけにおいては，市民社会や公共圏などの概念と重なる部分があるが，しかしそれでは表現しえないのが，市場のメカニズムを活用することによって国家と対峙してきた点である。本章を結ぶにあたり，ポストコロニアル社会における国家と市場の観点から，この点について考察を加えておきたい。

1）ナショナリズムとグローバル資本主義

　国家の政策も民間の事業も，それぞれ異なる形でマレーシアの置かれたポストコロニアルな状況を反映していると言えよう。まず，国家が行う公的教育のナショナリズムは，ポストコロニアルな状況の発現形態の1つである。すなわち，植民地主義の遺産である西洋化と英語使用に対抗して，ナショナル・アイデンティティの形成・維持・促進とマレー語・マレー文化の維持・促進が優先課題とされた[10]。他方，民間のノン・ブミが創造した高等教育は，ポストコロニアルな状況のもう1つの特徴を積極的に促進した。すなわち，市場における

グローバル資本主義とそれに付随する英語化の推進である。民間は市場原理を駆使して，英語を媒介とする高等教育のネットワークを構築し，その結果グローバル資本主義における仲介的役割を果たしてきた。第4章で民間のカレッジがユニバーシティ・カレッジに昇格する際の条件として，民間の高等教育が自らの存立基盤として築いてきたトランスナショナルなプログラムを段階的に終了させられている事実を紹介したが，国家がマレーシア産の学位の提供にこだわった一因は，こうしたグローバル資本主義における民間の仲介的役割に対する国家のナショナリズムにあった。しかし，その国家自体がグローバルなルールに忠実であろうとする側面を強めるなど，問題は複雑である。

こうした2つの正反対の方向性は，いずれもポストコロニアル社会における国家と市場の反応を示しており，英語化と多民族社会マレーシアの行方を考える上で重要な視点である。

ここで再び，グローバル市場におけるマレーシア華人の役割について確認しておくなら，既に繰り返し論じたように，彼らは，英語化を促進するグローバル資本主義における半周辺性と多文化・多言語資本を駆使して，英語を媒介とする高等教育のネットワーク形成で積極的に仲介的役割を演じてきた[11]。振り返れば，英植民地時代，華人はヨーロッパ系企業の仲介者（ミドルマン）としての役割を与えられていた（Hefner 2001：17）。従って，グローバル市場化したポストコロニアルな社会においては，華人の伝統的な役割が再構築されたと言うことも可能である。しかし，現代の高等教育の英語化で特徴的なのは，マレー人もこのような仲介的役割を学習している点にある。第4章で述べたように，マレーシアのマルチエスニシティを資源とした活動に従事するため，マレー人も国家の領域を離れ，市場経済に参加している。確かに，民間の高等教育機関

---

10) たとえば，マレーシア国民大学（UKM）は，英植民地時代にマレー語を知的言語とした高等教育機関を設立するという民族主義的知識人の構想に端を発するが，植民地当局からの妨害と抵抗で実現しなかった。その後1957年から67年にかけてナショナリズムの高まりを経て，1970年にすべての学科をマレー語で教える同大学が設立された（Mohd Ali Kamaruddin 2006：1）。

11) 英語の拡大を単純化して見る言語帝国主義の議論には様々な問題点があるが，英語を媒介とするグローバルな学術資本主義における従属関係を考える視点としては無益ではない。

においてマレー人の姿が見られるようになったのである。それでは，この役割の取得はマレー人の領域としての国家，華人の領域としての市場という伝統的な構図を脱する1つの道筋になりえるだろうか。しかし多くの場合，マレー人に対しては政府とのパイプ役が依然として期待されているのも事実である。また，政府の法人化・民営化政策に沿って，マレー人のカレッジや私立大学は増加したが，これらは政府の補助金に依存する形で展開している。このような状況にあって注目すべきは，経済的な余裕のあるマレー・ミドルクラスの学生の増加であろう。この変化は今後，民間の高等教育機関におけるマレー人の役割をどう変化させるのであろうか。国家と市場の関係の中でマレーシアのマルチエスニシティの行方を考えていく上で見逃せないポイントである。

2) ポスト複合社会における市場

　2014年3月にクアラルンプールでマレーシア国民大学エスニック研究所主催の「マレーシアにおける社会的凝集性（social cohesion）」に関する国際会議が開催された[12]。そこでは，同研究所が政府から助成を受けて組織してきたプロジェクトの中間発表がなされた。エスニックな溝は今なお存在するが，様々な場面において社会的凝集性を増す取り組みが試みられている，その現状の報告が行われたのである。エスニック関係に公の場で触れることが許されなかった1980年代に比べて劇的な変化と言うべきである。

　その議論の中で最も社会的凝集性の程度の高かった領域が，市場とソーシャル・メディアであった[13]。これはJ. S. ファーニバルが複合社会を語った時，複数のエスニック集団が相互に接触する唯一の場が市場であると言ったのと一見違わないように見えるが，果たしてそうであろうか。ファーニバルが念頭に置いていたのは物品が売買される市場であったが，シンボリックな財とサービスが扱われる市場に意味を拡大したとして，そのような市場の位置づけはファー

---

12) International Conference on 'Social Cohesion in Malaysia', organised by the Institute of Ethnic Studies, Universiti Kebangsaan Malaysia, 18 and 19 March 2014.
13) マレーシア社会におけるソーシャル・メディアの役割に関しては，本書の範囲を超えるので触れない。ソーシャル・メディアに関しては，たとえばLim（2013）を参照。

ニバルの時代と同じだと言って済まされるであろうか。あるいは，市場に対して創造的な役割を期待できるのだろうか。

現代のマレーシアにおいて，エスニシティを超える社会関係を考える上で市場が意味のある場であることは，この会議以外でも多くの研究者が語った。ある文化研究者（インド系）は，エスニック・グループ間の相互作用が顕著に見られる例として，ショッピング・モールの店舗における店員をあげた[14]。彼らはどのような社会層の出身で，どのような職業選択を行っているのであろうか。ショッピング・モールに出店している様々な種類の店舗の中でも，技能が必要とされる業種（たとえば，金融業，IT関係）あるいはイベントのプロモーターのスタッフがマルチエスニックであること，さらには彼らの多くが民間の高等教育機関の卒業生であることは，筆者も自身の調査の中で確認している[15]。マレーシア人の中でも英語話者の顧客への対応が期待されるからである。また，ある言語学者（華人）は，様々なエスニック・グループがマレーシア英語の様々なレベルとバラエティをコード・スイッチしながらコミュニケーションする場としてのコピティアム（kopitiam）[16]に強い関心を寄せていると語った[17]。彼女は，コピティアムにおけるインター・エスニックな相互作用はマルチエスニシティの行方を予測する上できわめて興味深いとも語った。なぜなら，様々な英語の話し方は，社会階層，エスニシティ，世代，出身地など，話者の諸々

---

[14] 筆者との個人的会話の中におけるスミット・マンダル（Sumit Mandal）博士の発言（2014年2月15日）。

[15] 2001年から14年まで毎年約2カ月かけてクアラルンプールのミッドバレー（Mid Valley）にあるメガモール（Megamall）というショッピング・モールで行ってきた長期時系列調査。エスニック関係，英語の話され方，食文化の表象などの調査項目が含まれている。調査結果は2014年5月段階で未発表。

[16] コピティアムとは，マレー語のkopi（コーヒー）と福建語のtiam（店）を組み合わせた言葉で，コーヒーなどの飲料と簡単な軽食を提供する店のことである。近年は，ショッピング・モールなどで都市のミドルクラスを対象に伝統的なコピティアムを思い起こすような懐古的な店舗が増えた。これらはアメリカ的なコーヒー・ショップの人気を追随するような形で現れ，比較的安価でローカルなメニューを取りそろえたことで人気を博している。

[17] 筆者との個人的会話の中におけるクー・ユー・リー（Koo Yew Lie）教授の発言（2014年2月11日）。多言語的文脈に関するクーの考え方については，Koo（2013）を参照。

の背景を体現しているのみならず，相手の背景によって話し方を調整してコミュニケートするため，そのようなインタラクションは様々なインターフェースを持つ。従って，多様な社会関係のあり方が潜在的に含まれていると考えられるのである。実際，ショッピング・モールは英語が広く使われる場である。そこに集まる人々は，英植民地時代に通用語として英語を使っていた世代というよりは，その次の世代が圧倒的に多い。若い世代の中でも，英語使用を家族の中で継承している人々もいるが，教育言語のマレー語化，再英語化を経て新たな形で英語を習得した社会的カテゴリーの人々を多く含む。マレーシアの学生との会話の中で注目に値するのは，ショッピング・モールが若者の「社交」（ジンメル 1994）を考える上で重要な場として頻繁に語られる点である。親の監視下から離れて初めて自立的な行動ができる場なのである。

　Z. バウマンは「国家の文化に対する関心が色あせてくると，文化は知識人が及ばなかったいまひとつの権力の軌道の内側に入ってくる——すなわち，市場である」と述べ，「次第に，消費社会の文化は，従順で服従する国家の臣民というよりは，巧みで熱心な消費者を生産し，再生産する機能に従属させられていく」と論じている（Bauman 1992：17）。もちろん，消費行動とロマンティックなポストモダニズムを過大評価することに対しては注意しなければならない。バウマン自身も言うように，文化の領域が「国家による直接の監視から自由になった」からといって「政治の権力者にとって関心の無いものに減じてしまった」わけではない（ibid.）。既に述べたように，国家の権力は圧倒的に強く，エスニック・ベースの政治は依然として主流である。しかし，それを理解した上でなお，新しい市場は新しいマレーシア人の社会的インタラクションを読み解く場として意味があると言えるのではないだろうか。複合社会像の前提をあえて覆すことによって，そこに英語化とポスト複合社会の行方を探るための鍵を見つけられると思うのである。

補論　グローバル・メディアとローカルな言語状況
——CNN インターナショナルの英語をめぐって[1]——

1　はじめに

　アジアにおいては，イギリス英語，アメリカ英語，オーストラリア英語をはじめとして様々な英語が混在し，それぞれの英語と密接に関連する形で，多様な文化産業と公的制度が，経済的動機から熾烈な競争を展開している。英語は，教育，情報，観光などの産業と密接に結びついているため，英語を母語あるいは公用語とする諸国にとってきわめて重要な経済的資源である。本書では，英語化がダイナミックに展開している高等教育を直接の研究対象にしてきたが，ポストコロニアルな英語化を考える上で，教育に加えて考察したいのが，メディアにおける言語使用である。それは，第1に，言語社会化でメディアの役割が無視できないということとともに，第2に，多くのナショナリズム研究者が言うように，メディア言語はネーションの形成に重要な役割を果たすからである（e. g. Anderson 1991）。

　本書では，メディアを全面的にとらえる余裕はないが，マレーシアにおける英語話者のアイデンティティを大きく揺さぶった英語メディアについて，1つの補論として提示しておきたい。

　さて，英語のグローバルな拡大に伴い，「国際英語」の多様性とそれぞれの

---

1) 本章が基にするデータは調査時（1999〜2001年）のものである。その後，若干の更新は行ったが，大幅な改訂はしていない。絶え間ない現実の動きを本書の刊行に合わせて議論の中に忠実に組み込むことは不可能であると判断したからである。

個性を賛美する英語のローカル化の流れが目立ってきている。イギリス英語，アメリカ英語のような伝統的な類型に加えて，今までは単に「標準英語」の逸脱的変形と位置づけられていた様々な種類の英語に対して新たな意味づけが進行している。特に，東南アジアをはじめとする旧英植民地国では，英語の多様性が重層的なアイデンティティと結びつき，興味深い状況が展開している。このようなローカルな英語をめぐる状況に対して，国境を越えて送信されるアメリカ産のグローバル・メディアはどのような影響を及ぼしているのであろうか。本章では，グローバル・メディアの代表格である CNN インターナショナル（以下，CNNI）に焦点をあて，この問題を考えてみたい。CNNI は 1985 年に登場して以来，グローバル・メディアの代表格としての地位を築いている。その影響力に関しては，既にマスメディア研究や文化研究の中で様々な角度から議論されている (e. g. Morley and Robins 1995)。しかし，CNNI の言語的影響力に関しては，それが英語メディアであるため英語支配の状況を促進しているという指摘以外に，テーマとして取り上げられることはない (e. g. Phillipson 1992)。

　アメリカ産のグローバル・メディアである CNNI は，世界各地のアメリカ化を推進しているという見方が広く浸透している。また，1990 年代半ばに行った聞き取り調査によれば，アメリカ英語の拡大に手を貸しているという声が広く聞かれた[2]。しかし，実際の放送では，アメリカ人以外のアンカー（キャスター）やレポーターが数多く採用されているし，逆にイギリス，オーストラリアをはじめとする非アメリカ的な英語の発音が目立ち，アメリカらしさは「脱響」されている。この点は，基本的にイギリス英語のみで勝負してきた BBC ワールドとの際立った違いである[3]。「イギリス英語で聴く CNN」とは，CNN をアメリカ的な言語支配装置と想定する論者にとっては矛盾語法であるはずだが，これは一体何を物語っているのであろうか。旧英植民地圏におけるイギリス英語びいきの視聴者を意識した CNN のアジア市場向けの戦略なのか。一方，アジア，特に旧英植民地諸国の人々は，これをどのように受けとめているので

---

2) クアラルンプールで海外出張を頻繁に行うエリート層への聞き取り。
3) BBC ワールドにおいても「アジア・ビジネス・レポート」などの番組にアメリカ的話し方をするフィリピン人を採用するなどの変化は見られる。

あろうか。そして，人々の受けとめ方は，ポストコロニアル時代におけるアジアの人々のアイデンティティのいかなる側面を映し出しているのか。ローカルな英語をめぐる状況に対してどのような影響を与えているのであろうか。

　以上のような問いに対する解答を経験的に探るために，放送の送り手と受け手を対象に聞き取り調査を行った。まず，放送の送り手である CNN アトランタ本社において CNNI の総括責任者および制作スタッフに聞き取りを行った（1999 年 3 月 16 日）。次に，CNN のアジア拠点である香港においてアンカーおよび現地スタッフに聞き取りを行った（2000 年 2 月 23 日）。加えて，CNN のアジア地域戦略を比較の視点から判断するために，もう 1 つのグローバル・メディアである CNBC Asia（在シンガポール）においても同様の聞き取りを行った（2000 年 2 月 24 日）。さらには，放送の受け手として，アジアにおける旧英植民地の典型例としてマレーシアを選び，クアラルンプール近郊のミドルクラスを対象に探索的な聞き取り調査を行った（2000 年 8 月，2001 年 3 月）。

　本章の構成は次の通りである。まず，CNNI の英語使用とマレーシアの言語状況を論じる前に，CNNI の視聴のされ方を確認する。最初の 2 節では，CNNI の視聴者の特性，さらにはマレーシアのテレビにおける CNNI の位置づけとクアラルンプールにおける CNNI の視聴者の特性を概観する。次に，CNNI の英語の話され方においてアメリカらしさが「脱響」されている様子を多種多様なナショナリティやエスニシティから成るアンカーの具体例をあげながら紹介する。また，アンカーの採用基準に関する CNNI（および CNBC Asia）の制作現場の声を紹介する。次に，クアラルンプールの視聴者の CNNI 英語に対する反応，およびそれがローカルな言語状況に与えている影響に関して，聞き取り調査から見えた傾向を紹介する。CNNI の英語を通して，アメリカ産のグローバル・メディアとポストコロニアルなアジアにおけるローカルな言語状況の相互作用を垣間見ることとなろう。最後に，本章の意義と理論的展望に触れて結びに代えたい。

2 CNN インターナショナルとその視聴者

　CNN（Cable News Network）は1980年に設立されて以来，CNN ヘッドライン・ニュースや CNN インタラクティブなどのいくつかのネットワークが追加されて現在に至っている。CNNI は1985年から加わった主に海外向けのネットワークである。アメリカ合衆国内においても視聴は可能であるが，CNN および CNN ヘッドライン・ニュース（さらには，1996年から始まったビジネス志向の CNNfn）があるため，国内市場の積極的展開は想定されていない（Flournoy and Stewart 1997：198）。CNNI は，世界212の国と地域において1億5100万世帯によって視聴されている（2001年8月7日現在）。また，1997年に打ち出された地域化の戦略に沿って，欧州・中東・アフリカ，アジア・太平洋，南アジア，ラテンアメリカ，アメリカ合衆国の5つの地域に分けて，個別の番組編成がなされている（AOL Time Warner 2001）。

　CNNI の視聴者像とはどのようなものであろうか。その配信方法の特殊性のため，世界中に散らばる視聴者を正確に把握することは不可能に近い[4]。しかし，既存のいくつかの調査結果から，視聴者の特性をある程度知ることは可能である。まず，世界中の旅先のホテルで CNNI を見る習慣がついている短期旅行者および数年間海外に派遣されている駐在員といった「少数ではあるが熱心で忠実な視聴者のグループ」が含まれることは確かであろう（Flournoy and Stewart 1997：196）。また，グローバルな移動者に加えて，より定住型の視聴者の存在も無視できない。1995年にターナー・ニュース・リサーチに委託されてジョージア工科大学国際戦略技術政策研究所が行った調査によると，CNN を視聴する「影響力のある人々」には，大臣・副大臣，軍長官・副長官，統合参謀本部議長，行政官，政府スポークスマン，会社会長，CEO，会社社長・副社長，大使，大使経験者，上級政策担当官，大学学長，宗教指導者などが含まれていた。ヨーロッパ（フランス，ドイツ，イタリア，オランダ，ノルウェー，イギリス）において154件の面接調査，およびアジア（香港，シンガポール，台湾，タ

　4）「誰が CNNI を見ているかを正確に調べることは厳密な科学では（でき）ない」（Flournoy and Stewart 1997：196）。

イ）において106件の面接調査が行われたが，それによると，ヨーロッパでの視聴形態は，旅先のホテル（43.9％），自宅（31.1％），職場（23.7％）においてであった。アジアの視聴者に関しても，ほぼ同様の数字があてはまることが報告されている（Center for International Strategy, Technology and Policy 1995, cited in Flournoy and Stewart 1997 : 196-197）。

　この調査は，ごく少数のエリートに限定されており，一般家庭の視聴者までは含まれていない。その点からして，ATMS 99 調査（Asian Target Markets Survey の 1999 年度版）は注目に値する。アジアにおけるマス・メディアの受け手調査として，比較的広い種類の中間層が対象にされているからである。A. C. ニールセンが，バンコク，香港，ジャカルタ，クアラルンプール，マニラ，シンガポール，台北の7つの市場における活字メディアの読者およびケーブル・衛星放送の視聴者についてマーケティング用に行った調査である。対象とされたのは，20歳以上，高所得のホワイトカラー層に属する340万人である。そのうち210万人は25歳以上，企業・教育・政府で上級職に就くエリート層である（CNN, News Release, 27 October 1999）。グローバルなニュース・チャンネルとしては，CNNI，BBC ワールド，CNBC Asia が含まれている。調査結果によると，調査対象とされていたアップスケールの視聴者の33％が調査時点より過去30日の間に CNNI を見ていたのに対し，BBC ワールドが17％，CNBC が15％であった。また，視聴者は CNNI を BBC ワールド，CNBC と比べて，より頻繁により多くの時間見ていた。過去7日以内にグローバルなニュース・チャンネルを見た視聴者の割合は，CNNI（30％），BBC ワールド（25％），CNBC（23％）であった。また，1日の視聴時間は，CNNI（44分），BBC ワールド（39分），CNBC（38分）であった。さらには，頻繁に出張・旅行をする者の51％が過去1カ月の間に CNNI を見たのに対し，BBC ワールドは31％であった。いずれの尺度を用いても，CNNI の視聴率は相対的に高く，アジアにおけるアップスケールのホワイトカラー層にとって無視できないグローバル・ニュースメディアであることが確認できる[5]。

　5）これは，必ずしも CNNI が他に比べ人気があるということを意味しない。BBC ワールドが受信できない国・地域はあるし，CNBC Asia が衛星放送配給会社のパッケージに

3　マレーシアのテレビの中の CNN インターナショナル

　マレーシアにおける CNNI の視聴者とはどのようなものであろうか。また，視聴者の生活の中で，CNNI はどのような位置を占めているのであろうか。マレーシアの視聴者にとっての CNNI の位置づけを理解するために，まず，マレーシアのテレビをめぐる政治文化について触れておきたい。2000 年時点でマレーシアの一戸建ての家屋に住む一般の視聴者に限定すれば，TV1，TV2，TV3，NTV7 の 4 チャンネルが地上波経由により受信可能であった。TV1 (1963 年開局) と TV2 (1969 年開局) は，国営の RTM (Radio Television Malaysia) による放送であり，情報省の管轄下に置かれている。同省は (1) 政府の政策の国民に対する伝達，(2) 世論の刺激，(3) 公的意識の促進およびマレーシア芸術・文化の発展，(4) 健全な教養・情報・娯楽の提供，(5) マレー語の使用を通じた多民族社会における国民統一の促進，さらにはマレーシア文化とアイデンティティの普及，の 5 つの指針を定め，RTM はこれに従うことになっている (Lent 1978：148)。これらのチャンネルは開設にあたって，政府の見解と政策を国民に伝達する手段として位置づけられ，この性格はその後も続いている。また，1969 年 5 月の民族暴動以降，ナショナリズムの促進，マレー語・マレー文化の高揚，エスニック集団間の緊張回避が国家的課題となるが，テレビもその一役を担わされた。その結果，TV1 はほぼ全部の番組においてマレー語を使用するようになり，他方，TV2 は英語，華語，タミル語による番組を放送するようになったが，全体としてマレー語で制作される番組が増え，マレー人の文化や宗教（イスラーム教）が強調される一方，英語で放送される時間は限定された。

　国営の RTM に加えて，民放のチャンネルとして TV3 (Sistem Televisyen Malaysia Bhd.) が 1984 年から放送を行っている。当初は首都圏 (Klang Valley) に限定されていたが，1985 年 10 月からは全国放送になった。広告収入による商業放送であるが，会社の 80％ が政府関係者による所有あるいは支配下にあ

　　　含まれていない場合があるなど，条件は等しくない。

るため，放送内容は政府の公式見解から逸脱することはなく，「もう1つの声」にはなりえない。このような政府との密接な関係は，その後開設された他の民放においても基本的に同様である（Zaharom and Mustafa 2000 : 166）。1995年からは，首都圏限定の地上波UHFチャンネルであるMetrovisionが加わり，1998年にはもう1つの民放NTV7が開局した。このような状況の中で，海外発信のグローバル・メディアは，オルタナティブなニュースを求める社会層の関心を充たす形でマレーシアのテレビ文化に入り込んだ。

1995年には，10チャンネル（開設当初は5チャンネル）から成るケーブル配給会社のMega TVが営業を開始し[6]，さらに，1996年には，マレーシア初の衛星（Measat）打ち上げに伴い，衛星放送の配給会社であるAstroが23チャンネルの衛星放送を開始した（2001年1月時点で26チャンネル）。一般家庭でCNNIを受信するには，このMega TVあるいはAstroと加入契約することになる。こうして海外発信のグローバル・メディアが参入し，マレーシアは多チャンネル時代に入った。サテライトで見ることのできる英語ニュース・チャンネルは，2001年3月時点で，CNNI，CNBC Asia，Boomerangの3つである。CNBC Asiaはシンガポールを拠点にしたアジア向けニュース・チャンネル，Boomerangは主にコンピュータ画面を使った情報チャンネルで視聴者も限られている。2001年3月調査時点で，BBCワールドは配信されていなかったが，その後視聴可能になった。また，アルジャジーラ英語版もその後配信されるようになった（これらのグローバル・メディアの影響は重要であるが，それ自体が独立したテーマであるので，本書では取り上げない）。

前述のATMS 99調査では，アジアのいくつかの都市における視聴者の特性に関するデータが収集されている。そのうち，クアラルンプールに関する統計の一部を入手することができたので[7]，本章にとって興味のある部分を示す（表補-1参照）。調査時期は1999年4月から8月である。

---

6) Mega TVで視聴可能なチャンネルは，CNNI, Discovery Channel, ESPN, Cartoon Network & TCM, AXN Action TV, CTN Channel, Thangathirai, Arirang TV, CNNfnである（2001年5月現在）。
7) データを提供してくれた青崎智行氏に感謝したい。

表補-1 クアラルンプールにおける CNN インターナショナルの視聴者の特性

	CNNI	一般	指標
〈性別〉			
男	2.5	69.1	104.92
女	7.5	30.9	89.00
〈年齢〉			
20〜24	5.0	7.8	64.10
25〜29	27.4	28.4	96.48
30〜34	19.1	17.6	108.52
35〜39	15.9	15.2	104.61
40〜44	12.1	13.3	90.98
45〜49	11.0	10.3	106.80
50〜54	5.4	5.3	101.89
55〜59	2.6	1.4	185.71
60〜64	1.3	0.6	216.67
65＋	0.3	0.2	150.00
〈民族・国籍など〉			
マレー人	38.1	40.4	94.31
華人	42.1	48.6	86.31
インド系	13.7	8.3	165.06
日本人	0.0	0.1	0.00
韓国人	0.0	0.1	0.00
フィリピン人	0.0	0.1	0.00
タイ人	0.0	0.1	0.00
白人	1.9	0.6	316.67

出所：ATMS 99 年調査（ACNielsen）。
注：データは視聴者特性構成比（％）。一般＝1,529（母集団）。CNNI＝387（調査の前日から過去1週間の間に CNNI を1度でも見た人）。指標＝CNNI 視聴者構成比を一般のそれで割ったもの。

限られたサンプルであるので，視聴者の全体像について一般化することはできないが，2つの意味ある傾向を読み取ることができる。第1に，エスニシティで見ると，インド系マレーシア人の視聴指標がマレー人や華人と比較して著しく高い。これは，インド系の人々は，マレー語や華語のようなエスニック言語ではなく，英語を通用語として用いる傾向が強いことによると思われる。第2に，年齢別の統計を見ると，55歳以上の CNNI 視聴指標が著しく高い。マレーシアにおける一般定年は55歳であるので，定年後の世代であると言うことができる。植民地世代および植民地主義の影響を受けている世代でもある。

定年後世代の高い視聴指標は，筆者が聞き取りの対象者を探していた時に感じていた傾向と一致しており，この調査結果の入手により数字で確認することができた。また，いくつかの要因がインフォーマント探しの過程で指摘された。第1に，定年後であるためテレビを見る時間がある。しかし，これはCNNIの視聴指標が地上波の2倍前後である事実を説明しない。むしろ，定年後は自宅で多様なテレビ番組を見るためにサテライトやケーブルによる配信サービス（AstroやMega TV）に加入する比率が高いことの方が重要であると推測されるが，配信会社からはこれに関する統計は存在しないとの理由で入手できなかった。第2に，国内メディアでは得られない情報獲得に熱心なのはどの世代も同じであるが，定年後の世代はより若い世代と比べてインターネット使用率が低いので，CNNIのようなグローバル・メディアに依存せざるをえないとの理由も指摘された。第3に，植民地世代であるので，英語のメディアに対する欲求が強いが，国内のテレビでは英語のニュースの時間が限定されていることなども重要な理由としてあげられた。

CNNIの「見られ方」「聴かれ方」を探索するためにクアラルンプール近郊において行った聞き取り調査では，CNNIを自宅で定期的に見る視聴者として，CNNIの視聴率が顕著に高い55歳から69歳の年齢層を中心に選んだ。その際，エスニックな背景の多様性が反映されるような選び方をした。インフォーマントは全員，国内地上波のニュースではわからない情報（たとえば，マレーシアをめぐる政治経済情報）の獲得に強い興味を持っていた。既に述べたように，地上波のチャンネルはマレーシア政府の見解に沿う形でニュース番組が作られているため，国内のできごとが正確に伝えられていないとの不信感を人々は持っている。CNNIはそのような人々にとって情報源として重要な役割を果たしているのである。

本章で対象としたインフォーマントはすべてCNNIの熱心な視聴者である。朝起きたらすぐCNNIをつける，毎日欠かさず見る，地上波のニュースは見ないなど，日常生活の中でCNNIを見ることが習慣となっている人々である。その意味において，インフォーマントがマレーシアの中間層を代表しているとは言えない。また，英語話者の中でも英語が堪能で英語をめぐる話題に敏感な一

部の層に限定されている点を指摘しておくべきであろう。いわゆる「耳の利く視聴者」（discerning audience）であり，人口全体から見るとごく少数派に過ぎない。従って，この調査結果を通してマレーシア社会について一般化をするつもりはない。それにもかかわらず，このグループに焦点をあてる理由は，現在マレーシアで国策として熱心に唱えられている英語使用推進の流れの中で，こうした英語話者のあり方がますます意味を持つようになると推測されるからである。

以上，CNNI の視聴者の特性に関してある程度の情報を得た上で，インフォーマントの位置づけを行った。次に，CNNI の放送における英語の話され方とそれに対する視聴者の反応の議論に移ることにしよう。

4　CNN インターナショナルにおけるアメリカらしさの「脱響」

CNNI に登場するアンカーやレポーターの発音は多種多様である。注目したいのは，多くのイギリス英語話者，オーストラリア人，そして標準アジア英語話者が採用されている点である。加えて，エスニシティやナショナリティと発音の種類（米・英・豪・その他）の組み合わせにも興味深い傾向を見てとることができる。本節では，具体例を紹介した上で，こうした多様な属性の組み合わせを採用した放送の送り手側の戦略的背景について検討したい。

なお，「イギリス英語話者」であるとか「アメリカ英語話者」といった英語の種類をめぐる概念を用いるが，これらは一定の客観的特徴をそなえた集団としては規定できない。それぞれの中にバリエーションを内包し，両者間の境界線も流動的で可変的である。また，話者が置かれた環境やコンテクストによって話し方は変わる。しかし，「イギリス英語」であるとか「アメリカ英語」といった範疇が社会的に存在することも確かである。社会的な定義が重視される概念である。同様のことは「アジア英語」についても言える。「アジア英語」は，マレーシア英語，シンガポール英語，フィリピン英語，インド英語などの総称として用いられることがある一方，それぞれのナショナル・バリエーションの中には，社会階層や社会的文脈などによって様々な諸変形がある。本章で

対象となるのは「標準アジア英語」である[8]。お国訛りがかなり強いものから「英」「米」英語とほとんど差がつかないものまで含めて音声的に相当の幅を持つ[9]。

1) CNNIの多発音主義

　CNNIにはイギリス的な英語を話すアンカーやレポーターが実に多い[10]。たとえば，1990年代後半に看板アンカーの1人としてワールド・ニュースやQ&Aなどの番組を担当していたリズ・カーン（Riz Kahn）は，元BBCのイギリス人（南イエメン出身，インド系）である。その他にも，様々な分野の番組でイギリス人が目立つ。海外レポーターは現地ベースの契約採用が多いため，イギリス英語話者の割合が高い。特に，BBCからの大物の移籍が目を引く。たとえば，BBCに1985年に就職して以来BBC1, BBC2, BBCワールドで経済金融ニュースの中心的なキャスターであったリチャード・クウェスト（Richard Quest）は，2001年にCNNIに移籍した。また，ロビン・オークリー（Robin Oakely）は，2000年にCNNIに移る前は，BBCの政治部編集局長として8年間，それ以前は『ザ・タイムズ』の政治部編集長・コラムニストとして，イギリスのメディアの顔として活躍していた。

　イギリス的な発音とアジア的な外見の組み合わせも興味深い。前述のリズ・カーンがそうであるように，イギリス的な英語とインド系の顔の組み合わせは頻繁に見られる。南アフリカ出身のアナンド・ナイドゥ（Anand Naidoo）もインド系でイギリス的な英語を話すとされている[11]。また，CNNIアジア太平洋版のメイン・アンカーの1人であるフィリピン出身のベロニカ・ペドローサ（Veronica Pedrosa）もBBCからの移籍組であり，イギリス英語を話す。後述す

---

8) 標準アジア英語は一般に「英」「米」英語と比べて文法的な差は認められないが，音声学的・語彙的にはかなりの幅が認められるとされる。
9) たとえば，マレーシア英語，シンガポール英語の場合，同一話者であっても相手や状況によって話し方を変えるコード・スイッチングが頻繁に起こる。
10) グローバルなニュース・メディアのアンカーやレポーターは目まぐるしく移籍を繰り返す。本章の記述は2002年時点のものである。ここで紹介するアンカーの多くはその後アルジャジーラなどの他局に移籍している。
11) インフォーマントの主観的な特徴づけであり，音声学的判断ではない。

るように，フィリピン人とイギリス英語の組み合わせは稀であり，特筆に値する。

　次に注目に値するのが，オーストラリア人の進出である。1996年に初めてのオーストラリア人アンカーとしてマイケル・ホームズ（Michael Holmes）が豪Nine Networkから移籍して以来，オーストラリア人はCNNIにおいて重要な位置を占めている。元オーストラリアABCの人気キャスター，ローズマリー・チャーチ（Rosemary Church）も，その後CNNIの重要な顔になった。香港のアジア拠点で制作されるアジア太平洋向け番組ではオーストラリア人の存在が欠かせない。興味深いのは，『ニュース・ビズ・トゥデイ』，『アジア・トゥナイト』などの看板番組のアンカーとして，アジア系の女性とオーストラリア人男性とによってペアが組まれていることである。それはたとえば，日本人のクルナ・シンショウとオーストラリア人のアンドルー・スティーヴンズ（Andrew Stevens），またそれを引き継いだジル・ニューブローナー（Jill Neubronner）とスタン・グラント（Stan Grant）などのペアに代表される。グラントはCNNI移籍以前はオーストラリアにおいてABC，Seven Network，SBSのキャスターを歴任していた。

　一方，ニューブローナーは，2001年にCNNIに移籍する以前，シンガポールを拠点とするChannel News Asia，その前はTelevision Corporation of Singapore（TCS）の看板キャスターとして，シンガポールを中心とする地域の視聴者の間で親しまれてきた。それまでのアジア系のアンカーは，イギリス英語あるいはアメリカ英語のいずれかを比較的容易に判別できる英語を話していたので，TCSでキャスターをしていたときは「ネイティブ」系の混合英語の上にシンガポール的要素をちりばめたような話し方をしていた彼女が採用されたことは注目に値する。彼女は2002年2月現在，CNNIアジア太平洋版の主要アンカーの1人であった[12]。

12）アンカー（キャスター）の出身，経歴については，CNNのホームページ，CNNアトランタ本社および香港支社における聞き取りを情報源とした。

2) CNNI の地域化戦略

　さて，CNN のアトランタ本部は，アジア地域における市場展開の中でアンカーやレポーターの採用についてどのような構想を持っていたのであろうか。また，放送で使用される英語の種類に関して何らかの方針を持っていたのであろうか。CNN のアトランタ本部の副社長によれば，CNN の地域化（regionalization）戦略においてアンカー採用には 3 つの基準があるという[13]。「担当地域に関する知識があるか」（Does s/he know the region?），「マルチカルチュラルか」（Is s/he multicultural?），「豊富な移動経験があるか」（Is s/he well-travelled?）である。アクセントと外見は二次的に過ぎないという発言もなされた。「政治的な正しさ」が求められる公式の立場においては理解できる反応であると言えよう。これに対し，アトランタの現場スタッフからは，アクセントと外見は重要な効果を持っているはずだとの発言が多く聞かれた。しかし，それに関する資料はないので，アジアの現場で調べることの意義が指摘された。CNNI のアジア拠点（香港）における現場スタッフへの聞き取りを行ったのはこうした経緯による。なお，比較のために，アジアにおけるもう 1 つのグローバル・メディアである CNBC Asia の拠点シンガポールにおいても同様の聞き取りを行った。

　アジアの制作現場では，いくつかの傾向を確認することができた。第 1 に，CNNI と CNBC Asia のいずれも，それぞれにアメリカ的であると同時にアメリカ的でないことを意識していた。アメリカ的であるために，アメリカ的でなくする努力をしていると言えるかもしれない。この点に関して，CNNI と CNBC Asia それぞれの自他評価を比較してみよう。CNNI では，自らを「明らかにアメリカ的な存在だが，イギリス的・オーストラリア的な響きがする」（obviously American but sounds like British or Australian）と評し，CNBC Asia を「明らかにアジア的な存在だが，アメリカっぽく話そうとして，実際にアメリカらしい響きがする」（obviously Asian trying to sound like America）と評する声が聞かれた[14]。これに対して，CNBC Asia は，自らがアジア地域のメディアである点を強調し

---

13) リーナ・ゴールデン（Rena Golden）氏，CNNI 副社長への聞き取り，1999 年 3 月 16 日。
14) オーストラリア人のアンカー，アンドルー・スティーヴンズの見解（CNN 香港支局における聞き取り，2000 年 2 月 23 日）。

た上で，CNNI はアメリカン・ブランドであり，どこか遠くアジアとは離れた所で行われている感覚を持たせると差異化して説明している[15]。

第2に，この点と関連して，英語の話し方やローカル性の演出，外見を重視していた。CNNI も CNBC Asia も，ローカル性の演出が視聴者の好意的な反応を引き出す上で重要な役割を果たしている点を実感していた。CNBC Asia に関しては，シンガポールの視聴者を対象にした調査で統計的に証明されているという[16]。CNNI に関しても，アンカーの属性が視聴者の反応に影響を与えている点が実例を通して指摘された。たとえば，アイルランド出身のフィオヌラ・スウィーニー（Fionnuala Sweeney）の採用は，ヨーロッパのプライム・タイムにおける成功例であったし，元オーストラリア ABC の人気プレゼンターであるローズマリー・チャーチ（Rosemary Church）のオーストラリアの視聴時間における採用はアジア太平洋の視聴者に対して効果的であったという[17]。各地域のテレビ局の看板キャスターを引き抜いて採用することによってその地域の視聴者の好意的な反応を引き出す戦略がうかがえよう。また，（2000年2月の時点で）アジア太平洋地域向けのアジア系アンカーのメイ・リー（Mei Lee）の後継者として「ローカルな外見をした人」（someone with local looks）という基準が暗に求められていたなど，ローカルな属性が重視されていたのは明らかである。

---

15) CNBC Asia の方針は，東南アジアから北アジア，オーストラリアを含めて地域的（regional）であることにあるという。「地域の視聴者は CNBC が彼らにとってレリバントであることを期待している。だから，ローカライズ，カスタマイズする」と述べる。そのために，アンカーのローカル性を重視しているという。実際に，視聴者は CNBC Asia をアンカーのパーソナリティで認識するという。主なプログラムのメイン・アンカーはほぼ全員アジア人の顔をしており，また名前を画面に繰り返し表示（promoting）することにより，「アジアにいて」「隣人が話しかけているような」ローカルな雰囲気を出すような努力をしているという。また，英語の話し方に関しても accent, pace and enunciation において，よりとっつきやすく親近感がわくというシンガポールの視聴者の反応を引き合いに出した（ジョージェット・タン・アダモプロス［Georgette Tan Adamopoulos］，広報担当取締役，CNBC Asia への聞き取り，2000年2月24日，於シンガポール）。

16) 内部的な市場調査資料のため入手することはできなかった。

17) CNN 香港支局における聞き取り（2000年2月23日）。

CNNIとCNBC Asiaは，強調点や程度の差はあるが，ローカル性の演出に関しては両者とも重視していたことが確認された。外見に関して言えば，アジア系アンカーの採用がCNBC Asiaに顕著であった。英語の話され方に関しては，CNBC Asiaはアメリカ英語が目立つのに対して，CNNIの方は発音・アクセントの多様性が顕著であった。CNNIの「多発音主義」を指摘することが可能であろう[18]。

　以上のように，制作者側への聞き取りを通していくつかの傾向が浮かび上がってきた。しかし，制作者の意図を検証することは容易ではない。多くの場合，不可能であると言ってよい。研究者にできることは，放送の内容とプレゼンテーションのされ方を確認した上で，それが視聴者によってどのように見られ聴かれているのかを考察することである。次に，CNNI英語のマレーシアにおける受容と英語をめぐる状況への影響を考察したい。

5　英語をめぐる対応関係の乖離——CNNIの浸透を促進する言語的展開

　グローバル・メディアであるCNNIの英語は，マレーシアのローカルな文脈でどのように意味づけられ，またそれはポストコロニアル時代を生きるマレーシアの人々のアイデンティティのいかなる側面を映し出しているのであろうか。さらには，ローカルな英語をめぐる状況に対してどのような影響を与えているのか。クアラルンプール近郊で行った探索的な聞き取り調査からいくつかの傾向を拾ってみよう。

　A. アパデュライが，新しいグローバル文化の経済は「複雑で重複して乖離的な秩序として理解されなければならない」と言うように，グローバル化の中では今まで結びつけられていた様々な対応関係（たとえば，国家とアイデンティティ，民族と文化，言語と「場」）の乖離と組み替えが起こっている（Appadurai 1990 : 296）。グローバル・メディアであるCNNIは，グローバル言語である英語をめぐる従来の対応関係を，撹乱を通して乖離させる効果を持っている。

---

[18] 本章執筆後に，CNBC Asiaにおいても，イギリス英語話者のアンカーが目立つようになった。

第1に，CNNIは，アメリカ英語（発音）とアメリカのメディアとの対応関係（連想）を乖離させている。マレーシアのミドルクラスの人々にとって，アメリカ的発音はアメリカのメディアを象徴し，彼らの認識の中で両者は切っても切り離せない関係にあった。

　マレーシアの場合，旧英植民地であるということもあって，アメリカのメディアに対する反感は弱くなかった。その際，比較の準拠とされるのはイギリスのメディアであった。たとえば，アメリカのメディア文化が語られる際，BBCに代表されるイギリスのメディア文化がしばしば引き合いに出される。実際，CNNが嫌いという人々の中には，（イメージの中にある）BBCが比較の対象になっている場合が多い。旧英植民地だけあって，BBCワールドサービスのラジオを聴いて育った世代がいるし，イギリスに留学してBBCテレビのことをよく知った上で高く評価する者もいる。あるいは，英植民地主義の遺産としてBBCは良いと語ることを条件づけられている人々も多い。BBCの客観報道，分析的報道と言われる特徴を好意的に評価するのである。実際，筆者がアジアにおけるCNNの受容に関心を抱くようになった1990年代半ばには，CNNをハリウッドと並ぶアメリカ文化の進出として批判する意見が目立っていた。

　これに対して，CNNIにおける非アメリカ的英語の発音の採用は，従来の連想——アメリカ的な響きとアメリカのメディア——を乖離させる。そして，この乖離は，CNNに対する嫌悪感を減少させる上で効果的なのである。

　イギリスに住んだ経験を持ち海外出張を繰り返していたある企業家は，出張先のホテルでテレビを見ていた時の経験として，「彼ら（イギリス人アンカー）が出ていたのでBBCだと思って見ていたら，CNNであることに気がついて驚いた」「気がつく前は安心して見ていたのに，妙に落ち着かない気持ちになった」と述べている。このインフォーマントは，この経験の後は海外出張をした際に「ホテルに着くとまずCNNのチャンネルを探す習慣がついてしまった」という。この事例は次のことを示唆している。まず，BBCに対する賞賛（CNNに対する嫌悪）は，イギリスのメディア文化に対する高い評価というよりも，イギリス英語に対する好意的態度の方が大きな要因となっている[19]。

BBCと比べてCNNは表面的であるなどとメディア文化を理由に嫌っていたが，実際にはアメリカ英語が嫌いであった場合がかなりあるのである。また，アメリカの文化帝国主義の尖兵とまで言われていたCNNが，思っていたほどアメリカ的ではないことの意外性の感覚を通して，それまでのアメリカのメディアに対する紋切り型の偏見，嫌悪感が減じる傾向もある。

　第2に，メディアのグローバル化とアメリカ英語の拡大を結びつける傾向が広く見られるが，CNNIはこの2つを切り離す効果を発揮している。CNNIはアメリカ英語を拡大させるというよりも，むしろアメリカ英語を相対化させる効果を持っていると言える。支配的な英語の発音であるアメリカン・アクセントに対して反感を持っていた者が，CNNIにおける多種多様な英語の話し方に触れてからは，アメリカ的発音を多様な種類の1つ（one of the many accents）として受け入れられるようになったというコメントが多く聞かれた。実際，インフォーマントの大多数がCNNIにおける多種多様な英語の話し方を楽しんでいる。CNNIの多発音主義は，結果として，アメリカ英語嫌いを減じさせる効果を持っていると言える。そしてそれに伴い，CNNIをはじめとしてアメリカのグローバル・メディアに対する好意的な反応を引き出す上でも効果的であった。

　第3は，英語圏の生活文化と英語の「響き」の対応関係に関するものである。具体的な例をあげよう。たとえば，クリケットの実況中継の語りには，独特のリズム，ペース，抑揚があり，クリケットというスポーツ自体がイギリス的であるのみならず，放送による実況の「響き」もイギリス的な生活文化の一部である。BBCのクリケット解説者には国民的人気者がいて，その人の話し方そのものがイギリスらしさを具現している。同様のことは，ベースボールというアメリカの生活文化とテレビ実況の「響き」についても言える。これがもし，アメリカ人がアメリカン・アクセントでクリケットを解説し，イギリス人がブリティッシュ・アクセントでベースボールの解説を行ったとしたら，かなりの違和感を引き起こすことであろう。CNNIでは，この対応関係の組み換えが現

19）調査時，マレーシアのテレビにおいてBBCワールドの視聴はできなかったので，BBCとの比較に言及するインフォーマントはこの1事例であった（マレーシア以外では同様の反応を何度も経験した）。

実に起こっている。このようなスポーツ・ニュースを見たことのあるインフォーマントは必ずしも多くはなかったが，「今まで経験したことのないような感覚」，「右脳と左脳が分けられるような感覚」などと表現した。

このように，CNNI は，アメリカ的生活文化とアメリカ英語の響き，イギリス的生活文化とイギリス英語の響きとの対応関係に乖離を生じさせ，異なる英語文化圏のクロスオーバー（乗り入れ）を促進したのである。

第4の乖離は，植民地地図（植民地主義の遺産）と英語の種類をめぐるものである。戦後アジア諸国が独立した後も，マレーシアやシンガポールあるいは香港などの旧英植民地（イギリス文化圏），フィリピンに代表される旧米植民地（アメリカ文化圏）に分けて考えることが可能であり，そのような世界観が普及していた。それらの「文化圏」で話される英語の種類も，基本的にはこの線で連想することが容易であった。しかし，旧英植民地において，植民地言語としてのイギリス英語ではなく，国際ビジネス言語としてのアメリカ英語が好まれる傾向が出てきて既に久しい。特に，香港ではこの傾向が顕著に見られる (Tam 1998 : 73)。戦後のアメリカ英語の世界的な浸透を考えれば，驚くべきことではない。旧英植民地圏とイギリス英語との乖離はポストコロニアルなアジアで着実に進行している。しかし，その逆――すなわち，イギリス英語のアメリカ「文化圏」への進出――に関してはほとんど注目されることがなかった。この点からして，CNNI アジア・太平洋版におけるベロニカ・ペドローサのメイン・アンカーとしての採用は興味深い効果を生み出したと言えよう。フィリピン人のペドローサは「完璧なイギリス英語」を話すのだが，フィリピン人らしさとブリティッシュ・アクセントは奇異な組み合わせである。「フィリピン人は口を開けば決まってアメリカン・アクセントだったのに」という発言に代表されるように，多数のインフォーマントが彼女の英語の話し方をめぐる意外性に関して言及していた。今まで固く結びついていた対応関係が劇的に切り離される感覚を楽しんでいるのであり，これは，ポストコロニアルなアジアで進行中の現象を象徴的に示していると言えよう。

なお，本章の議論の中では触れないが，社会階層やエスニシティによって英語の種類に対する態度，考え方は異なる。特に，インド系のマレーシア人には

イギリス英語礼賛型が圧倒的に多い。

6　CNN インターナショナルと脱正統化される英語──アジア英語をめぐる議論の中で

　CNNI のもう 1 つの重要な言語的効果，すなわち英語の発音の正統性をめぐる変容についても論じておきたい。マレーシアで進行している再英語化の過程に即して考えてみよう。

　第 1 章で既に論じたように，マレーシア（マラヤ）における英語化は植民地主義政策の一環として進行し，1957 年の独立後も 10 年間，エリート体制，技術・経済の必要上から英語は公用語として使用された。しかし，植民地主義を踏襲した社会構造とエスニック関係を是正するために 1970 年代から 80 年代にかけて実行されたブミプトラ政策の結果，マレー語化と脱英語化が進行した。1982 年までに中学校以上の言語はマレー語に転換され，1983 年までには大学教育も原則としてマレー語で行われるようになった。その結果低下した英語能力の改善（再英語化）を求める動きが 1990 年代以降しばしば登場し，その後グローバル化のかけ声に呼応して，より幅広い社会層において高まりを見せた。

　2000 年代以降進行した再英語化はいくつかの動きから構成されている。第 1 に，英語が話せないマレーシア人の存在が目立ってきたことについて，ビジネスやサービス業などにおける国際競争力の観点から危惧する声が大きくなった。これに対しては，実用英語能力の向上を図る実践的な動きがある。英会話学校の人気，英語カリキュラムの見直しなど，日本のような非英語国の状況とも似通っている。

　第 2 に，マレーシア英語らしさを肯定的に認知する動きがある。マレーシア英語といっても，社会階層，教育背景，エスニシティ，世代，社会的文脈の組み合わせで実に多種多様である（e.g. Baskaran 1987；Gill 2000）。マレーシア英語は，どのバリエーションをとっても，マレーシアン・アイデンティティの源泉として働いているという現実があり，コミュニケーションの手段だけではなく，アイデンティティと不可分に結びついた重要な媒体の 1 つとなっている。また，マレーシアにおいては，日本あるいは香港などとも異なり，英語はコミュニテ

ィ言語として社会的連帯の維持・促進に作用しているので，マレーシア英語を話すことが奨励され，英米流の「標準英語」を話す者に対しては社会的規範を逸脱している者としてサンクションが働く場合がある。序章でも見たように，この背景には，ローカル英語を評価する世界的な潮流がある。

第3に，ローカルな英語，ローカル・アイデンティティを保ちながら国際的通用度を確保する標準マレーシア英語の構築が，国家的なアジェンダとなっており[20]，新聞でも頻繁に取り上げられている。これがなぜ重要かと言えば，単にアイデンティティの問題だけではなく，社会・経済的に意味があるからである。英語は，教育，情報，観光などの産業と密接に結びついているため，きわめて重要な輸出商品なのであり，アジアでは，もともとはイギリス，アメリカ，オーストラリアなどを源とする様々な文化産業と公的制度が，それぞれのローカルな英語を資源とする形で，経済的動機から熾烈な競争を展開している。そして，このような英語を媒介とした文化産業の展開は，「英語の所有者，英語の標準性の保護者，教育上の規格の管理者」(Jenkins 2000 : 5) たる「ネイティブ・スピーカー」(の「英語国」) の独占の枠組みを壊す可能性を示している。ポストコロニアルなアジアでは，ローカルな英語を資源として，ローカルなアクターに裏打ちされた英語産業が発展途上であり，経済的にきわめて重要な役割を果たしているのである。

このような状況と呼応して，「何が正統的な英語か」をめぐる準拠点は流動的となりシフトしている。1970年代頃までは，国際標準はイギリス的話し方であった。マレーシア英語の上層カテゴリーは，イギリス的話し方をモデルとしたバリエーションであった。現在は，脱英語化を経験しているため，英植民地の言語としての英語という認識が減じ，新たな意味づけがなされている。モデルに関する統一された考え方がなくなり，模索中である。トランス・エスニックな共通文化の形成と，経済・教育の領域におけるグローバル化との関連の

---

20) 標準マレーシア英語とは，音声学的には「国際的に理解できる限りにおいて若干のバリエーション」が認められるが，文法的には「全くバリエーションは認められない」，語彙的には「国際的に代替となる単語がない場合（あるいはローカルな文脈を打ち出す場合）にバリエーションが認められる」(Baskaran 1987 : 53, quoted in Gill 2000)。

中で，新たな英語のあり方が問われているのである。CNNI に対するマレーシアの視聴者の反応は，こうした文脈の中でとらえることができるであろう。そして，以下に見るように，CNNI における英語の話され方は，標準マレーシア英語の再定義を活性化させていると言えよう。

英語をめぐる従来の対応関係の乖離は，「イギリス英語」「アメリカ英語」などとしてそれまで正統的とされていた「純粋」英語の価値を減じ，逆に「中立的」および「混合的」英語の価値を相対的に上昇させている。この場合の「中立的」とは，英米のどちらでもないという意味である。CNNI と CNBC Asia のスタッフおよびクアラルンプールの多くのインフォーマント自身が用いた概念である。また，「混合的」英語とは，その聞き手にとって英米などの特定の種類の英語として判別がつかないことに加えて，その中に複数の識別される英語の種類が混在している英語の種類のことである。これも主観的な定義による。実際には，英米系を含めてあらゆる英語の種類は混合型である。中立的，混合的な英語に関して3つの注目に値する傾向に触れておきたい。

第1に，CNNI においてもう1つの「ネイティブ英語」としてのオーストラリア英語の積極的採用が目立ってきた[21]。ただし実際には，「オーストラリア英語」を識別できるインフォーマントは多くなく，イギリス英語と勘違いするか「イギリス英語的だが，どこか違う」と感じている場合が多かった。「CNN だからアメリカ人だと思っていたが，どこかアメリカ的ではない」と述べたインフォーマントもいた。むしろ，もう1つの「ネイティブ・スタンダード」としてのオーストラリア英語は，イギリス的でもなく，アメリカ的でもなく，「中立性」をセールスポイントにしている側面がある。その背景には，より「国際化」してきたイギリス英語，アメリカ英語側の変化もある。たとえば，イギリスにおける RP (received pronunciation) の変化や，オックスブリッジ英語の「化石化」が指摘されているように，人々がイギリス英語と思っていた英語自体が流動的なのである。オーストラリア英語が受け入れられやすい国際的状況が展開してきたと言える。

---

[21]「ネイティブ」英語という概念が政治的に問題であるのは言うまでもない。本書序章参照。

第2に，英米豪の3大バラエティに加えて，判別不可能な混合的発音が目立ってきた。CNNIのアンカーの中でも，クルナ・シンショウはアメリカ英語，アンドルー・スティーヴンズはオーストラリア英語，リズ・カーンはイギリス英語というように，個々のアンカーが判別可能な発音を有している場合が普通であるが，英語の発音に多様な要素が混ざっているアンカーもいる。一例をあげると，シンガポール生まれのカナダ移民で香港の放送界で活躍した後にCNNIのメイン・アンカーになったロレーン・ハーン（Lorraine Hahn）の発音などは，様々な要素が混じっている，あるいは聞き手がそう感じていた。インフォーマントの多くは判別が難しい発音をするアンカーのハイブリッドな背景を知ることを楽しみにしていた。もちろん，ここで「混合的」と呼ぶ英語は常に存在したが，グローバル・メディアによる混合英語の積極的な採用によって国際的な認知が促進されたとインフォーマントが感じている点に注目したい。
　第3に，混合英語の1つとしての標準アジア英語の登場に触れておきたい。シンガポールを拠点としアジアの英語ニュースメディアとしてアジアらしさを前面に打ち出したテレビ局 Channel News Asia の看板アンカーであったジル・ニューブローナーは，シンガポールのテレビの画面の中では標準アジア英語の模範を考える上で興味深い話し方をしていた。基本的にはいわゆる「ネイティブ・バラエティ」系の混合英語であるが，シンガポール的な痕跡を残していたのである。彼女がCNNIに採用されたことは注目に値する。標準アジア英語が国際標準英語の1つとして認知されていく上で意味のある現象であると言えよう。

7　結びに代えて

　本章の議論の中で，CNNIにおけるアンカーやレポーターの発音や外見の様々な組み合わせが，英語をめぐる従来の様々な対応関係を攪乱し，従来の英語の文化政治性をめぐる図式の崩壊を促進している点が見えてきた。ここから，さらに次の問いかけが浮かび上がるであろう。
　マレーシアにおいてCNNIを視聴することは，ローカルな英語，それも国際

的に認知される標準アジア英語の積極的評価を促進することにつながる。英語が経済的に貴重な資源である以上，標準アジア英語の価値の上昇は，マレーシアの英語産業・文化産業の拡大に結びつく可能性を持つ。ではそれは英米豪に対してどの程度の対抗的勢力になる可能性を秘めているであろうか。これからの展開が注目される。

　また，この過程を通して，マレーシアでCNNIが受け入れられやすい状況が創出されたのも事実である。その意味において，「多発音主義」は戦略的な成功であると言えよう。アメリカのグローバル・メディアであるCNNIは，アメリカらしさを「脱響」することによって，より浸透的になった。CNNIは，アメリカのメディアであるという認識よりも，国内地上波と比べて質と信用度が高い西洋先進国のニュースであるという認識の方がますます強くなっている。本章では，従来のメディア論に見られたような文化帝国主義論あるいはメディア帝国主義論のイデオロギー批評的な接近法ではなく，英語の話され方に焦点を定めて視聴者の反応を細かく見ることを通して，CNNIがマレーシアのローカルな状況で受け入れられていく様子を観察することを目指した。実際にミクロな場面の観察を通して，旧英植民地の人々が「反CNN」から「親CNN」に転換する契機を垣間見ることができた。

　A. ギデンズは，欧米からの文化の流入に対するローカルな文化の脆弱性に関する通説に対して，ローカルな文化は外からのメディアの内容を吸収し自文化に取り込み結びつけていくと論じている（Giddens 1990）。すなわち，ローカルな文化は淘汰されるのではなく新たな形態で強化されると，ローカルなものの勝利に軍配をあげている。他方，M. ハートとA. ネグリによれば，脱中心的で脱領土的な支配装置である「帝国」は，「雑種的アイデンティティ，柔軟なヒエラルキー，多元的な交換を，命令の調整的なネットワークを通して管理する」，そして「段階的に開放して拡大する辺境の中にグローバルな領域全体を統合する」。その結果，「帝国主義的な世界地図のナショナルな独自色の数々は，帝国的なグローバルな虹の中に溶けて混ざってしまった」とされる（Hardt and Negri 2000 : xii-xiii）。果たしてCNNIの「多発音主義」はローカルなものの活力を促しているのであろうか。あるいは，グローバル化戦略による「帝国的」な

支配の手段であって，アメリカのグローバル産業がアジア市場で展開する際のトリックに過ぎないのであろうか。

　本章で見た具体例は，こうした問いかけについて考えていく上でも興味深い材料を提供していると言えよう。

ます。

あとがき

　1985年に初めてマレーシアを訪れた。ロンドン留学中に知り合ったマレーシア人の友人パトリックを訪ねて行ったのである。夏の終わりが来ないこの地に魅かれた。そして，心地良さは気候や風景のためだけではなく，社会のあちらこちらにある隙間のためでもあることに気づくのに時間はかからなかった。やがて，その隙間はマレーシアがいわゆる多民族社会であるという事実に起因していることを理解するようになった。
　マレーシアという多民族社会の原型は，植民地化の過程で「マレー文明」「中華文明」「インド文明」など複数の「文明」の破片がマラヤという英植民地の枠組みの中に囲い込まれることによって成立した。それぞれに独特の言語，文化，宗教，社会構造を抱えた諸「文明」の破片はエスニシティとして国民国家の構成要素となった。もちろん，それぞれの「文明」の破片自体，多種多様な人の集まりから構成されている（第1章参照）。マレーシア政府観光局のスローガン〈Malaysia, Truly Asia〉は，このような状況をうまく言い当てている。すなわち，「中国，インド，インドネシアなどに行かなくても，これらのアジアの諸文化をマレーシア国内で味わうことができます」というのである。人々の外見はもとより，宗教，食文化，言語などにおいても「アジアの縮図」を経験することがたしかにできるのだ。
　言語を例に取ってみよう。通常の言語観を覆すような現実がある。日本人だったら日本語を，イギリス人だったら英語を，韓国人だったら韓国語を，ネイティブ・スピーカーとして「ちゃんと」話せることがあたりまえだが，マレーシアではそのような常識は通用しない。誰もいかなる言語も「ちゃんと」話せないが，誰でも複数の言語を巧みに扱うことができるのだ。言語とはそういうものだと皆が信じている。会話の中に複数の言語が混ざるのは普通のことである。マレー人であればマレー語が母語のはずだが，都市のマレー人の多くは家庭や友人同士で英語を共通語として使う。あるいは，英語とマレー語を混ぜて

話すのがごく普通である。華人であれば，国語のマレー語を一応は話すが，英語が最も通じやすい言語である場合もあるし，華語，英語，マレー語間のコード・スイッチングは同一の文章の中でも容易に起こる。また，華語（多くの場合は，福建語や広東語）が母語の場合でも，英語で教育を受けた華人は，漢字を読み書きできない者が多い。彼らと広州の街を歩くと，広東語による口語会話は彼らに任せるが，中国語の標識や地図はこちらが読みあげないと目的地に辿り着けないということにもなる。要するに，マレーシアならではの言語観が存在するのである。

1980年代から90年代後半にかけて，私は日本の文化ナショナリズムの調査研究とその成果の発表に追われる一方，既に1990年代の半ばにはマレーシアの研究を少しずつ始めるようになっていた。博士論文とそれを元にした英語と日本語の著書に結実したナショナリズム研究を突き詰めていく中で，西洋的なネーションの理論に限界を感じていた私は，非西洋における土着的「民族」概念の研究を，日本語，中国語，マレー語における民族，民族(minzu)，バンサ(bangsa)の比較を通して行ってみたりした（バンサについては第1章の前半で部分的に紹介した）。

だが，実はそのずっと前から，英語の多様性に関心を抱いてもいたのだった。方言学というわけではないが，英語の発音から話者の出身地を当てたり，その話し方を忠実に再現するのが得意であった私は，社会学でなければ言語学の道を選んでいたかもしれない。このような関心を持つ者にとって，マレーシア（やシンガポール）は格好のフィールドであった。

マレーシアに傾いたのには，他にも理由がある。実は伝統的な文化人類学の魅力にひかれていたのである。未知の社会でその土地の言語を習得してその生活に入り込む人類学者の友人たちに，社会学の学徒として，ある種のあこがれとコンプレックスを感じていた。ロンドンの留学中に出会った魅力的な研究者が人類学者であったことも影響している。博士論文を書き上げたら自分も彼らのように，見知らぬ土地の言語を習得して新たな社会に深く入り込みたい，と強く思っていた。その対象が前述の理由からマレーシアの社会になったのである。よろこび勇んでマレー語の習得にかなりの時間をさいた割には，調査対象

者のほとんどは英語話者であり，あまり役には立たなかったが，マレー語のリズムを知らないと分かり得ない社会のニュアンスを掬い上げることはできたように思う。

ところで，2000年代初頭になると，国際英語の多様性は応用言語学の人気テーマになっていて，オーストラリアなどで開催される国際会議に顔を出して感じたことは，「標準的な」英語を話すイギリス人やオーストラリア人にとって英語のバリエーションは楽しむべき味付けであり，それはシンボリックな多文化主義の一種であるということであった。しかし私は，英語の多様性を記述的に楽しむだけではなく，ある社会的文脈で特定の話し方が期待されることに関わる権力関係を社会学的に考えたいと思った。

2000年の秋から当時の勤務先であった東京大学より半年の特別研究期間をもらってモナッシュ大学とマレーシア国民大学で客員研究員として生活した頃から，英語化の影響が最も先鋭的に現れる制度領域としての高等教育に焦点をあてて調査を行うようになった。英語化の進展は，英語国／非英語国，西洋／非西洋という従来の支配の構図を変形させ，国際社会に新たな権力構造を生み出している。その本質を探ることは，グローバル化がもたらす人間と社会のあり方の変化を考える上でも有意義な視点であろう。マレーシア英語を資源として展開する新しい高等教育モデルに関心を抱くようになったのはそのような背景からである。そして，このテーマを追いかけるにつれて，英語はナショナルおよびトランスナショナルな社会編成の動きを理解する上で最も重要な視点の1つであることを確信するようになった。特に興味を持ったのは，英植民地主義とそれを継承するポストコロニアルな国民国家に囲い込まれた「文明」の破片としてのマレー人，華人，インド系などのエスニシティが，英語化の波によって囲いを溶かされて，再びそれぞれの「文明」と結びついたり反発したりするダイナミズムである。

以上のような経緯を背景に本書を着想し，多くの人の話を聞き取ることを通してようやく1つの筋道を描きだすことができた。東南アジアの多民族社会に魅せられて以来，その複雑さを一冊の本にまとめるのには，実に長い時間がかかってしまった。急速に変化する複雑なマレーシア社会の動向をスナップショ

ットに収めるのは難しい作業であったが，ここら辺で中間報告としたい．

　本書は，補論以外の大部分は，基本的に書き下ろしであるが，既に発表したものをベースにした章もあるので，記しておく．本書を構成する基本的なアイディアは「『英語化』とポストコロニアルなアジア——マレーシアの現場から見えた傾向」（『思想』2002 年 1 月号）の中で提出した．その後，公共社会学の視点から書き加えたものを「多民族社会における高等教育の公共性——マレーシアにおける国家と民間」（盛山和夫・上野千鶴子・武川正吾編『公共社会学』[1] 東京大学出版会，2012 年）として発表し，第 4 章の一部となった．また，第 1 章の初期バージョンは「エスニシズムとマルチエスニシティ——マレーシアにおけるナショナリズムの 2 つの方向性」（小倉充夫・加納弘勝編『講座社会学 16　国際社会』東京大学出版会，2002 年）として出版した．補論は，「グローバル・メディアとローカルな言語状況——CNN インターナショナルの英語をめぐって」（庄司興吉編『情報社会変動のなかのアメリカとアジア』彩流社，2004 年）として刊行されたものの再録である．

　本書の「グローバルなエスノグラフィー」を可能にしてくれたのは，いくつかの助成金のおかげである．調査の初期においては，旭硝子財団と三菱財団から助成を受けた．調査が本格化してからは，日本学術振興会科学研究費基盤研究 (B)（19402036, 23402047）の助成を受けた．謝意を表したい．また，頻繁に行った海外調査を暖かくサポートしてくれた上智大学社会学科の同僚に対して感謝したい．
　マレーシアにおいては，実に多くの方にお世話になった．まず，マレーシアの世界に誘ってくれたパトリック・ピレイ氏（Dr Patrick Pillai）に対して感謝したい．彼の存在がなければ，マレーシア社会に足を踏み入れることはなかったと思う．マレーシアに長逗留している間に数多くの研究者と親しくなり，難解な問題に関して私の理解を手助けしてくれた．なかでも，シャムスル A. B. 氏 (Professor Shamsul A. B.)，ザハロム・ナイン氏（Professor Zaharom Nain），クー・ブー・テイク氏（Professor Khoo Boo Teik），クー・ユー・リー氏（Professor Koo

Yew Lie) に対して感謝したい。加えて，民間の高等教育のキー・パーソンとして，ポール・チャン氏 (Dr Paul Chan)，テリー・ヒュー氏 (Mrs Terri Hew)，リム・ホー・ペン氏 (Professor Lim Ho Peng)，エリザベス・リー氏 (Mrs Elizabeth Lee) をはじめとして多くの方々にお世話になった。すべての方のお名前をあげることはできないが，心からお礼申し上げる。

　最後に，私の研究をこのように本の形でまとめることができたのは，名古屋大学出版会の橘宗吾さんのおかげである。本書の執筆を同氏の勧めで着手したのは，2001 年だったと思う。大幅に遅れた原稿を辛抱強く待っていただいたのみならず，構成や文章表現などについて貴重な助言をいただいた。心より感謝したい。

　2014 年夏

吉 野 耕 作

文献一覧

Abdul Rahman Embong (1997a) 'Cultural transformation of the Malay middle class in Malaysia', a paper presented at the International Workshop on the Southeast Asian Middle Classes in Comparative Perspective, organised by Program for Southeast Asian Area Studies, Academia Sinica, Taipei, Taiwan, 6-8 June.

―― (1997b) '"Melayu Baru" (New Malay): project of transformation and modernity of Malay society in Malaysia', a paper originally presented as a working paper at the Australia-Malaysia Conference, held at the Australian National University, 19-21 November.

―― (2001) 'The culture and practice of pluralism in postcolonial Malaysia', in Hefner (ed.) (2001).

Adam, Stephen (2001) 'Transnational education project report and recommendations', Confederation of European Union Rector's conference, www.unesco.org/education/studyingabroad/, accessed 23 April 2014.

Andaya, Barbara Watson and Andaya, Leonard Y. (2001) *A History of Malaysia*, Honolulu: University of Hawai'i Press.

Anderson, Benedict (1991) *Imagined Communities*, revised edn, London: Polity Press.

Andressen, Curtis (1993) *Educational Refugees: Malaysian Students in Australia*, Monash Papers on Southeast Asia, no. 29.

AOL Time Warner (2001) 'CNN News Group Businesses', http://www.aoltimewarner.com/about/companies/ turnerbroad.html, accessed 3 February 2002.

Appadurai, Arjun (1990) 'Disjuncture and difference in the global cultural economy', in Mike Featehrstone (ed.), *Global Culture*, London: Sage.

Baskaran, Loga (1987) *Aspects of Malaysian English Syntax*, Unpublished PhD Thesis, University of London, Department of Linguistics, cited in Gill (2000).

―― (1994) 'The Malaysian English mosaic', *English Today* 10(1): 27-32.

Baugh, A. C. and T. Cable (1993) *A History of the English Language*, 4th edn, London: Routledge.

Bauman, Zigmund (1992) *Intimations of Postmodernity*, London and New York: Routledge, 1992.

Bisong, Joseph (1995) 'Language choice and cultural imperialism: a Nigerian perspective', in *ELT Journal* 49(2): 122-132.

Bolton, Kingsley and Braj B. Kachru (eds) (2006) *World Englishes: Critical Concepts in linguistics*, London: Routledge.

Bourdieu, Pierre (1992) *Distinction*, London: Routledge.

Carr-Saunders Commission (1949) *Commission on University Education in Malaya Report*, London: His Majesty's Stationery Office.

Castells, Manuel (1996) *The Rise of the Network Society* (*The Information Age, vol. 1*), Cambridge, MA: Blackwell.

Center for International Strategy, Techonology and Policy (1995) 'Influential Europeans/Asians

study: Ad sales analysis', Atlanta: Georgia Institute of Technology.
Chanra Muzaffar (1984) 'Has the communal situation worsened in the last decade?: some preliminary thoughts', in Syed Husin Ali (ed.), *Kaum Kelas dan Pembangunan: Malaysia/Ethnicity, Class and Development*, Kuala Lumpur: Persatuan Sains Sosial Malaysia.
—— (1995) 'Dialogue between Islam and Confucianism: its significance for ethnic relations in Malaysia', a paper presented at the 'International Seminar on Islam and Confucianism: A civilizational Dialogue', held at the University of Malaya, 12-14 March.
Chew, Phyllis Ghim-Lian (1999) 'Linguistic imperialism, globalism and the English language', in Graddol and Minhof (eds) (1999).
Cohen, Abner (1969) *Custom and Politics in Urban Africa*, Berkeley: University of California Press.
—— (1974) 'Introduction: the lesson of ethnicity', in A. Cohen (ed.), *Urban Ethnicity*, London: Tavistock.
Conrad, Andrew W. (1996) 'The international role of English: the status of the discussion', in Fishman, Conrad and Rubal-Lopez (eds) (1996).
Crouch, Harold (1996) *Government and Society in Malaysia*, NSW: Allen and Unwin.
Crystal, D. (2007) *English as a Global Language*, Cambridge: Cambridge University Press.
Currie, Jan and Janice Newson (eds) (1998) *Universities and Globalization: Critical Perspectives*, Thousand Oaks: Sage.
Cushman, J. W. and A. C. Milner (1979) 'Eighteenth-and nineteenth-century Chinese accounts of the Malay Peninsula', *Journal of the Malaysian Branch of the Royal Asiatic Society* III(1).
Davis, Dorothy, Alan Olsen and Anthony Bohm (eds) (2000) *Transnational Education Providers, Partners and Policy: Challenges for Australian Institutions Offshore* (A Research Study Presented at the 14th Australian International Conference Brisbane 2000), Brisbane: IDP Education Australia.
Davis, Glyn (2009) 'The English empire?: global higher education', *The Round Table* 98(405): 753-765.
Department of Statistics Malaysia (1991) *Population and Housing Census of Malaysia (1991)*, vol. 1 (General Report of the Population Census).
Dhanarajan, G. (1987) 'Offshore distance education: a Malaysian perspective', *Australian Universities' Review* 30(2).
Do, Nguyễn Trọng (2011) 'International School - Vietnam National University (Hanoi) and Help University College Cooperation Models', http://100years.vnu.edu.vn/BTDHQGHN/Vietnamese/C1794/2006/05/N8056/, accessed 15 November 2011.
Fanon, Franz (1963) *The Wretched of the Earth*, New York: Grove.
Featherstone, Mike (1991) *Consumer Culture and Postmodernism*, London: Sage.
Fishman, Joshua A. (1996) 'Introduction: some empirical and theoretical issues', in Joshua A. Fishman, A. W. Conrad and A. Rubal-Lopez (1996), 6-8.
Fishman, Joshua A., A. W. Conrad and A. Rubal-Lopez (1996) *Post-Imperial English, Status Change in Former British and American Colonies (1940-1990)*, Berlin and New York: Mouton de Gruyter.
Flournoy, Don M. and Robert K. Stewart, (1997) *CNN: Making News in the Global Market*, Luton:

University of Luton Press.
Furnivall, J. S. (1939) (reprinted in 1967) *Netherlands India: A Study of Plural Economy*, London: Cambridge University Press.
Furnivall, J. S. (1948) (US edn 1956) *Colonial Policy and Practice: A Comparative study of Burma and Netherlands India*, New York: New York University Press.
Gans, Herbert J. (1979) 'Symbolic ethnicity: the future of ethnic groups and cultures in America', *Ethnic and Racial Studie* 2(1).
Gellner, Ernest (1983) *Nations and Nationalism*, Oxford: Basil Blackwell.
Giddens, Anthony (1990) The Consequences of Modernity, Stanford: Stanford University Press.
Gill, Saran Kaur (2000) 'The past, present and future of English as a global/international language: issues and concerns in the Malaysian context', *Asian Englishes*, 3(2).
Glazer, Nathan and D. P. Moynihan (1963) *Beyond the Melting Pot*, New York: MIT Press.
—— (1974) 'Why ethnicity?' *Commentary* 58.
Global Alliance for Transnational Education (1997) *CertificationManual*, Washington D. C.: GATE.
Gomez, Edmund Terence (1996) 'Changing ownership patterns, patronage and the NEP', in Muhammad Ikmal Said and Zahid Emby (eds), *Malaysia: Critical Perspectives* (*Essays in Honour of Syed Husin Ali*), Kuala Lumpur: Persatuan Sains Sosial Malaysia, 132-154.
Gomez, Edmund Terence and K. S. Jomo (1997) *Malaysia's Political Economy: Politics, Patronage and Profits*, Cambridge: Cambridge University Press.
Gomez, Edmund Terence and Johan Saravanamuttu (eds) (2013) *The New Economic Policies in Malaysia: Affirmative Action, Ethnic Inequalities and Social Injustice*, Singapore: NUS Press, ISEAS Publishing, and Strategic Information and Research Development Centre.
Gomez, Edmund Terence, Johan Saravanamuttu and Maznah Mohamad (2013) 'Malaysia's New Economic Policy: resolving horizontal inequalities, creating inequities?', in Gomez, Edmund Terence, Johan Saravanamuttu (eds) (2013).
Graddol, D. and U. H. Minhof (eds) (1999) *Alia Review 13: English in a Changing World*.
Hardt, Michael and Antonio Negri (2000) *Empire*, Cambridge, MA: Harvard University Press.
服部美奈(2010)「高等教育の一大市場を形成する底力, 先を見据えた人材育成戦略——インドネシアの高等教育戦略」『リクルートカレッジマネジメント』no. 165.
Hefner, Robert W. (2001) 'Introduction: multiculturalism and citizenship in Malaysia, Singapore, and Indonesia', in Hefner (ed.) (2001).
Hefner, Robert W. (ed.) (2001) *The Politics of Multiculturalism: Pluralism and Citizenship in Malaysia, Singapore, and Indonesia*, Honolulu: University of Hawai'i Press.
Hirschman, Charles (1987) 'The meaning and measurement of ethnicity in Malaysia: an analysis of census classifications', *The Journal of Asian Studies* 46(3): 555-582.
Hobsbawm, Eric J. (1990) *Nations and Nationalism since 1780: Programme, Myth, Reality*, Cambridge: Cambridge University Press, 1990.
Horowitz, Donald (2007) 'Approaches to inter-ethnic accommodation : a comparative perspective', in Abdul Rahman Embong (ed.), *Rethinking Ethnicity and Nation-Building: Malaysia, Sri Lanka and Fiji in Comparative Perspective*, Kajang: Persatuan Sains Sosial Malaysia (Malaysian Social Science Association), 20-37.

黄福濤（Huang, Futao）（2006）「第 2 章：地域別国際化文脈の違い　第 2 節：中国」『「大学の国際化の評価指標策定に関する実証的研究」最終報告レポート』（大阪大学科研費プロジェクト），http://www.gcn-osaka.jp/project/finalreport/2/2-3.pdf, accessed 8 October 2013.

Huang, Futao (2012) 'Transnational higher education in Japan and China: a comparative study', David W. Chapman, William K. Cummings and Gerard A. Postiglione (eds), *Crossing Borders in East Asian Higher Education*, Hong Kong: Springer and Comparative Education Research Centre, University of Hong Kong: 265-282.

市田良彦・小倉利丸（2005）「討論　マルチチュードとは誰か」『現代思想』11 月号，56-75.

Illich, Ivan (1981) *Shadow Work*, Boston and London: Marion Boyars.

Ismail, R. (1997) 'The role of the private sector in Malaysian education', in Marshallsay, Z. (ed), *Educational Challenges in Malaysia: Advances and Prospects*. Clayton: Monash Asia Institute, 135-152.

Jarvis, Peter (2001) *Universities and Corporate Universities: The Higher Learning Industry in Global Society*, London: Kogan Page.

Jenkins, Jennifer (2000) *The Phonology of English as an International Language*, Oxford: Oxford University Press.

—— (2003) *World Englishes: A Resource Book for Students*, London and New York: Routledge.

Jesudason, James V. (1989) *Ethnicity and Economy: The State, Chinese Business, and Multinationals in Malaysia*, Singapore: Oxford University Press.

JICA（東南アジア・大洋州部東南アジア第 2 課）（2011）『マレーシア高等教育基金借款事業（Ⅲ）概要』（資料 4），http://www.mext.go.jp/b_menu/shingi/chousa/kokusai/010/shiryou/__icsFiles/afieldfile/2012/03/30/1317953_01.pdf, accessed 25 September 2013.

ジンメル，ゲオルク（1994）『社会学――社会化の諸形式についての研究』居安正訳，白水社．

Jomo, K. S. (1990) *Growth and Structural Change in the Malaysian Economy*, London: Macmillan.

Kachru, Braj B. (1992) 'World Englishes: approaches, issues and resources', *Language Teaching* 25: 1-14.

—— (1992) 'Teaching world Englishes', in Kachru (1992), 355-365.

Kachru, Braj B (ed.) (1992) *The Other Tongue: English across cultures* (2nd edn), [Urbana]: University of Illinois Press.

Kachru, Yamana and Larry E. Smith (eds) (2006) *World Englishes in Asian Contexts*, Hong Kong: Hong Kong University Press.

Kahn, J. S. (1992) 'Class, ethnicity and diversity: some remarks on Malay culture in Malaysia', in Kahn and Loh (eds) (1992).

Kahn, J. S. and Francis K. W. Loh (eds) (1992) *Fragmented Vision: Culture and Politics in Contemporary Malaysia*, Sydney: Allen & Unwin.

可児弘明（1979）『近代中国の苦力と「猪花」』岩波書店。

糟谷啓介（2000）「言語ヘゲモニー――〈自発的合意〉を組織する権力」三浦信孝・糟谷啓介編『言語帝国主義とは何か』藤原書店．

Kemp, Steven J. (1992) 'The export of higher education', Master's thesis, Curtin University of Technology.

Kemp, Steven, Gary Madden and Michael Simpson (1998) 'Emerging Australian education markets: a discrete choice model of Taiwanese and Indonesian student intended study destination', *Education Economics* 6(2): 159–169.

Khoo, Boo Teik (2005) *Ethnic Structure, Inequality and Governance in the Public Sector: Malaysian Experiences*, Democracy, Governance and Human Rights Program Paper no. 20, United Nations Research Institute for Social Development.

Kirkpatrick, Andy (2000) 'English as an Asian language', *Guardian Weekly*, 23 November.

KKBS (Ministry of Culture, Youth and Sports Malaysia) (1973) *Asas-Kebudayaan Kebangsaan* (Basic Principles of National Culture).

Koo, Yew Lie (2013) *Language and Culture in Multilingual Contexts: Pluriliteracies in Theory and Practice*, Bangi: Penerbit Universiti Kebangsaan Malaysia.

Kymlicka, Will (1995) *Multicultural Citizenship: A Liberal Theory of Minority Rights*, Oxford: Clarendon Press.

Lee, Fah Onn (2008) 'Growth and development of private higher education', in Ibrahim Ahmad Bajunid (ed.) *Malaysia: From Traditional to Smart Schools*, Shah Alam: Oxford Fajar, 337–357.

Lee, Hock Guan (2013) 'Racial citizenship and higher education in Malaysia', in Gomez, and Saravanamuttu (eds) (2013), 235–261.

Lee, Hwok-Aun (2013) 'Affirmative action in occupational representation: policies and outcomes', in Gomez and Saravanamuttu (eds) (2013), 205–234.

Lee, Molly N. N. (1999) *Private Higher Education in Malaysia*, Monograph Series, no. 2, Penang: School of educational Studies, Universiti Sains Malaysia.

—— (2000) 'Expanding the state role in Malaysian higher education', *International Higher Education*, no. 20, Summer, Center for International Higher Education, Boston College, http://www. bc. edu/bc_org/avp/soe/cihe/newsletter/News20/Newslet20. html accessed 20 August 2006.

—— (2002) *Educational Change in Malaysia*, Monograph Series, no. 3, Penang: School of Educational Studies, Universiti Sains Malaysia.

—— (2004) *Restructuring Higher Education in Malaysia*, Monograph Series, no. 4, Penang: School of educational Studies, Universiti Sains Malaysia.

Leigh, Michael (1997) 'The privatisation of Malaysian higher education: a cost benefit analysis', in Marshallsay (ed.) (1997), 119–134.

Lenn, Marjorie Peace (2000), 'Higher education and the global marketplace: a practical guide to sustaining quality' OECD, http://www.oecd.org/dataoecd/16/26/1853954.pdf, accessed 28 November 2011.

Lent, John (1978) *Broadcasting in Asian and the Pacific*, Hong Kong: Heinemann Asia.

Li, David C. S. (2000) 'Hong Kong parents' preference for English-medium education: passive victims of imperialism or active agents of pragmatism?', Fifth English in Southeast Asia Conference, Curtin University of Technology, Perth, Australia, 6–8 December 2000.

Liggett, Donald R. (1986) 'The American-patterned two-year college in Malaysia', unpublished draft.

Lim, Jee Yuan (1987) *The Malay House: Rediscovering Malaysia's Indigenous Shelter System*, Penang: Institut Masyarakat.

Lim, Joanne B Y (2013) 'Video blogging and youth activism in Malaysia', *International Communication Gazette*, 75(3): 300-321.

Lipp, Linda (1997) 'Developments in Australia-Malaysia cooperation', in Marshallsay (ed.) (1997), 15-27.

Loh, Francis K. W. (1997) 'Developmentalism in Malaysia in the 1990s: is a shift from the politics of ethnicism underway?', a paper presented to the 1st International Malaysian Studies Conference, 11-13 August.

Malaysia (1976) *Third Malaysia Plan (1976-1980)*, Kuala Lumpur: Government Printer.

Malaysia (1981) *Fourth Malaysia Plan, 1981-1985*, Kuala Lunpur: National Printing Department.

Malaysia (2006) *Ninth Malaysia Plan, 2006-2010*, Putrajaya: Economic Planning Unit, Prime Minister's Department, http://www.epu.gov.my/epu-theme/rm9/html/english.htm, accessed 19 April 2014.

—— (2008) *The Malaysian Economy in Figures 2013*, Putrajyaya: Economic Planning Unit, Prime Minister's Department, http://www.epu.gov.my/en/the-malaysian-economy-in-figures-2008, accessed 19 April 2014.

—— (2010) *Tenth Malaysia Plan, 2011-2015*, Putrajaya: Economic Planning Unit, Prime Minister's Department.

—— (2013) *The Malaysian Economy in Figures 2013*, Putrajyaya: Economic Planning Unit, Prime Minister's Department, http://www.epu.gov.my/en/the-malaysian-economy-in-figures-2013, accessed 11 April 2014.

Malaysian Qualifications Agency (2014) *MQA at a Glance*, http://www.mqa.gov.my/, accessed 11 April 2014.

Mann, Michael (c2004) 'Globalizations: an introduction to the spatial and structural networks of globality', unpublished paper.

Maznah, Mohamad (2013) 'The New Economic Policy and poverty at the margins: family dislocation, dispossession and dystopia in Kelantan', in in Gomez, Edmund Terence, Johan Saravanamuttu (eds) (2013).

Marginson, Simon and Mark Considine (2000) *The Enterprise University: Power, Governance and Reinvention in Australia*, Cambridge: Cambridge University Press.

Marshallsay, Zaniah (ed.) (1997) *Educational Challenges in Malaysia: Advances and Prospects*, Clayton: Monash Asia Institute.

Matheson, Virginia (1979) 'Concepts of Malay ethos in indigenous Malay writings', *Journal of Southeast Asian Studies* 10(2).

McBurnie, Grant and Anthony Pollack (1998) 'Transnational education: an Australian example' *International Higher Education*, no. 10, https://htmldbprod.bc.edu/prd/f?p=2290:4:0::NO:RP,4:P0_CONTENT_ID:100950, accessed 23 April 2014.

McBurnie, Grant and Christopher Ziguras (2001) 'The regulation of transnational higher education in Southeast Asia: case studies of Hong Kong, Malaysia and Australia', *Higher Education* 42(1): 85-105.

McNeill, W. H. (1986) *Polyethnicity and National Unity in World History*, Toronto: University of Toronto Press.

Mehmet, Ozay and Yip Yat Hoong (1986) *Human Ccapital Formation in Malaysian Universities: A Socio-Economic Profile of the 1983 Graduates*, Occasional papers and reports, no. 2, Kuala Lumpur: Institute of Advanced Studies, University of Malaya.

Michael, Hardt and Antonio Negri (2000) *Empire*, Cambridge, Mass.: Harvard University Press.

Milner, Anthony (1982) *Kerajaan: Malay Political Culture on the Eve of Colonial Rule*, Tucson: University of Arizona Press.

—— (1994) *The Invention of Politics in Colonial Malaya*, Cambridge: Cambridge University Press.

—— (1998) 'Ideological work in constructing Malay majority', in Dru C. Gladney (ed.), *Making Majorities*, Stanford: Stanford University Press.

Ministry of Education and Training (Vietnam) (2009) 'Report on the development of higher education system, the solutions to ensure quality assurance and improve of education quality', Hanoi: Ministry of Education and Training.

Mohd Ali Kamaruddin (2006) *Universiti Kebangsaan Malaysia: Sejarah Penubuhan* (The National University of Malaysia: A History of its Establishment), Bangi: Penerbit Universiti Kebangsaan Malaysia.

Mohd Salleh Majid (2005) 'Harnessing Talent', *Malaysian Business*, 1 December.

Mok, Ka Ho (2000) 'Impact of globalization: a study of quality assurance systems of higher education in Hong Kong and Singapore', *Comparative Education Review* 44(2): 148-174. Published by: The University of Chicago Press on behalf of the Comparative and International

Morley, David and Kevin Robins (1995) *Spaces of Identity: Global Media, Electronic Landscapes and Cultural Boundaries*, London and New York: Routledge.

Morshidi Sirat (2008) 'The Impact of September 11 on international student flow into Malaysia: lessons learned', *The International Journal of Asia-Pacific Studies* 4(1): 79-95, http://web.usm. my/ijaps/articles/IJAPS% 205% 20Morshidi% 20(79-95).pdf, accessed 28 November 2011.

Naidoo, Vik (2008) 'Transnational higher education: a stock take of current activity', in *Journal of Studies in International Education* 20(10), http: //jsi. sagepub. com/content/early/2008/05/21/ 1028315308317938, accessed 8 April 2013.

Ngo, Doan Dai (2006) 'Viet Nam' in UNESCO (2006), 219-250.

Ong, Aihwa (1999) *Flexible Citizenship: The Cultural Logics of Transnationality*, Durham and London: Duke University Press.

Paton, Graeme (2013) 'More students turning to private colleges as fees rise', The Telegraph, 24 July 2013, http://www.telegraph.co.uk/education/educationnews/10197945/More-students-turning-to -private-colleges-as-fees-rise.html, accessed 26 September 2013.

Pennycook, Alastair (1994) *The Cultural Politics of English as an International Language*, London: Longman.

—— (1998) *English as and the Discourses of Colonialism*, London: Routledge.

—— (2000) 'English, Politics, Ideology', in Thomas Ricento (ed.), *Ideology, Politics and Language Policies: Focus on English*, Amsterdam: John Benjamin Publishing Company, 107-119.

Phillipson, Robert (1992) *Linguistic Imperialism*, Oxford: Oxford University Press.

Robertson, Roland (1992) *Globalization*, London: Sage.

Roff, William R. (1980) *The Origins of Malay Nationalism*, Kuala Lumpur: Penerbit Universiti

Malaya.
Runckel, Christopher (n. d.) 'The Education System in Vietnam', http://www.business-in-asia.com/vietnam/education_system_in_vietnam.html, accessed 29 July 2013.
Rustam Sani (1986) 'Melayu Raya as a Malay "nation of Intent"', in H. M. Dahlan (ed.), *The Nascent Malaysian Society*, 2nd edn Bangi: Penerbit Universiti Kebangsaan Malaysia.
Schneider, E. W. (2007) *Postcolonial English: Varieties around the World*, Cambridge and New York: Cambridge University Press.
Scott, J. (1968) *Political Ideology in Malaysia*, New Haven & London: Yale University Press.
Sedgwick, Robert (2004) 'Middle Eastern students find options at home and elsewhere', World Education News and Reviews, November/December, http://www.wes.org/ewenr/PF/04nov/pffeature.htm, accessed 28 January 2012.
関根政美（2000）『多文化主義社会の到来』朝日選書。
Selvaratnam, Viswanathan (1988) 'Ethnicity, inequality, and higher education in Malaysia', *Comparative Education Review* 32(2): 173-196
Shamsul, A. B. (1996a) 'Debating about identity in Malaysia: a discourse analysis', *Tonan Ajia Kenkyu* (Southeast Asian Studies) 34(3).
—— (1996b) 'The Construction and transformation of a social identity: Malayness and Bumiputeraness re-examined', *Journal of Asian and African Studies*, no. 52.
——（1996c）「東南アジアにおける国民国家の形成とエスニシティ——マレーシアの経験より」（中澤政樹訳）綾部恒雄『国家のなかの民族——東南アジアのエスニシティ』明石書店。
—— (1998) 'Etniisti, kelas atatu identiti?: analisis sosial dalam pengajian Malaysia', Kertas untuk Seminar FSKK Ke-3, UKM, 18-19 Ogos.
白石隆（1984）「国民統合をめぐって」大林太良編『民族の世界史6　東南アジアの民族と歴史』山川出版社。
Siti Falindah Padlee, Abdul Razak Kamaruddin and Rohaizat Baharun (2010) 'International students' choice behavior for higher education at Malaysian private universities', *International Journal of Marketing Studies* 2(2): 202-211.
Slaughter, Sheila and Larry Leslie (1997) *Academic Capitalism: Politics, Policies and the Entrepreneurial University*, Baltimore: Johns Hopkins University Press.
Slaughter, Sheila and Gary Rhoades (2004) *Academic Capitalism and the New Economy: Markets, State, and Higher Education*, Baltimore: The Johns Hopkins University Press.
Smith, Anthony D. (1986) *The Ethnic Origins of Nations*, Oxford: Basil Blackwell.
—— (1998) *Nationalism and Modernism*, London: Routledge.
Smith, M. G. (1965) *The Plural Society in the British West Indies*, Berkeley and Los Angeles: University of California Press.
Strange, Susan (1996) *The Retreat of the State: The Diffusion of Power in the World Economy*, Cambridge: Cambridge: University Press.
Stratton, Jon and Ien Ang (1994) 'Multicultural imagined communities: cultural difference and national identity in Australia and the USA', in Tom O'Regan (ed.), *Critical Multiculturalism = Continuum: The Australian Journal of Media & Culture* 8(2): 124-158.

Study in Malaysia (2001) *Study in Malaysia Handbook*, 2nd International Edition, Kuala Lumpur: Challenger Concept.
Study in Malaysia (2004) *Study in Malaysia Handbook,* 4th International Edition, Kuala Lunpur: Challenger Concept.
—— (2007) *Study in Malaysia Handbook*, 6th International Edition, Kuala Lumpur: Challenger Concept.
—— (2008) 'Malaysian Education', Study Malaysia. Com, http://www.studymalaysia.com/education/edusystem.php?fn=edusystem, accessed 31 January 2008.
杉村美紀 (2000)『マレーシアの教育政策とマイノリティ――国民統合のなかの華人学校』東京大学出版会。
Tam, Kwok-Kan (1998) 'Postcoloniality, identity and the English language in Hong Kong', *Journal of Asian Pacific* 8(1): 69-80.
Tan, Ai Mei (2002) *Malaysian Private Higher Education: Globalisation, Privatisation, Transformation and Marketplaces*, London: Asean Academic Books.
Tan, Chee Beng (1988) 'Nation-building and being Chinese in a Southeast Asian state: Malaysia' in Cushman, Jennifer W. and Wang Gungwu (eds), *Changing Identities of the Southeast Asian Chinese since World War II*, Hong Kong: Hong Kong University Press.
Tan, Liok Ee (1997) *The Politics of Chinese Education in Malaya 1945-1961*, Kuala Lumpur: Oxford University Press.
Tan, Sooi Beng (1992) 'Counterpoints in the performing arts of Malaysia', in Kahn and Loh (eds) (1992).
Taylor, Charles et al. (1994) *Multiculturalism: Examining the Politics of Recognition*, Princeton: Princeton University Press.
Tham, Siew Yean (2013) 'Private higher education institutions: development and internationalization', in Tham (ed.) (2013).
Tham, Siew Yean (ed.) (2013) *Internationalizing Higher Education in Malaysia: Understanding, Practices and Challenges*, Singapore: Institute of Southeast Asian Studies.
UK Council for International Student Affairs (2008) *Mobility matters: 40 years of international students, 40 years of UKCISA*, http: //www. ukcisa. org. uk/Info-for-universities-colleges--schools/Publications--research/resources/29/Mobility-matters-40-years-of-international-students-40-years-of-UKCISA, accessed 23 April 2014.
UNESCO/Council of Europe (2000) *Code of Good Practice in the Provision of Transnational Education*, Paris.
—— (2001) 'Code of good practice in the provision of transnational education', adopted by the Lisbon Recognition Convention Committee at its second meeting, Rīga, 6 June 2001.
UNESCO (2006) *Higher Education in South-East Asia*, Bangkok: UNESCO Asia and Pacific Regional Bureau for Education.
Vang, Nguyen Xuan Vang (2012) 'Vietnam the land of opportunities', http://ihe.britishcouncil. org/sites/default/files/going_global/session_attachments/Nguyen%20Xuan%20Vang%20Going %20global%202012%20Presentation.pdf, accessed 20 September 2013.
Varghese, N. V. (2008) *The Globalization of Higher Education and Cross-border Student Mobility*,

Paris: International Institute for Educational Planning, http://www.unesco.org/iiep/PDF/pubs/2008/Globalization_HE.pdf, accessed 29 November 2011.

Verbik, Line, and Veronica Lasanows (2007) *International Student Mobility: Patterns and Trends*, London, The Observatory on Borderless Higher Education, September 2007, http://www.eua.be/fileadmin/user_upload/files/newsletter/International_Student_Mobility_-_Patterns_and_Trends.pdf, accessed 28 November 2011.

Vidovich, L. and P. Porter (1997) 'The contextualisation of "quality" in Australian higher education', *Journal of Education Policy* 12(4): 233-252.

Wallerstein, Immanuel (1979) *The Capitalist World-economy*, Cambridge: Cambridge University Press and Paris: Editions de la Maison des Sciences de l'Homme.

Weiss, Linda (1999) 'Globalization and national governance: antimony or interdependence?', *Review of International Studies* 25(5): 59-88.

Wong Annie, Muk-Ngiik and Jamil Hamali (2006) 'Higher education and employment in Malaysia', *International Journal of Business and Society* 7(1): 102-120.

World Bank (2005) *Malaysia: Firm Competitiveness, Investment Climate, and Growth*, Poverty Reduction, Economic Management and Financial Sector Unit (PREM), East Asia and Pacific Region. Report No. 26841-MA.

—— (2009) *Project Appraisal Document, Higher Education Development Policy Program-First Operation (Report No. 47492-VN)*, Washington, D. C.: The World Bank.

楊雲 (2006)「中国高等教育の量的拡大と民営大学の発展」『現代社会文化研究』(新潟大学大学院現代社会文化研究科) 37: 175-192.

Yinger, M. J. (1976) 'Ethnicity in complex societies', in L. A. Coser and L. O. Larsen (eds), *The Uses of Controversy in Sociology*, New York: Free Press.

Yoshino, Kosaku (1992) *Cultural Nationalism in Contemporary Japan: A Sociological Enquiry*, London and New York: Routledge.

吉野耕作 (1997)『文化ナショナリズムの社会学——現代日本のアイデンティティの行方』名古屋大学出版会。

Yoshino, Kosaku (1999) 'Rethinking theories of nationalism: Japan's nationalism in a marketplace perspective' in Yoshino (ed.) (1999).

—— (ed.) (1999) *Consuming Ethnicity and Nationalism: Asian Experiences*, London: Curzon Press/Honolulu: University of Hawaii Press.

吉野耕作 (2002a)「「英語化」とポストコロニアルなアジア——マレーシアの現場から見えた傾向」『思想』1月号, 162-180.

—— (2002b)「エスニシズムとマルチエスニシティ——マレーシアにおけるナショナリズムの2つの方向性」小倉充夫・加納弘勝編『講座社会学16 国際社会』東京大学出版会, 85-119.

Yoshino, Kosaku (2002c) 'English and nationalism in Japan: the role of the intercultural-communication industry, in Sandra Wilson (ed.), *Nation and Nationalism in Japan*, London: RoutledgeCurzon, 2002, 135-145.

吉野耕作 (2004a)「トランスナショナルな高等教育産業——英語化とマレーシアの文化仲介者をめぐって」伊藤守・西垣通・正村俊之編『グローバル社会の情報論』早稲田大学

出版部，177-195.
―― (2004b)「グローバル・メディアとローカルな言語状況――CNN インターナショナルの英語をめぐって」庄司興吉編『情報社会変動のなかのアメリカとアジア』彩流社，163-186.
Yoshino, Kosaku (2009) 'Englishization of higher education in Asia: a sociological enquiry', in Kwog-kan Tam (ed.) *Englishization in Asia: Language and Cultural Issues*, Hong Kong: Open University of Hong Kong Press, 70-87.
吉野耕作 (2012)「多民族社会における高等教育の公共性――マレーシアにおける国家と民間」盛山和夫・上野千鶴子・武川正吾共編『公共社会学』1，東京大学出版会，139-155.
Young, Kevin, William C. F. Bussink and Parvez Hasan (1980) *Malaysia: Growth and Equity in a Multiracial Society*, Baltimore: The Johns Hopkins University Press.
Zaharom Nain and Mustafa K. Anuar (1998) 'Ownership and control of the Malaysian media', in *Media Development* 4: 9-17.
―― (2000) 'Marketing to the masses in Malaysia: commercial television, religion and nation-building', D. French and M. Richards (eds), *Television in Contemporary Asia*, Sage: New Delhi, 151-178.
Zaniah Marshallsay (ed.) (1997) *Educational Challenges in Malaysia: Advances and Prospects*, Clayton: Monash Asia Institute.

図表一覧

図 2-1　HELP ユニバーシティ・カレッジ卒業式（2007 年 4 月 15 日）………63
図 2-2　学位取得のルート（情報技術を専攻した場合）………65
図 2-3　学位取得のルート（ロンドン・スクール・オブ・エコノミクス／イギリスの他大学への単位移行）………66
図 2-4　学位取得のルート（アメリカの学位プログラム／単位移行プログラム）………67
図 3-1　KDU のアメリカの大学への単位移行プログラムの開設を報じる新聞記事………76
図 3-2　創業当時の INTI カレッジ（1986 年）………80
図 3-3　INTI カレッジ（1998 年）………80
図 3-4　KDU のトゥイニング・プログラムの開設を報じる新聞記事………83
図 4-1　テイラーズ・ユニバーシティ・カレッジ学生募集の広告の一部………117
図 5-1　マレーシアの民間・私立の高等教育機関におけるムスリム諸国からの留学生………132
図 6-1　GIST 国際カレッジのホームページ………152
図 6-2　ベトナム国家大学国際学校と HELP ユニバーシティ・カレッジとの提携モデル………159
図 6-3　ベトナム国家大学国際学校のホームページ………160
図 6-4　ロンドン・スクール・オブ・コマースのホームページ………166
図 6-5　アングリア・ラスキン大学のホームページ………167
図 6-6　ウェストミンスター・インターナショナル・カレッジのホームページ………170

表 2-1　民間・私立高等教育機関の数の推移………58
表 2-2　マレーシアの高等教育の学生数の割合………58
表 2-3　主な民間高等教育機関の昇格と名称変更………58
表 2-4　トゥイニング・プログラム（1+1, 2+1）の具体例………60
表 2-5　トゥイニング・プログラム（3+0）の具体例………60
表 3-1　聞き取りを行ったキー・パーソン………71
表 4-1　エスニック・グループ別の失業率（2007 年）………101
表 5-1　国立大学と民間・私立大学における留学生数の推移………123
表 5-2　マレーシアの民間・私立の高等教育機関における中華人民共和国からの留学生………125
表 6-1　ロンドン・スクール・オブ・コマースで取得可能なカーディフ・メトロポリタン大学の学位と取得までの年数………166
表補-1　クアランプールにおける CNN インターナショナルの視聴者の特性………196

索　引

ア　行

アジア英語　137, 198, 199, 210, 211
アジア金融危機　55, 93, 127, 128
新しいマレー人　39, 42, 181
アッパー・アイオワ大学　64, 110
アパデュライ, A.　203
アファーマティブ・アクション　36, 107, 118, 119, 180, 182
アブドゥル・ラーマン・エンボン　42, 43, 103
アフリカ　2, 7, 33, 122, 130-132, 163, 192, 199
アメリカ　2, 4-11, 13, 17, 39, 47, 50-54, 59, 61, 63, 64, 68, 70, 72-75, 77-79, 81, 84, 88-93, 95-97, 102, 104, 106, 108-111, 117, 124-33, 135, 136, 139, 140, 143, 147, 148, 155, 156, 158, 160, 163, 170, 174-176, 178, 187, 190-192, 198, 201, 202, 204-206, 208, 209, 211, 212
アメリカ英語　78, 189, 190, 198-200, 203-206, 209, 210
アメリカ準学士号プログラム　92, 93
アメリカの大学への移行プログラム（アメリカ学位プログラム，アメリカ大学プログラム）　67, 72, 79, 90, 95, 96, 97, 108, 110, 162, 163, 175, 176
アラブ首長国連邦　125, 131, 133
アンダーソン, B.　27, 28
イギリス　4, 6-11, 13, 17, 18, 23, 25, 26, 28, 29, 31, 34, 47, 49-55, 59, 61, 63, 64, 68, 70, 73, 74, 78-84, 86, 88, 89, 95, 97, 102, 104, 109, 111, 114, 116, 124, 125, 127-130, 132-135, 137, 139-141, 147-149, 151-153, 155, 158, 160, 165, 166, 168-171, 174-180, 190, 192, 199, 201, 204-206, 208-210
イギリス英語　139, 189, 190, 198-200, 203, 204, 206, 207, 209, 210
イースト・ロンドン大学　60, 64, 65, 68, 129, 133, 160
イスラーム　26, 30, 35, 36, 41, 107, 114, 130, 134, 143, 144, 194

イスラーム文明　146
異文化　126, 138, 139
イリッチ, I.　4
インド系　16, 20, 22, 25, 29-32, 34, 40, 44, 45, 49, 53, 77, 94, 95, 100, 102, 103, 105, 111, 135, 144, 145, 181-183, 187, 196, 199, 206
インドネシア　2, 22, 29, 30, 34, 49, 121, 122, 125, 127-130, 136, 142, 147, 161-164, 170, 172
インド文明　134, 144, 146
英語化　1-3, 6-14, 22, 46, 89, 99, 101, 102, 104, 106, 123, 136, 137, 142, 146, 173-176, 180, 185, 188, 189, 207, 208
英語教育　3, 7, 136, 137, 139
英語支配　3, 4, 6, 7, 9, 190
英語帝国主義　→言語帝国主義
英語の拡大　2, 3, 5, 6, 185
英植民地　1, 2, 10, 12, 18, 24, 30, 33, 34, 36, 48, 104, 105, 139, 173, 180, 181, 185, 188, 190, 191, 204, 206, 208, 211
英連邦　49, 50, 88, 140, 141
エスニー　11, 21, 22, 27-29, 33
エスニシズム　19, 33, 37, 39-41
エスニシティ　11, 12, 14, 20-22, 29, 31-33, 35, 36, 41, 43, 45, 49, 96, 100, 102, 104-106, 116, 119, 120, 131, 141-146, 183, 184, 187, 191, 196, 198, 206, 207
エスニック・カテゴリー　22, 31-33
エスニック関係　11, 13-15, 33-35, 40, 41, 47-49, 89, 98, 99, 101, 102, 104, 108, 118, 145, 186, 187, 207
エスニック・グループ　11, 24, 30, 34-40, 43, 101, 182, 183, 187
エスニック・ディバイド　104, 105, 118
エスニック別比率（エスニック別割り当て制）　38, 48, 51, 85, 103, 106
エディス・コーワン大学　64, 159, 163
遠隔地ナショナリズム　142
オーストラリア　2, 6, 9-11, 13, 18, 20, 41, 47, 49-55, 59, 61, 63, 64, 68, 79, 84, 86-88, 102, 104, 110, 112, 114, 124-126, 127-130, 132,

索引　231

134-137, 139-141, 148, 151, 158, 159, 162-165, 170, 174-179, 190, 198, 200-202, 208, 210, 211
オーストラリア英語　189, 209, 210
オックスフォード・ブルックス大学　60
オマーン　131

カ行

階級　35, 43, 105, 119, 130, 156, 165, 183
華僑　30, 32, 50, 140, 142
学外学位　62, 68, 71, 84, 86, 88, 129
学術資本主義　53, 140, 172, 185
華人　16, 17, 20, 29-35, 37-44, 49-51, 53, 70, 72, 86, 88, 94-96, 99-106, 109, 111, 117-119, 121, 122, 127, 128, 136, 139-146, 150, 181-186, 187, 196
カチル，B.　2, 175
カーティン工科大学（カーティン大学）　56, 64, 84, 112, 129
カナダ　11, 18, 20, 51, 68, 210
華文独立中学　17, 18, 106
韓国　1, 2
起業家（者）　50-52, 68, 70, 72, 77, 137, 140, 181
旧植民地　3, 8, 18, 50, 136
グラムシ，A.　4
グローバル化　1, 14, 114, 124, 137, 138, 172, 177, 178, 203, 205, 207, 208, 211
グローバル資本主義　172, 184, 185
グローバル・メディア　190, 191, 195, 197, 201, 203, 205, 210, 211
計画外　149, 150, 153, 154
ゲルナー，E.　27, 28
言語学　2, 3, 7-9, 137, 139, 174, 187
言語帝国主義（英語帝国主義）　2-7, 137, 174, 185
コヴェントリー大学　60, 149
公共サービス局　88, 90, 117
高等教育省（マレーシア）　70, 111, 114-117, 123, 125, 127, 131
国際移動・移住　11, 14
国際英語　→世界英語
国民開発計画　36, 38
国民型学校　17
国民構想政策　36, 180
国民国家　1, 12, 19-21, 48, 145, 178
国民小学校　45, 106
国民文化政策　36, 37, 39, 41, 49, 145
国立大学（マレーシア）　10, 18, 48-50, 57, 59, 73, 93-95, 100, 102-107, 109-111, 113, 117, 119, 122, 123, 128, 131, 135, 154, 162, 168, 178, 182, 183
国立認定機構（LAN）　113, 114, 178
国家　10, 14, 17, 20, 33, 35, 36, 38, 40, 41, 46-48, 50, 54, 56, 57, 70, 96, 99, 107, 112-114, 116, 131, 134, 137, 143, 148, 172, 173, 177, 178, 183-186, 188, 194, 203, 208
コロンボ計画　49, 54

サ行

サウジアラビア　131, 133
サンウェイ・カレッジ（サンウェイ・ユニバーシティ・カレッジ，サンウェイ大学）　55, 58, 60, 71, 84, 102, 115, 124, 133
失業　100, 101, 103
社会階層　11, 14, 187, 198, 206, 207
周辺　3-7, 137, 172, 174, 175, 179
消費市場　40
植民地　2, 3, 7, 11, 12, 19, 22, 23, 25, 26, 28, 29, 31-33, 35, 42, 48, 185, 196-197, 206
植民地主義　2, 4, 7, 12, 21, 31, 104, 105, 173, 175, 180, 184, 196, 204, 206, 207
私立（民間）高等教育制度法（1996年）　18, 56, 57, 92, 94, 113, 114, 123
私立大学（マレーシア）　10, 18, 56, 59, 95, 106, 112, 119, 122, 182, 186
シンガポール　3, 7, 8, 25, 30, 31, 34, 88, 115, 121, 126, 129, 134, 158, 163, 191-193, 195, 198-202, 206, 210
新経済政策（NEP）　21, 35, 36, 38-40, 42, 46, 48, 49, 104, 107, 111, 119, 180-182
人種　4, 22, 24-26, 29, 144, 145
新自由主義　57, 140, 178, 182
ジンメル，G.　188
スウィンバーン工科大学　56, 129, 163
スタムフォード・カレッジ　51, 60, 124
スーダン　131, 133
スミス，アントニー　27-29
スミス，M. G.　12
世界英語（国際英語）　3, 7, 9, 189
世界システム　14, 175
セダヤ・カレッジ（UCSI大学）　58, 71, 129, 164

タ 行

大学入学資格試験　18, 72
大学入学準備（pre-U）コース　17, 18, 51, 89, 108, 109, 111, 122, 159
台湾　50, 106, 192
多言語　104, 105, 126, 140, 143, 157, 185, 187
多文化　12, 21, 44, 107, 126, 140, 143, 185
多文化化　45, 46
多文化主義　11, 12, 20, 37, 40, 41, 44, 46, 145
多民族国家　20, 29
多民族社会　10, 12, 13, 21, 45, 46, 98, 102, 120, 134, 144, 145, 185, 194
ダーリング・ダウンズ高等教育機関（南クイーンズランド大学）　84-87, 163, 164
単位移行　10, 52, 61, 62, 68, 71, 72, 75, 77-79, 87, 88, 91, 92, 96, 97, 110, 114, 125, 133, 150, 154, 156, 162-165, 175, 179
タンザニア　2, 131, 133
チャールズ・スタート大学　60, 64, 65, 68, 159
中近東　122, 130-132, 143
中継地（ハブ）　125, 127, 136, 137
中国（中華人民共和国）　1, 2, 22, 24, 29-32, 34, 37, 41, 95, 121, 122, 124-127, 130, 136, 139-144, 147-154, 159, 160, 166
中国語（華語）　17, 45, 103, 106, 126, 139, 140, 142, 150, 157, 194, 196
中国・華人文明　146
中心　2-7, 19-20, 38, 39, 63, 90, 104, 137, 145, 147, 152, 174, 175, 179, 197, 199, 200, 211
中心－周辺　6, 174
帝国主義　4, 5, 205, 211
ディプロマ　18, 74, 75, 86, 87, 89, 93, 94, 108, 115, 119, 122, 129, 149, 151
テイラーズ・カレッジ（テイラーズ・ユニバーシティ・カレッジ, テイラーズ大学）　51, 55, 58, 60, 71, 115, 117, 124, 128, 129, 135, 141
統一マレー人国民組織（UMNO）　34, 41, 57, 183
トゥイニング　10, 13, 47, 52, 56, 57, 59, 61, 64, 69, 71, 72, 79-82, 84, 85, 87, 90, 110, 112, 114, 118, 125, 129, 147, 148, 153, 155, 156, 158, 161, 162, 164, 165, 168, 170-172, 176, 177
トゥナガ・ナショナル大学　56
トゥン・アブドゥル・ラザク大学（UNITAR）　57, 93
トゥンクー・アブドゥル・ラーマン大学（UTAR）　56, 57
都市　19, 30, 33, 35, 39, 42-44, 91, 94, 105, 106, 108, 119, 156, 165, 180-183, 187, 195
都市化　42, 43
トランスナショナル　10, 11, 13, 14, 18, 47, 52, 53, 57, 59, 62-64, 68, 70-72, 79, 84-87, 92, 94, 96, 97, 112, 114-116, 121-124, 130, 131, 138, 139, 141-144, 146-148, 150, 151, 153, 154, 156-159, 161-165, 173-176, 178, 179, 182, 185
トランスナショナルな高等教育モデル　9-11, 13, 14, 90, 147, 161, 175
トランスナショナルな単位移行　47, 57, 69, 72, 90, 97, 118, 147, 148, 153, 158, 164, 165, 171

ナ 行

ナショナリズム　8, 11, 14, 20, 21, 27, 29, 31, 33, 37, 184, 185, 189, 194
ナショナル・アイデンティティ　8, 20, 41, 114, 137, 145, 184
二重学位（制）　116, 156, 159, 162, 165
日本　1, 2, 4, 16, 17, 25, 28, 34, 38, 43, 63, 90, 91, 137, 141, 175, 200, 207
日本準学士号（JAD）プログラム　90
ニュー・ミドルクラス　39, 40, 43, 44, 55, 145, 181
ネイティブ・スピーカー　6, 7, 137, 139, 208
ネオリベラル　53
ネグリ, A.　211
ノッティンガム大学　56, 165
ノン・ブミプトラ（ノン・ブミ）　16, 36, 39, 47, 50, 51, 53, 70, 96, 99, 101, 102, 106, 107, 116-119, 180, 184

ハ 行

ハート, M.　211
ハートフォードシャー大学　149
バングラデシュ　2, 31, 131
バンサ　24-29, 37-39
半周辺　14, 69, 137, 172, 175, 176, 178, 179, 185
ビヌス大学　161, 164, 165
非マレー人　16, 32, 34, 35, 47, 49, 50, 52, 92, 102-105, 116, 140, 145, 180, 182

索引　233

標準英語　3, 7, 8, 190, 208, 210
品質保証　61, 177, 178
ファーニバル, J. S.　12, 30, 186, 187
ファノン, F.　3, 7
フィリピン　2, 3, 8, 190, 198-200, 206
フィリプソン, R.　4, 7
複合社会　11, 12, 21, 29-31, 33, 46, 105, 144, 180, 186, 188
ブミプトラ（ブミ）　16-18, 30, 36, 38, 39, 46, 48-50, 70, 89, 90, 93, 96, 99-103, 106, 107, 111, 116-119, 180-184
ブミプトラ政策　37, 39, 46, 47, 50, 53, 101, 118, 119, 180, 182, 207
フランス　19, 68, 82, 157, 159, 160, 192
文化仲介者　14, 121, 123, 138, 139, 141, 143
文明　11, 14, 19, 41, 146
ベトナム　125, 131, 147, 154-158, 160, 161, 172
ベトナム国家大学　154-160
ペトロナス工科大学　56
ペニークック, A.　2, 3, 7
ヘフナー, R. W.　173
ベミジ州立大学　64, 160
ホブズボーム, E.　27
ポストコロニアル　1, 3, 4, 7, 9, 10, 46, 136, 137, 143, 173, 174, 184, 185, 189, 191, 203, 206, 208
ポスト複合社会　11-14, 21, 104, 120, 173, 180, 184, 188
香港　5, 88, 139, 150, 153, 179, 191-193, 200-202, 206, 207, 210

マ　行

マハティール首相　57
マラヤ　12, 21, 22, 24, 26, 28-30, 32-34, 36, 49, 207
マラヤ大学　48, 73, 77, 84, 86, 93, 95, 108, 135
マルチエスニシティ　14, 19, 21, 31, 33, 41, 46, 123, 140, 143-146, 173, 185-187
マルチメディア大学　56
マレー語　10, 12, 16, 17, 22, 25, 26, 32, 35-38, 45, 49, 51, 73, 88, 92-96, 102, 103, 105-107, 110, 129, 135, 137, 182, 184, 185, 187, 188, 194, 196, 207
マレーシア・インド系会議（MIC）　34, 57, 77, 183
マレーシア英語　8, 51, 137, 187, 198, 199, 207-209
マレーシア科学大学　48, 73, 117, 150
マレーシア華人協会（MCA）　34, 56, 88, 183
マレーシア教育センター　125, 127, 131
マレーシア工科大学　48, 95, 111
マレーシア国民大学　48, 73, 95, 185, 186
マレーシア認証評価機構（MQA）　113, 178
マレーシア・プトラ大学　48, 95, 119
マレー人　16, 20-43, 45, 46, 48, 49, 70, 88, 89, 92-96, 99-112, 116-120, 131, 140, 143-146, 180-186, 194, 196
マレー・ミドルクラス　42, 119, 181, 186
ミドルセックス大学（ミドルセックス・ポリテクニック）　52, 81, 82, 84, 135
南オーストラリア大学　60, 64, 87
南クイーンズランド大学（ダーリング・ダウンズ高等教育機関）　85, 86, 87, 163, 164
ミルナー, A.　24-27
民間　10, 13-15, 36, 42, 47-51, 55, 57, 59, 62, 68, 72, 74, 75, 79, 85, 87, 93, 94, 96, 99, 101-104, 106, 107, 111-116, 118, 119, 121, 122, 130, 131, 135, 137, 138, 143, 150, 161, 162, 173, 177-179, 182-185
民間のカレッジ　10, 13, 18, 51, 52, 55, 57, 59, 61, 70, 72, 77, 79, 92-94, 96, 101-103, 109, 110, 114, 118, 122, 123, 125, 127, 128, 139, 143, 144, 148, 149, 157, 161, 168, 170, 175-177, 185
民間の高等教育　10, 14, 15, 18, 47, 51, 53, 55, 57, 59, 61, 62-64, 68-70, 72, 84, 99, 101-107, 111-119, 121-124, 127-132, 134, 135, 137-141, 157, 175, 179, 182, 185-187
民間の大学　18, 110, 162
民族暴動（1969年）　15, 21, 35, 40, 111, 145, 180, 182, 194
民弁大学　154
メトロポリタン・カレッジ　52, 57, 60, 84, 128
モナッシュ大学　133, 163
モルディブ　122, 131, 133-135, 144, 145
文部省（マレーシア）　70, 73, 74, 78, 79, 89, 93, 95, 114, 116, 123, 125, 178

ラ　行

リムコクウィン大学　58, 111, 112, 129
留学　4, 13, 18, 40, 48-51, 53, 55, 56, 61, 68, 71, 73, 74, 77, 78, 87-90, 92, 93, 101, 102, 104,

106-112, 122, 124-132, 134-136, 139, 140, 143, 148, 155, 156, 165, 175, 176, 181, 204
留学斡旋業（者） 122, 125, 127, 128, 130, 131, 134
留学生 14, 49, 50, 54, 56, 75, 88, 95, 106, 112, 121-139, 142-144, 152, 162, 167, 168, 171, 172, 175, 176
レバノン 131
ローカル化 3, 7-9, 14, 139, 190
ロンドン・スクール・オブ・エコノミクス 64, 66
ロンドン・スクール・オブ・コマース 166, 171
ロンドン大学 62, 64, 66, 68, 84-86, 129

A-Z

BBC（およびBBCワールド） 190, 193, 195, 199, 204, 205
CNN（およびCNNインターナショナル） 190-207, 209-211
GIST国際カレッジ（蘇州） 150-152

HELPアカデミー 115
HELPインスティテュート（HELPユニバーシティ・カレッジ, HELP大学） 57, 58, 60, 62-66, 68, 71, 84-87, 110, 115, 117, 124, 127-129, 131, 133-135, 144, 157-159
INTIカレッジ（INTIユニバーシティ・カレッジ, INTI国際大学） 56, 58, 60, 71, 79, 80, 108, 109, 117, 122, 124, 127, 128, 148, 149, 161-4, 175, 177, 179
KDU（KDUユニバーシティ・カレッジ） 52, 55-58, 60, 71-76, 79, 81 83, 91, 96, 97
MARA 49, 75, 81, 89, 92, 117, 119
MARAインスティテュート・オブ・テクノロジー（MARA工科大学） 89, 91-95, 97, 100, 106, 108, 111, 119
MARAコミュニティ・カレッジ 91-94, 97
PJCC 71, 77, 79, 97
SPM 17, 73, 88, 108, 109
STPM 17, 106
TARカレッジ 81, 88

《著者紹介》
吉野耕作（よしのこうさく）

1953年生
ロンドン・スクール・オブ・エコノミクス大学院よりPh. D.
東京大学大学院人文社会系研究科教授などを経て
現　在　上智大学総合人間科学部社会学科教授
著　書　Cultural Nationalism in Contemporary Japan: A Sociological Enquiry（Routledge, 1992）
　　　　『文化ナショナリズムの社会学——現代日本のアイデンティティの行方』（名古屋大学出版会，1997年）
　　　　Consuming Ethnicity and Nationalism: Asian Experiences（編，Curzon Press/University of Hawai'i Press, 1999）ほか

英語化するアジア

2014年9月15日　初版第1刷発行

定価はカバーに表示しています

著　者　吉野耕作
発行者　石井三記

発行所　一般財団法人　名古屋大学出版会
〒464-0814　名古屋市千種区不老町1 名古屋大学構内
電話（052）781-5027／FAX（052）781-0697

Ⓒ Kosaku YOSHINO, 2014　　　Printed in Japan
印刷・製本　㈱太洋社　　　ISBN978-4-8158-0779-5
乱丁・落丁はお取替えいたします。

Ⓡ〈日本複製権センター委託出版物〉
本書の全部または一部を無断で複写複製（コピー）することは，著作権法上での例外を除き，禁じられています。本書からの複写を希望される場合は，必ず事前に日本複製権センター（03-3401-2382）の許諾を受けてください。

吉野耕作著
文化ナショナリズムの社会学
―現代日本のアイデンティティの行方―

四六・306 頁
本体 3,200 円

A. D. スミス著　巣山靖司／高城和義他訳
ネイションとエスニシティ
―歴史社会学的考察―

A5・384 頁
本体 4,200 円

梶田孝道編
新・国際社会学

A5・354 頁
本体 2,800 円

田所昌幸著
国際政治経済学

A5・326 頁
本体 2,800 円

S. カースルズ／M. J. ミラー著　関根政美他監訳
国際移民の時代［第4版］

A5・486 頁
本体 3,800 円

重松伸司著
国際移動の歴史社会学
―近代タミル移民研究―

A5・430 頁
本体 6,500 円

田中恭子著
国家と移民
―東南アジア華人世界の変容―

A5・406 頁
本体 5,000 円

長岡慎介著
現代イスラーム金融論

A5・258 頁
本体 4,800 円

川上桃子著
圧縮された産業発展
―台湾ノートパソコン企業の成長メカニズム―

A5・244 頁
本体 4,800 円

阿曽沼明裕著
アメリカ研究大学の大学院
―多様性の基盤を探る―

A5・496 頁
本体 5,600 円